굿 비즈니스 플러스

굿 비즈니스 플러스

초판 1쇄 발행 2018년 2월 22일
      2쇄 발행 2020년 4월 20일

글쓴이 · 박 철, 배종태, 류지성, 정연승, 송용원
발행인 · 이낙규
발행처 · ㈜샘앤북스
         신고 제2013-000086호
         서울시 영등포구 양평로 22길 16, 201호
         Tel. 02-323-6763 / Fax. 02-323-6764
         E-mail. wisdom6763@hanmail.net
ISBN 979-11-5626-167-4   03320

이 도서의 국립중앙도서관 출판예정도서목록(CIP)은 서지정보유통지원시스템 홈페
이지(http://seoji.nl.go.kr)와 국가자료공동목록시스템(http://www.nl.go.kr/kolisnet)
에서 이용하실 수 있습니다. (CIP제어번호: CIP2018005140)

배려
Benevolence

책임
Accountability

신뢰 Trust

안식
Sabbath

Good
비즈니스
+플러스

영성
Spirituality

공의 Justice

창조 Creation

굿 비즈니스, 위대한 기업경영을 위한 6+1 원리!

JuST ABC + Spirituality

"추천사,,

이 책은 기업과 일터가 하나님의 통치가 이루어져야 할 공간임을 깨닫게 한다. 무엇보다 기독교적 가치와 일이 '기독 경영'의 원리 안에서 조화롭게 실천될 수 있는 풍부한 사례와 대안을 설득력 있게 제시한다. 현실적이고도 성경적인 경영 방식을 제안하고 있는 『굿 비즈니스 플러스』는 기업인으로 부름 받아 하나님의 선교 사역에 동참하고자 분투하는 모든 기독 경영인들에게 탁월한 안내서가 될 것을 확신한다.

— 임성빈 총장(장로회신학대학교)

실용성이 결여된 경영 이론은 창백한 학문적 수사요 허구에 불과하다. 기업 세계와 경영 현장은 이론이 아니라 '실전'이기 때문이다. 이번 『굿 비즈니스 플러스』는 기업 세계와 경영 현장에 실질적으로 적용할 수 있는 사례들과 'How to 영성'을 담고 있어 기독 실업인들에게 유용한 교재이자 경영 Bible이라 할 수 있다. 강추한다!

— 두상달 회장(한국 CBMC 중앙회)

이 책은 기업을 좁은 의미의 이윤창출 기관으로 보지 않고 가치창출 주체로 규정하면서 기독교적 경영의 원리와 실행세칙을 탐구한다. 대체로 성경적 원리주의와 근본주의적 철저성이 두드러지지만 이 책은 기업경영의 현실에서 부딪힐 수 있는 현실문제들을 조금도 외면하지 않는다. 기업경영을 영성의 관점에서 파악하는 저자들은 기업이 단지 시장지배와 이윤창출의 메카니즘이 아니라 하나님의 형상으로 지음 받은 인간의 영적 존엄이 발현되는 신학적 공기관이라는 사실을 강조한다. 간결하지만 격조 높은 논의가 장과 장 사이를 잇는다. 기업 활동의 고전적인 매력을 잘 드러내면서도 기독교적 경영이 져야할 십자가의 묵직한 짐 또한 간과하지 않는다.

우리나라에 기업경영을 이토록 고귀하고 감동적으로 기술할 수 있는 기독경영학자들이 있다는 점에 큰 위로를 받는다. 모든 기독청년들이 읽어야 하겠지만 또한 모든 목회자들이 읽어야 할 책이다. 기업경영은 인간에게 주신 자유의 선물과 문화 창조 명령의 엄숙성을 깊이 숙고해 본 사람들에게 허락된 특별한 제사장직이다. 오늘날 기업가들은 세상을 살리는 제사장들이 될 수 있고 오후 5시까지 문 열어놓고 품군을 맞아들여 한 데나리온의 자존심 생계비를 챙겨주는 하나님의 거룩하고 복된 청지기들이다. 이 책을 읽은 사람들 중 이 책이 제시한 이상적인 기독교적 경영으로 세상을 섬긴 제사장적인 기업가로 성장하기를 기원한다.

— 김회권 교수(숭실대학교 기독교학과)

신앙과 삶의 연결과 통합은 모든 크리스천에게 가장 큰 도전이자 소명이다. 특히 치열한 경쟁의 현장에서 생존을 도모해야 하는 기업인과 직장인들에게는 더욱 그렇다. 이 책은 이러한 주제에 대해 오랫동안 고민하고 연구해온 결과의 산물이다. 성경에서 도출한 6가지 핵심 원리를 바탕으로 기업 세계와 경영 현장에 접목할 수 있는 실천 가이드라인을 제시하고 있어 올바른 관점 형성과 함께 실무적 적용성이 크다. 모든 크리스천 기업인과 직장인들에게 일독을 권한다.

— 한정화 교수(한양대 경영학부, 전 중소기업청장)

자본주의에 살고 있다. 기업은 자본주의 핵심 요소 중 하나이다. 기업이 자본 흐름의 초석이다. 기업은 자신이 내리는 결정을 통해 선한 영향력도 악한 영향력도 발휘한다. 기업이 어떻게 하느냐에 따라 하나님 나라의 모습도 이 땅에 실현될 수 있다. 하나님 보시기에 합당한 기업을 경영하는 것이 기업인의 소명이다. 하나님이 바라는 기업과 경영자의 모습은 무엇일까? 아마도 하나님을 두려워하는 영성이 살아있고, 공의와 신뢰를 바탕으로 창조하고 책임지며, 배려와 안식이 있는 기업과 경영자가 아닐까! 나는 이 책에서 그 해답을 찾았다.

— 강준 대표(지지자산운용)

굿 비즈니스 플러스!, 이 책은 내가 일하는 목적과 이유에 대해 다시 생각하며, 회사 운영에 대한 고민들을 해결하는 데 큰 도움이 되었다. 이상적이고 막연한 내용이 아닌 다양하고 구체적인 사례들을 통해 올바른 경영의 방향을 제시한다. 어렵고 이상적으로만 느껴졌던 기독경영 원리들을 현실적으로 생각해보고, 적용할 수 있는 용기를 주는 책이다.

— 김주진 대표(머머 코리아)

우리는 이미 이윤추구가 기업의 유일무이한 목적이 아니라는 점에서 다들 머리로는 동의한다. 하지만 삶에서 마주하는 현실은 과거의 과오를 무시하거나 체념하는 시대를 살고 있다. 이 벌어진 간극은 신앙의 영역으로 가면 더욱 크게 느껴진다. 우리가 이 시대에 기업이라는 곳에서 살아가는 것은, 혹은 경영해간다는 것은, 도대체 하나님과 어떤 관련이 있는가? 이 책은 그럼에도 '성경의 본질적인 원리'는 도리어 기업과 경영에 대해서 올바른 지혜를 제공하고 있다는 사실 확인과 기업 세계와 경영 현장에서 필요한 해답을 찾아가는 좋은 지침서가 될 것이다.

— 도현명 대표(임팩트 스퀘어)

'돈을 사랑하는 하는 것이 일만 악의 뿌리'라면 경제적 성과를 내야 하는 기업은 최대의 영적 전투지일겁니다. 이 책은 단편적인 성공 사례의 무리한 확대 적용, 또는 낭만적인 낙관주의를 지양(止揚)하고, 탄탄한 학문적 토대를 바탕으로 다양한 경영 예시와 신학적 관점을 제시하고 있습니다. 성경적 경영과 일과 삶, 신앙의 균형을 잡기 원하는 모든 일터의 진지한 크리스천에게 이 책을 추천합니다.

— 송영광 대표(D'LAB)

회사 대표라고 소개하면 "신우회가 있느냐? 회사에서 예배를 드리느냐? 기독교인만 채용하느냐? 비 기독 직원은 몇 명이냐? 몇 명이나 교회로 전도했느냐?"라는 불편하고 불필요한 질문을 받는다. 과연 기독 기업이란 어떤 것이고, 어떻게 하면 성경적으로 경영하면서도 망하지 않고 지속적으로 비즈니스를 영위할 수 있을지 고민하는 기독 경영인들이여, 성경적 원리뿐만 아니라 경영 현장에서 부딪히는 수많은 어려움에 실제적인 대안을 함께 제시하는 이 책을 읽자! 이 책은 기독경영 필독서로서 손색이 없다.

— 임미숙 대표(리디아 R&C)

" 머리말 "

　　최근 기업활동과 관련하여 여러 가지 비판적 의견들이 대두
되고 있다. 통상 '갑질'이라고 불리는 강자의 횡포가 기업세계
에서 많이 드러나고 있다. 예를 들어 '땅콩회항'으로 불리는 경
영자(재벌2세)의 갑질, 대리점에 대한 본사의 갑질, 중소기업
에 대한 대기업의 갑질, 부하에 대한 상사의 갑질, 소비자를
무시하는 갑질 등등. 이런 현상 때문에 세상은 '좋은 기업, 좋
은 경영'을 더 원하고 있다. 이윤창출이라는 목적만 달성해 가
지고는 더 이상 좋은 기업이 될 수 없다. 이제 사회는 기업에게
굿 비즈니스(good business)를 하라고 요구하고 있다.

　　굿 비즈니스라고 하면 윤리적이며, 사회적 책임을 다하고,
사회에 선한 영향을 끼치는 경영활동이라고 생각할 수 있다.
그런데 이를 위해서는 기업조직이 무엇인가 확고한 원리를 세
우고 실천해야 가능하다. 그러한 원리를 도출하기 위한 출발점
은 여러 원천이 있다.

　　본서는 인류에게 주어진 최고의 책, 성경에서 굿 비즈니스의
원리들을 찾아보고자 하였다. 굿 비즈니스를 기독교적으로 조
망해 보고자 했기에, 책 제목을 굿 비즈니스 '플러스'로 하였다.

　　기독경영연구원은 지난 21년간 기업세계 위에 하나님 나라
가 임하기를 기도하면서, 경영현장에서 적용되어야 하는 기독
경영의 원리를 탐구해 왔다. 그 결과 2010년에 창조(Creation), 책임
(Accontability), 배려(Benevolence), 공의(Justtice), 그리고 신뢰(Trust)
라는 5가지 원리를 제시하였고, 영어의 앞 글자를 조합하여

'JusT ABC'로 명명하였다. 이 책은 오랜 기간 성경적 경영원리를 탐구하고 제시해보기 위한 노력의 산물이었다. 하지만 세월이 지나면서 좀 더 보완할 필요성이 제기되었다.

본서는 『기독경영 JusT ABC』(배종석 외 2010)'의 후속편으로 출발하였다. 전작과의 차이점은 기독경영의 원리에서 '안식(Sabbath)' 원리가 추가(그래도 JusT—ABC임)되었으며, 각 원리별 구성요소를 새롭게 하였다. 전작이 기독경영 5대 원리를 도출하고, 이를 기업의 각 기능영역별로 기술한 반면, 본서는 6대 원리를 중심으로 기업활동과 연결하여 기술하였다. 즉 전작은 인적자원관리, 리더십, 마케팅 프로세스, 고객관리, 회계, 재무관리, 전략경영 등의 영역에서 기독경영을 어떻게 해야 하는가에 초점을 맞추었다. 그러나 본서는 창조, 책임, 배려, 공의, 신뢰, 안식의 각 원리별로 그 구성요소와 사례, 그리고 실천방안을 중심으로 서술하였다.

또한 경영원리는 아니지만, 기독경영 실천의 토대가 되는 '영성' 장을 추가하였다. 저자들이 경영학자들로만 구성되어 있기에, 신학자인 송용원 목사를 저자로 추가하여 영성과 기독경영과의 관계를 심도 있게 고찰하였다. 이 점도 본서의 제목이 굿 비즈니스 '플러스'인 이유이다. 그리고 맨 마지막 장에 JusT-ABC 6대 핵심원리 적용 시의 원칙과 지침을 제시하고, 핵심원리 간의 충돌이 있을 때 이를 '적용 원칙을 바탕으로' 어떻게 해결할 것인지 소개하였다. 아울러 6대 핵심원리를 기

"머리말„

업현장에 어떻게 적용할 것인지를 설명하였다. 예를 들어 판로 개척, 평가와 보상, 구조 조정, 고객 관리, 신규 사업, 홍보와 마케팅, 해외 진출 등에 기독경영의 6대 원리를 어떻게 적용하여 실천할 수 있는지에 대한 방법을 제시하였다. 이는 본서에서 기독경영의 실천적 측면을 좀 더 보강하기 위함이었다.

전작이 최초로 '기독경영 원리'를 도출한 교과서적인 이론서라면, 이 책은 전작을 계승, 보완하여 기독경영의 원리를 충분히 설명하고, 현장에서 잘 적용할 수 있도록 집필하였다. 가급적 어려운 이론적 내용보다는 쉬운 설명과 사례중심으로 서술하였으며, 각 장의 뒤에서는 각 원리의 실천방안과 토의문제를 제공하였다.

본서는 기독교적 관점에서 굿 비즈니스의 원리를 배우고자 하는 경영학도와 기업현장에서 성경적 경영원리를 적용하고자 하는 크리스천 경영자에게 꼭 필요한 책이다. 본서는 기독영영의 원리를 체계적으로 제시하고 있을 뿐만 아니라, 현장의 적용과 실무적 접근을 추구했기 때문이다.

(사)한국기독실업인회(CBMC)는 전작과 더불어 본서가 집필되도록 출발점이 되어주었다. 한국CBMC의 '킹덤 컴퍼니'에 대한 비전, 그리고 끊임없이 추구하는 노력이 본서 집필의 동인이 되었다. 본서의 초고는 한국CBMC의 '크리스천 CEO아카데미'에서 발표되었고, 많은 기독실업인들이 유익한 피드백을 많이 해 주셨다. 또한 (사)기독경영연구원 산하 좋은경영연구

소에서 개최된 연구위원 세미나에서도 건설적인 조언이 많이 제기되었다. 이런 과정에서 제기된 다양한 제안과 조언들이 본서에 많이 반영되었으며, 깊은 감사의 마음을 전한다.

본서는 2015년 집필위원회가 구성된 이후, 약 3년 동안 집필, 토론, 발표, 수정, 그리고 재수정 등의 과정을 거쳤다. 이 과정에서 출판을 맡아 수고해 준 ㈜샘앤북스의 이낙규 대표께 감사드린다. 기독경영연구원의 발전과 후원을 위해 늘 애쓰시는 박래창 이사장님과 이사님들, 운영위원들, 그리고 사무국의 조기성 국장과 김윤미 간사에게도 감사드린다.

본서를 통해 이 땅에 많은 굿 비즈니스가 등장하기를 바란다. 더 나아가 기독교적 영성이 녹아있고, 경영원리가 적용된 굿 비즈니스 '플러스'되기를 간절히 소망한다.

— 2018년 1월 4일 저자일동

CONTENTS

∎ CONTENTS ∎ ···

제1장

/

서 론

- 굿비즈니스의 출발 -

기업이란 하나님의 주권 하에 사람들이 역량과 자원을
청지기적으로 활용하여 가치 창출을 통해 하나님과 사람
을 섬기는 사회적 공동체이다.

어릴 적부터 사업가적인 기질이 있었던 김 사장은 3년 전에 혈당기를 생산, 판매하는 기업을 설립하였다. 신앙심이 돈독한 그는 인류에게 도움이 되는 기업활동을 통해 하나님께 영광을 돌리고 싶었다. 특허 받은 레이저 기술을 이용한 무통증 혈당기는 개발초기 상당한 호평을 받았다. 그러나 이 레이저 혈당기는 기대했던 것보다 판매가 잘 되지 않았다. 레이저 기술을 채택하다 보니 제품의 사이즈가 침을 사용한 경쟁제품보다 큰 것이 흠이었다. 주 판매경로인 약국들은 과다한 판매마진을 요구하였고, 주 거래처인 병원들은 부당한 리베이트를 요구하였다. 제품의 사이즈를 줄이기 위한 R&D비용은 부족했고, 중소기업이라 유능한 전문가를 채용하기란 어려웠다. 사회적 약자인 장애우를 고용하여 생산라인에 투입했지만 그들의 생산성은 낮았다. 공장운영에 있어 소방법이나 폐기물처리법을 완벽하게 준수하기란 어려웠다. 수익성이 악화되니 부가가치세를 제대로 납부하는 것도 부담이 되었다. 사업부채를 제 때 갚는 것도 점점 버거운 일이 되었다. 앞으로도 막대한 손실이 예상되어, 지금 기업을 접을까도 생각했다. 그러나 30명의 직원들 생계를 책임지고 있다는 생각에 이러지도 저러지도 못하고 잠 못 이루는 밤이 잦았다. 김 사장은 매일 매일이 피곤하였고, 마음은 늘 무거웠다. 오랜만에 수요기도예배에 참석한 그의 눈가엔, 하나님 앞에서 자신이 참으로 한심하다는 생각에 눈물이 주르륵 흘러내렸다.

신앙인 경영자의 삶은 참으로 힘들다. 돈을 벌어야 하는 세속적 세계에서 순결한 신앙을 지키며, 하나님께 영광을 돌리는 삶을 살기는 쉽지 않기 때문이다. 정말 '비둘기 같이 순결하고, 뱀 같이 지혜로운' 경영을 하고 싶지만, 실상은 '비둘기 같이 우둔하고, 뱀 같이 교활한' 경영에 빠지기도 한다. 하루에도 몇 번씩 '맘에는 원이로되 육신이 약하도다'의 탄식을 하며 기업활동을 한다. 정말 신앙의 세계와 사업의 세계는 결코 같이 가지 못하는 것인가? 세상에서 빛과 소금의 역할을 하고, 하나님께도 칭찬받는 기업경영을 할 수 없을까? 본 장에서는 기업의 본질과 기독경영에 대해서 살펴보기로 한다.

■ 기업이란

현대의 많은 사람들은 기업에서 일하고 기업을 통해 돈을 번다. 사람들은 가정, 교회, 혹은 각종 친목모임들 보다도 기업에서 더 많은 시간을 보낸다. 생계를 유지하기 위해 기업에서 일하면서 돈을 번다. 기업에서 일을 통해 자신의 능력을 발휘하고 인정받으려고 한다. 어떤 이들은 자신이 가진 신념, 이상, 그리고 비전을 실현하기 위해 기업에서 일하기도 한다.

거대한 비행기나 선박의 제조, 최첨단 기기의 제작 등은 개인이 혼자서 해낼 수 없는 일이다. 이런 일을 기업조직을 통해 다른 사람들과 협업하여 성취하기도 한다. 인류가 만들어 낸 조직 중에서 기업은 가장 효율적인 조직이라고 한다. 이상적인 기업은 개개인을 일하도록 동기부여하고, 일을 통해 조직과 개인을 성장시키는 곳이라고 한다. 도대체 기업은 무엇인가? 사람들은 왜 기업을 만들고 거기서 일하게 되었을까? 특히 크리스천에게 기업은 어떤 의미일까?

■ 기업은 어떤 곳이며 무엇을 하는 곳인가

기업은 이윤을 추구하기 위해 모인 조직이라고 쉽게 정의되곤 했다. 과연 기업은 돈만 잘 벌면 되는 것일까? 우리속담의 '개같이 벌어 정승같이 쓰는' 기업활동은 온당한 것일까? 기업을 연구하는 경영학에서는 이윤추구만을 하는 기업조직에 대한 반성과 비판이 최근 높아지고 있다.

경제적 주체로서 기업은 생존을 위해 이윤을 남겨야 한다. 하지만 지나친 이윤추구는 기업 조직의 구성원을 힘들게 하고, 고객, 공중, 더 나아가 이 사회를 해칠 수 있다. 늘 야근과 특근을 강요하고, 환경을 오염시키고, 거래처의 등을 치고, 고객을 기만하면서 돈을 벌기에 혈안이 된 기업도 존재가치가 있는가? 기업구성원과 이 사회를 병들게 하는 기업조직은 과연 바람직한 것일까?

하나님의 문화명령을 수행하는 자녀로서 그리스도인들은 기업에 대한 시각이 달라야 한다. 기업은 하나님께서 특별한 목적을 위해 허락하신 유업이며, 우리는 최선을 다해 기업을 운영해야 한다. 기업을 통해 나타나는 성과물은 하나님의 영광을 위해, 이 사회를 더 아름답게 하기 위해, 우리의 이웃을 섬기기 위해 사용되어야 한다. 따라서 본서에서는 다음과 같은 기업에 대한 정의를 따르고자 한다[1].

기업이란 하나님의 주권 하에 사람들이 역량과 자원을 청지기적으로 활용하여 가치 창출을 통해 하나님과 사람을 섬기는 사회적 공동체이다.

> " 기업이란 하나님의 주권 하에 사람들이 역량과 자원을 청지기적으로 활용하여 가치 창출을 통해 하나님과 사람을 섬기는 사회적 공동체이다. "

■ 기업의 주권

기업의 주권은 하나님께 있다. 즉 기업의 운영은 사람이 할지라도 기업은 전적으로 하나님이 주인이시며 통치하시는 곳이다. 기업에 하나님의 나라가 임하게 해야 한다. 기업의 주권이 하나님께 있다는 생각은 더 책임 있고, 겸손하게 기업을 경영하게 한다. 기업의 진정한 주인이 내가 아니라 하나님이라고 생각한다면, 오만하거나 무책임하거나 대충 경영하지 못한다. 기업이 내 것이고, 내 마음대로 할 수 있다는 생각은 불법승계, 불법 비자금 조성, 방만경영 등의 폐해로 이어질 수 있다. 기업에서 하나님의 주권을 인정한다면, 경영자는 내 마음대로가 아니라 청지기로서 기업을 운영하게 된다. 크리스천 경영자는 하나님께 기업의 소유권을 등기 이전할 수 있는 자라야 한다.

■ 기업의 주체

기업은 개인들이 모인 공동체이다. 기업은 어떤 목적을 달성하기 위해 사람들이 모여 협력하는 시스템이다. 사회적 공동체로서 기업은 단순한 이윤창출이나 주주 이익의 극대화를 위한 조직이 아니라, 사람들 간의 관계와 협력을 통해 새로운 가치를 만들어내는 조직이다. 사회적 공동체이기에 비인격적인 수익이나 시스템에 몰입될 때, 기업은 본연의 모습을 잃게 된다. 너무 쉽게 사람을 해고하고, 억압하고, 상처주고, 소외시키는 기업은 왜곡된 공동체이다. 기업은 사회적 기관으로서 다양한 이해관계자들과, 조직내부에서 서로 헌신하고 배려하는 사람들과 상호작용하는 공동체이다. 최근 아시아 미래포럼에서는 직원의 행복을 핵심가치에 두는 기업들에게 '행복일터 시상'을 하기도 했다[2]. 자부심과 성취감을 통해 조직구성원이 일 할 맛이 나고 삶의 행복을 누릴 수 있는 기업공동체가 되어야 한다.

■ 기업의 목적

기업의 목적이란 기업을 시작하고 운영하는 동기이자 추구하는 결과와 관련되어 있다. 기업의 주권이 하나님께 있고, 기업의 주

체는 사람이라고 한다면 우리는 기업의 목적도 여기에 상응해야
한다. 기업을 경영하는 근본적인 목적은 하나님 사랑과 이웃 사
랑의 실천이다. 기업의 가치창출 활동을 통해 하나님의 뜻을 이
땅 위에서 이루고, 이웃과 인류를 섬기는 것이다. 인류의 난치병
퇴치를 위해 의약품을 개발하는 기업, 좋은 품질의 제품을 값싸
게 공급하여 인류가 풍요를 누리게 하는 기업, 기업활동을 통해
획득된 수익을 가난한 자들을 위해 쓰는 기업 등이 이러한 목적
을 달성한다. 또한 기업은 피조세계를 잘 경영하여 세상을 유지
하고 보존하는 역할을 감당해야 하는 목적도 있다. 예를 들어 환
경오염을 방지하고, 공해물질을 함부로 배출하지 않고, 저렴한 재
생에너지를 개발하는, 자원을 함부로 남용하지 않고 절약하는 기
업이 이러한 역할을 잘 감당한다고 할 수 있다.

■ 기업과 창조질서의 회복

하나님이 이 모든 세상을 창조하셨기에, 기업도 하나님께서 '보
시기에 좋게' 창조된 영역이었다. 따라서 기업 경영에 하나님의
뜻이 이루어지고, 기업 세계가 하나님 나라가 되고 하나님의 이
름을 영화롭게 하는 것이 그리스도인들의 소명이요 기도 제목이
다(요 17:4).

기독교적 세계관 관점인 창조-타락-구속이라는 틀로 기업을
보자. 선하게 창조된 인간은 타락으로 변질되고 하나님의 형상을

잃고 원래와 왜곡된 모습을 지니게 되었다. 태초에 선하게 창조되었던 기업조직도 타락의 모습을 많이 보이고 있다. 기업활동을 통해 개인과 조직이 성장하고, 생산된 제품과 서비스를 통해 이웃을 섬기는 사회적 공동체로서의 창조원형은 왜곡되었다. 대신에 맘몬을 섬기고 이윤추구에만 혈안이 되어 직원, 고객, 사회를 힘들게 하는 타락의 모습을 보이고 있다.

기업의 창조질서는 회복되어야 한다. 기업의 회복은 성경적 규범원리의 적용을 통해서 가능하다. 크리스천 경영자는 성경의 원리를 적용한 기업활동을 통해 하나님의 나라가 기업 위에 임하게 해야 한다. 청지기적 소명을 가진 경영자와 직원들이 하나님과 이웃을 섬기기 위해 존재하는 사회적 공동체로서 기업을 회복해야 한다. 최근 경영학에서도 타락한 기업활동을 반성하고 있다. 보다 인류를 위해 봉사하는 도구로서의 기업과 경영활동을 강조하고 있다[3]. 우리 크리스천들이 기업세계의 회복을 위해 노력하지 않는다면, '돌들도 소리치리라'는 성경말씀처럼 세상의 기업들이 더 잘 할지 모른다.

■ 굿 비즈니스의 기독교적 관점

기업은 하나님의 주권이 임하는 영역이며, 사람들의 역량과 자원을 활용하여 새로운 가치를 창출하는 사회적 공동체이며, 궁극적으로 생산된 제품과 서비스를 통해 하나님과 사람을 섬기는 조직이다. 청지기적 소명을 가진 경영자와 구성원들이 행복한 일터를 만들고, 이 사회를 더 아름답게 만드는 것이 기업세계에서 창조질서의 회복이다. 그러면 이러한 기업이 수행하는 기독교 관점에서의 굿 비즈니스란 무엇일까?

기독교인이 경영하면 굿 비즈니스가 될까? 기독교적 사명과 비전을 가지고 있으면 굿 비즈니스일까? 기업에서 예배를 드리고 큐티를 하는 것이 굿 비즈니스의 모습일까? 기업의 불신자들을 전도해서 크리스천으로 만드는 것이 굿 비즈니스일까? 기업에서 번 돈의 일부를 선교비나 헌금으로 사용하는 것이 굿 비즈니스일까? 임직원들이 술 먹고 담배피지 않으며, 주일에는 영업하지 않는 것이 굿 비즈니스일까?

우리는 여기서 성경적 원리와 종교적 활동의 제도화 측면에서 생각해 볼 수 있다. 성경적 원리대로 경영하지 않으면서, 직원예배를 드리고 큐티를 하며, 신우회를 장려하는 것은 종교적 활동이 조직에 제도화 되어 있을 뿐이다. 조직의 목적, 과정, 그리고 결과가 모두 성경적이어야 한다. 기업에서 번 돈의 일부를 선교비나 헌금으로 사용하는 것은 결과에만 한정된 것이고, 성경적인 사명과 비전만 가지고 있는 것은 목적에만 한정된 것이다. 기독교적 굿 비즈니스 경영은 개인 뿐 아니라, 조직 차원에서 이루어져야 한다. 본서에서는 기독교적 굿 비즈니스 경영에 대해서 다음과 같이 정의를 따르고자 한다[4].

> **기독교적 굿 비즈니스 경영이란 하나님의 주권이 있는 사회적 공동체로서 기업이 하나님과 사람을 탁월하게 섬기기 위한 가치 창출 활동에 성경적 원리를 적용해가는 과정이다.**

즉 기독교적 굿 비즈니스란 어떤 종교적 모습을 띠는 것이 아니라, 기업의 모든 활동을 하나님의 말씀에 근거하여 기독교적 가치에 따라 수행하는 것을 의미한다. 이에는 다음과 같은 중요한 개념이 포함되어 있다[5].

- **탁월한 섬김**: 기업의 존재의미 제시.
- **성경적 원리**: 기독교적 세계관에서 '방향' 결정.
- **가치 창출 활동**: 기독교적 세계관에서 '구조'에 해당.
- **원리의 적용**: 개인의 의사결정과 조직의 시스템 선택에 모두 적용.

이를 [그림 1-1]과 같이 나타낼 수 있다. 존재의미인 탁월한 섬김을 위해 기업은 인사조직, 재무회계, 생산, 마케팅, 전략 등의 가치창출 활동을 하는 구조를 가지고 있다. 여기에 창조, 책임, 배려, 공의, 신뢰, 안식이라는 기독경영의 원리가 기업활동의 방향을 제시해 준다.

제1장 서 론
굿 비즈니스의 출발

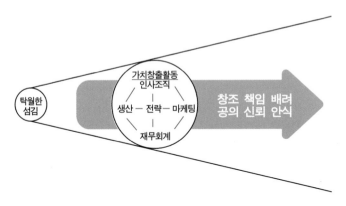

[그림 1-1] 기업의 존재의미와 기독교적 굿비즈니스의 구조 및 방향

하나님의 통치는 종교적 영역뿐 아니라 비종교적 영역에서도 온전히 임해야 한다. 교회와 예배 뿐 아니라, 언론, 교육, 경영, 정치, 연구 등의 영역에서도 하나님의 주권이 회복되어야 한다. 기독교적 세계관의 틀인 구조와 방향이라는 관점에서 볼 때, 경영의 여러 영역구조이 성경적 원리올바른 '방향'에 따라 실천될 때, 기독경영이 실현된다. 즉 하나님께서 선하게 창조하신 경영의 영역 생산운용, 마케팅, 회계, 재무관리, 인사조직관리 등이 하나님의 말씀에 기초한 원리에 따라 실천된다면, 기독경영을 하고 있다는 것이다.

경영의 영역, 즉 가치 창출을 위해 수행되는 제반 활동을 '구조'로 보고, 이것이 하나님께 뜻대로 가는지의 측면을 '방향'으로 설정할 수 있다. 구조는 영역의 고유성을 반영하는데, 기업에서 제품과 서비스를 통한 가치창출 활동은 다른 영역(예: 정치, 교육, 언론 등)의 활동과 구별된다. 방향은 이러한 구조제반 경영활동가 어디를

향하고 있는지 지향점과 관련되어 있다. 우리는 '구조'를 하나님의 뜻에 합당한 방향으로 이끌 것인지, 인간의 본능과 탐욕을 지향할 것인지 선택할 수 있다. 맘몬물신에 이끌려 끝없는 탐욕과 상대방을 짓밟고 상호파멸의 타락을 추구할 것인지, 하나님의 선한 창조질서에 합당한 기업과 경영으로의 회복을 추구할 것인지를 결정해야 한다.

타락은 개인 뿐 아니라, 조직에게도 영향을 미친다. 죄에 물든 개인은 잘못된 가치관과 목적을 가지고 기업 활동을 한다. 한 개인이 타락하여 공금횡령, 약자착취, 고객기만 등을 통해 조직을 타락시킨다. 죄에 물든 직원은 왜곡된 목적으로 직장생활을 한다. 돈을 많이 벌거나 승진을 위해 수단과 방법을 가리지 않는다. 신뢰와 협력보다는 갈등과 기회주의적인 행동에 따라 자신의 이기심을 충족하기 위해 기업을 경영하고 직장생활을 한다. 타락의 영향은 개인 뿐 아니라 조직 차원에서도 나타난다. 조직 수준에서도 그 존재 목적이 왜곡되고, 구조, 문화, 시스템 및 의사결정 과정 등에서 타락된 모습을 보인다. 선한 개인도 이러한 조직에서는 자신도 모르는 사이에 타락한 활동에 휘말릴 수 있다. 이런 타락의 영향은 기업의 본질적인 의미를 손상시키고, 기업활동을 왜곡시킨다.

한편, 비록 타락의 영향 아래 있지만 전혀 다른 방향, 즉 하나님께 돌아와 그리스도께 순종하는 방향이 있다. 그리스도로 인해 구원받은 우리의 사명은 기업의 회복이다. 이 회복은 타락의 영

제1장 서 론
굿 비즈니스의 출발

향으로 왜곡된 것을 창조의 모습으로 되돌리는 재창조의 과정이다. 원래 선하게 창조되었던 기업과 경영의 영역을 회복하여, 하나님께서 사랑하신 이 세상을 더 아름답게 만드는 것이다. 그렇다면 어떻게 회복이 가능한가? 그것은 하나님의 말씀으로 돌아가는 것, 즉 성경에 따라 기업을 이해하고, 성경의 가르침에 따라 기업을 경영할 때에만 가능하다. 세계적 건축설계회사 '팀하스'의 하형록 회장은 성경 잠언 31장의 가르침대로 경영하였더니 최고의 성과가 나타났다고 했다[6]. 사실 성경 말씀은 우리 삶에 포괄적이고 일반적인 내용을 담고 있어서 기업 경영에 직접 적용하기가 쉽지 않다. 따라서 뭔가 성경을 통괄하는 가치를 추출하여 기업 경영에 적용 가능한 원리로 변환시키는 작업이 필요하다.

따라서 이 책에서는 성경에서 도출한 핵심원리를 활용하여 경영에 적용할 수 있는지를 모색하려고 한다. 이 기본원리는 기업을 더 기업답게 하자는 것이다. 말씀을 토대로 하였다고 해서 종교적인 것은 아니다. 특별은총이라기 보다는 누구에게나 주어진 일반은총에 가까운 원리이다.

■ 굿 비즈니스를 위한 핵심원리[7]

기독교적 굿 비즈니스를 논의할 때 생각해야 하는 것들은 하나님의 주권사상, 하나님 나라, 하나님 사랑, 이웃사랑 등이다. 기업경영을 통해 하나님 나라가 확장되어야 한다. 기업에 속한 구성원이 주님을 영접하게 하는 것, 하나님의 뜻대로 기업경영을 수행하는 것, 기업경영 활동을 통해 선한 영향력을 끼치는 것, 그리고 기업을 통한 선교를 하는 것들이 모두 여기에 속한다. 굿 비즈니스의 대전제는 하나님 사랑과 이웃사랑을 실천하기 위하여 청지기 정신으로 기업을 경영하는 것이다. 이러한 대전제를 바탕으로 굿 비즈니스 실행을 위한 성경적 원리를 도출해야 한다.

이러한 대전제를 따라, 배종석 외 (2010)에서는 창조(Creation), 책임(Accountability), 배려(Benevolence), 공의(Justice), 그리고 신뢰(Trust) 다섯 가지의 원리를 제시하였다. 각 원리의 영어단어 첫 글자를 모아서 이를 'JusT ABC'로 표현하였다. 여기서 제시한 다섯 가지 핵심원리는 일정한 체계를 가지고 있었다.

창조의 원리는 하나님의 창조명령에 동참하는 기관으로서의 기업을 염두에 두었다. 따라서 창조명령에 충실하기 위한 자유로운 활동이 권장되어야 한다. 창조주 하나님의 성품을 본받아 끊임없이 이웃에게 유익한 새롭고 혁신적인 제품과 서비스를 개발하는 것이 기업고유의 활동이다. 남들과 똑같은, 뻔한 것이 아니라, 하나님께서 주시는 지혜를 구하여 남들과 다르게 경영해야 한다는 것이다. 그러나 그 활동은 하나님께로부터 위임 받은 청지기의 사명에 근거한 책임의 원리가 보완되어야 한다. 즉 새로운 것을 창조만 할 뿐 아니라 고객에게 가치를 창출하여 기업을 지속가능하게 만들어야 한다는 것이다. 기업은 내 것이 아니라 하나님께서 나에게 맡기신 것이다. 기업은 종업원, 주주, 이해관계자, 공

제1장 서 론
굿 비즈니스의 출발

중, 사회 등에 대한 책임을 다해야 한다. 달란트 비유에 나오는 무책임한 악한 종이 되어서는 안 된다.

배려의 원리는 사랑의 원리의 또 다른 표현이다. 사랑이 없다면 우리의 모든 행위는 울리는 꽹과리가 된다는 바울의 주장처럼, 기업경영 활동의 바탕에는 우리가 받은 그리스도의 사랑이 깔려 있어야 한다. 배려심 높은 기업은 직원과 고객들로부터 사랑받는 기업이 된다. 그러나 사랑의 원리 못지않게 하나님의 공의가 펼쳐져야 한다. 기업은 불의한 일을 도모해서는 안 되며, 불의한 자들과 함께 해서는 안 된다. 사랑과 공의는 균형을 유지해야 한다. 그리고 마지막 신뢰는 이 네 가지를 아우르는 연계고리로 제시되었다. 창조든, 책임이든, 배려든, 공의든 이 모든 행위에서 진실되고 정직한 신뢰가 없다면 모래위에 지은 집이 되고 만다. 신뢰는 앞의 네 가지 원리를 더욱 뚜렷하게 한다.

한편 이 책은 이러한 체계를 계승하되 안식(Sabbath)의 원리를 더하였다. 하나님께서도 친히 안식하셨고, 우리에게 안식을 명령하셨다. 안식은 충만한 휴식으로 인한 몸과 마음이 평안을 이룬 상태이다. 기업활동과 경영은 '일'하는 것이라 '안식'과 어울리지 않는 것 같지만, 더 잘 '일'하기 위해서는 '안식'은 반드시 필요하다.

[표 1-1] 성경에서 도출한 굿 비즈니스 핵심원리

핵심원리	구성요소
창조 (Creation)	• 목적지향(purpose-driven) • 주인의식(ownership) • 혁신성(innovativeness)
책임 (Accountability)	• 법적, 윤리적 책임(compliance) • 경제적 지속가능성(sustainability) • 사회적 책임(social responsibility)
배려 (Benevolence)	• 포용(embracement) • 호혜(reciprocity) • 나눔(sharing)
공의 (Justice)	• 형평(equity) • 평등(equality) • 공평(impartiality)
신뢰 (Trust)	• 진실(truthfulness) • 투명(transparency) • 일관됨(consistency)
안식 (Sabbath)	• 영혼의 풍요(fullness of the soul) • 그침과 쉼(finish&rest) • 관계의 누림(enjoyment in relationship)

즉 위의 다섯 가지 기독경영의 원리를 아무리 잘 실천한다 하더라도 '안식'이 없다면 하나님 사랑과 이웃사랑의 대전제를 완전히 달성할 수 없다. 기업활동과 직장생활은 우리를 너무 분주하게 하고, 바쁘게 하고 있다. 안식을 빼앗아가는 경영이 아니라, 진정한 안식을 실현할 수 있는 경영이 매우 필요한 시점이다. 실제 최근 경영학에서도 일의 생산성을 높이기 위한 방안으로 '일과 여가'의 균형을 중요시하고 있다. 따라서 본서에서는 안식도 중요

제1장 서 론
굿 비즈니스의 출발

한 기독경영의 원리로 추가하고자 한다. 안식(Sabbath)의 영어단어 첫 글자를 더해도 'JuST ABC'가 된다(〔표 1—1〕 참조).

창조

하나님께서는 창세기에서 문화명령을 통해 우리에게 '창조사역'에 동참할 것을 명하셨다. 창조의 원리란 '하나님의 창조의 동역자로서 가치 창출 활동에 주도적으로 참여하고 창의적 아이디어를 활용하는 원리'이다. 기업은 태생적으로 새로운 가치를 창출하는 조직이다. 기업은 창조의 주체이자 단위 조직이므로, 창조원리가 기반이 되어야 한다. 다시 말하면 더 나은 제품이나 서비스를 개발하지 못하거나, 이전의 방식과는 다르게 기업활동을 하지 못한다면 창조의 원리를 실행하고 있는 것이 아니다.

창조 원리를 구성하고 있는 요소는 목적지향(purpose-driven), 주인의식(owership), 그리고 혁신성(innovativeness)이다. 목적지향이란 하나님의 창조목적에 맞게 합당하고 명확한 비전·목적을 설정하고 이를 추구하는 것이다(창 1:18, 고전10:31). 주인의식은 조직리더와 구성원들이 조직의 일원으로 주도적으로 참여하고 역량개발에 힘쓰는 것이다(창 1:28, 갈 4:7). 혁신성은 기업가 정신과 혁신을 통해 끊임없이 새로운 가치를 창출하려고 노력하는 것이다(창 1:27, 엡 5:16).

책임

우리는 하나님의 선한 청지기가 되어야 한다. 책임의 원리란 '하나님의 청지기로서 법적 책임과 사회적 책임을 다하고 지속가능 경영을 실천하여 이해관계자 전체의 기대에 부응하는 원리'를 말한다. 달란트 비유(마 25:14-30)에서처럼 위임을 맡은 자는 맡겨진 일에 최선을 다해 책임을 완수하고 이를 주인에게 보고하여야 한다. 기업을 내 것이라 여기고 하나님을 두려워하지 않고, 방만하고 지속가능하지 못하게 경영하고 있다면, 책임의 원리를 실행하지 않는 것이다.

책임의 원리를 구성하고 있는 요소는 법적 책임(compliance), 경제적 책임(sustainability), 그리고 사회적 책임(social responsibility)이다. 준법이란 법적, 윤리적 책임을 의미하는 것으로 기업행위를 함에 있어 관련법규를 철저히 지키며 윤리적으로도 올바른 방향으로 운영하는 것이다. 지속가능은 경제적 책임을 의미하는 것으로, 효과적이고 효율적인 방법으로 고객가치를 제공하여 이윤을 창출함으로써 지속가능한 조직이 되도록 하는 것이다. 사회적 책임은 사회에 긍정적 영향을 미치는 활동을 통해 건전한 기업시민으로서 책임을 다하는 것이다.

배려

　사랑과 용서는 하나님의 중요한 성품이다. 기독경영은 다른 사람들을 이해하고 포용하며, 사랑을 베풀고 섬기는 것을 기본으로 해야 하는데 이를 '배려의 원리'라 한다. 배려의 원리란 '하나님의 사랑으로 기업의 이해관계자들에게 관심을 가지고 섬기는 원리'를 말한다. 인간은 이기적인 유전자를 타고나서 남을 위한 희생과 손해를 감수하려고 하지 않는다. 하지만 사랑과 선행, 온유와 관용이라는 배려의 원리가 드러나지 않는다면 기독경영을 실천하고 있다고 할 수 없다.

　배려의 원리를 구성하고 있는 요소는 포용(embracement), 호혜(reciprocity), 그리고 나눔(sharing)이다. 포용이란 열린 마음으로 다양성을 수용하고 감싸주며, 관대함을 보이는 것이다(잠 10:12). 호혜란 조직 내외부 이해관계자들과 상호협력하며 상생을 추구하는 것이다(눅 6:31). 나눔은 기업의 자원, 수익을 사회의 필요를 위해 기꺼이 내어놓는 것이다(신 10:18).

공의

　오직 정의를 물같이, 공의를 마르지 않는 강같이 흐르게 하라는 말씀(아모스 5:24)처럼 하나님은 경제, 사회, 종교 등 모든 영역에서 정의가 지켜질 것을 원하고 계신다. 공의의 원리는 '하나님의 의에 따라 공정하게 판단하고 행동하는 원리'다. 기독경영이 공의의 원리를 지켜야 하는 이유는 불의를 미워하고 정의를 펼치시는 하나님의 속성 때문이다(사 30:18). 기업 내에서 불의가 횡횡하고, 불의한 자들과 손잡는 경영은 공의의 원리를 실행하고 있지 못한 것이다.

공의의 원리를 구성하고 있는 요소는 형평(equity), 평등(equality), 그리고 공평(impartiality)이다. 형평은 자신의 능력, 노력, 성과 등에 상응하는 대가를 인정하는 것이다. 평등은 인간은 하나님의 형상대로 태어난 귀중한 존재이므로 하나님과 사람 앞에 차별을 받아서는 안 된다는 것이다. 공평은 사회와 개인의 편견과 치우침에서 벗어나 객관적이고 중립적인 태도와 행동을 취해야 한다는 것이다.

신뢰

신뢰는 대부분의 기업들이 내세우는 핵심가치이지만, 정작 신뢰를 얻는 기업은 많지 않다. '그리 아니하실지라도(단 3:18)'라는 믿음의 고백을 경영현장에서도 드러내는 것이 기독경영의 실천이다. 신뢰의 원리란 '하나님과 사람 앞에서 거짓 없이 행하여 이해관계자들에게 믿음을 주는 원리'다. 우리가 하나님을 믿을 수 있는 근거는 하나님께서 하신 약속의 말씀과 이루실 일에 있어 신실하시기 때문이다. 아무리 앞의 원리들을 잘 실행한다 하더라도 그 속에 진실되고 정직하며 일관성 있는 신뢰의 원리가 깔려 있지 않으면, 기독경영을 온전히 한다고 할 수 없다.

제1장 서 론
굿 비즈니스의 출발

신뢰 원리의 구성요소는 진실(trustfulness), 투명(transparency), 그리고 일관(consistency)이다. 진실이란 하나님으로 부르심을 받은 일에 거짓됨이 없이 합당하게 행하는 것이다(엡 4:1, 잠 11:1). 투명은 하나님과 사람 앞에서 어떤 것도 숨기지 않고 드러내는 것이다(딤후 5:25). 일관은 이해관계자들에게 한결같은 태도를 유지하는 것이다(히 13:8, 6:11).

안식

히브리어의 메누하(menuba)는 충만한 휴식 혹은 몸과 마음이 평안을 이룬 상태를 의미한다(시 23:2). 안식의 원리란 '하나님이 주신 영적, 정서적, 육체적 쉼과 평안을 누리는 원리'다. 아무리 앞의 원리들을 잘 적용하고 있다고 하더라도 안식이 없는 경영은 진정한 기독경영이라고 할 수 없다.

안식의 구성요소는 영혼의 풍요(fullness of soul), 그침과 쉼(finish and rest), 그리고 관계의 누림(enjoyment in relationship)이다. 영혼의 풍요란 마음의 평안과 영원의 맛을 누리는 것이다. 그침과 쉼은 일에서 벗어나 정서적, 육체적 휴식을 누리는 것이다. 관계의 누림이란 일, 직장, 공동체, 가정 속에서 만족감을 누리는 것이다. 안식은 단순히 활동을 멈추고, 다음날을 위해 쉬는 것이 아니라, 어떤 것에도 방해 받지 않고, 창조를 즐기고 감사하며 하나님의 임재를 경험하는 적극적인 의미이며, 안식을 통해 노동의 존엄성을 회복하는 것이다.

■ 영성의 역할

기독경영의 원리를 실천하는 주체는 조직에 있는 사람, 즉 경영자나 직원들이다. 따라서 임직원들의 영성은 이러한 기독경영의 원리를 실천하는데 중요한 역할을 한다. 영성(spirituality)이란 하나님을 믿고 거듭난 모든 자녀들에게 주어진 영적인 성품을 말한다[8]. 다시 말해서 성령의 충만한 은혜 속에서 성령의 지배를 받고 살아가는 영적인 사람의 속성을 말한다(엡 3:16, 20). 최근에 영성은 육체와 구별되는 영적인 속성이나 인간 내면의 문제, 또는 신비주의적 경향성에 대한 것으로 이해하면서 영성을 기독교만의 독특한 특징으로는 보지 않고 있다. 그래서 '기업도 영성이 필요하다'는 말이 나오고 있다[9]. 이런 '영성'의 시대에 기독경영에서 필요한 '영성'은 무엇일까? 영성은 어떻게 기독경영에 스며들어야 하는가? 앞에서 제시한 기독경영의 원리와 영성과는 어떤 관계가 있는가?

기독교의 영성은 삼위일체의 영성이다. 다른 것과는 구별되게 하나님과 연결된 순도 100%의 참 영성이다. 다른 영성은 들의 풀과 같이 시들고 없어지는 지푸라기 영성이지만 기독교 영성은 영원하고 참되다. 비록 위의 기독경영 원리대로 경영하더라도 망할 수 있다. 또한 이 원리를 무시하고 경영해서 성공할 수도 있을 것이다. 그러나 하나님의 성공은 인간의 관점과 다르다. 악한 경영으로 단기적으로 성공하겠지만, 언젠가 하나님의 심판이 따를 수 있다. 선한 경영으로 단기적으로 실패하여 눈물의 씨를 뿌리겠지만, 그 다음세대에 기쁨으로 거둘 수 있다. 수익으로는 실패할 수 있지만 사람을 키운다든지 다른 가치를 창출할 수도 있을 것이다.

장차 하나님의 나라를 성취하는 경영자, 이 땅에서 궁극적인 것을 구하는 경영자, 하나님께 모든 것을 두고 맘몬의 문화 속에서 돈의 우상을 버리고 전투하는 경영자는 하늘의 상급이 따를 것이다. 따라서 기독경영 원리를 실천하는 경영자에게 이러한 참된 영성으로의 무장은 무엇보다도 필요하다.

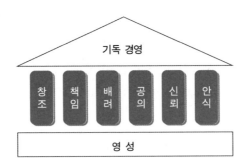

[그림 1-2] 영성, 원리, 비즈니스

■ 책의 구성

본 책은 크게 서론과 본론, 그리고 결론으로 이루어져 있다. 본론은 기독교적 굿 비즈니스 경영의 원리 6가지를 중심으로 서술되었다. 제1장 서론에서는 기업과 굿 비즈니스 경영의 정의, 기독경영의 6가지 원리에 대한 소개, 경영에서 영성의 역할 등에 대해서 기술하였고, 본론에서는 제2장 영성, 제3장 창조 원리, 제4장 책임 원리, 제5장 배려 원리, 제6장 공의 원리, 제7장에서는 신뢰 원리, 제8장에서는 안식 원리, 제9장은 결론으로, 원리의 실천방안을 다루었다.

이 책은 『기독경영 JusT ABC (배종석 외 2010, 이하 '전작')』를 계승하며 후속편으로 집필되었다. 전작과의 차이점은 기독경영의 원리에서 '안식'의 원리가 추가되었으며, 각 원리별 구성요소를 좀더 다듬었다. 그리고 전작이 기독경영 5대 원리를 도출하고 이를 기업의 각 기능영역별로 서술된 반면, 이 책은 6대 원리를 중심으로 서술하였다. 즉 전작은 인적자원관리, 리더십, 마케팅 프로세스, 고객관리, 회계, 재무관리, 전략경영 등의 영역에서 기독경영을 어떻게 해야 하는가에 초점을 맞추었다. 그러나 본 책은 창조, 책임, 배려, 공의, 신뢰, 안식의 각 원리별로 그 구성요소와 사례, 그리고 실행방안을 중심으로 서술하였다. 또한 기독경영의 실천 주체들을 위한 '영성' 장을 따로 두어, 기독경영과 영성과의 관계를 심도 있게 분석하였다. 한편 좀 더 기독경영의 실천서로 만들기 위해 마지막 장에 기업경영의 10대 이슈를 도출하여 이에 6대 원리를 어떻게 적용할 것인지를 설명하였다. 예를 들어 수익개선, 인재확보, 판로개척, 생산성 향상 등에 기독경영의 6대 원리를 어떻게 적용하여 실천할 수 있는지 방법을 제시하였다.

　전작이 최초로 '기독경영 원리'를 도출한 교과서적인 이론서라면 이 책은 전작을 계승하여 기독경영의 원리를 현장에서 잘 적용할 수 있도록 집필하였다. 가급적 어려운 이론적 내용을 빼고, 쉬운 설명과 사례 중심으로 서술하였으며 각 장의 뒤에서는 각 원리의 실천방안과 토의문제를 넣었다. 본서에서 제시한 사례기업들이 반드시 기독경영을 100% 실행하고 있다고는 할 수 없다. 사례기업들도 선한 모습과 바람직하지 못한 모습들이 있다. 하지만, 그 원리에 비추어 보았을 때는 충실하게 실행하고 있다고 여겨지는 단편사례는 제시하였다.

☑ 토론할 문제

1. 기독교적 굿 비즈니스 경영은 과연 가능·불가능한 것인가? 그 이유를 토론해 보자.

2. 굿 비즈니스 경영의 핵심원리들이 정말 경영성과와 직접적인 관련이 있을까?

제2장

/

영성

- 그 신비로운 경영의 열쇠! -

기업은 다양한 재능과 은사를 연결하는 사회적 공동체이
기 이전에, 천하보다 귀한 영혼을 지닌 한 사람이 역시
동일한 가치를 지닌 영혼을 가진 다른 사람을 만나는
영적 공동체이다.

"기업가로서 비전을 품고, 창조하고 실행하는 실제 경험은 영적 성장의 영역이다. 직장은 대부분의 사람들에게 영적으로 성장할 수 있는 가장 큰 기회를 제공한다. 직장에서 영혼이 무너지는 것 같은 힘든 경험도 하지만 하나님의 성령의 열매가 우리 안에서 자라나는 것도 체험한다. 이러한 중요한 영적 성장은 수련회나 교회 예배에서만이 아니라 힘들고 소란스러운 기업에서도 일어난다." (폴 스티븐스, 리처드 구슨, 『기업가형 리더십』(IVP))

"예수님이 부활하시는 첫 장면은 일터를 배경으로 한다는 것이다. 막달라 마리아와 다른 여자들은 일을 하러 가는 길에 예수님의 부활을 목격하고 그것을 받아들였다. 영성 형성의 최우선 장소는 일터라고 나는 주장하고자 한다." (유진 피터슨, 『현실, 하나님의 세계』(IVP))

* 2장 '영성'편은 송용원 목사가 단독으로 저술하였습니다.

■ 영적 사회적 공간인 기업의 유래

크리스천 경영자는 어떤 존재일까? 무엇을 위해 기업을 경영하는가? 미국의 경제신학자 마이클 노박(Michael Novak)은 예수 그리스도를 따르는 제자의 삶을 선택한 크리스천이 기업을 위해 일할수 있는가 하는 질문을 던진 바가 있다. 자유민주주의 시장경제의 발명품인 기업이 하나님 나라와 조화될 수 있을까 묻는 것이다.[10] 하지만 기업의 역사는 생각보다 그 유래가 깊고, 종교적 배경도 풍부하다.

역사가 폴 존슨(Paul Johnson)에 따르면, 기원전 14세기 이집트의 종교 공동체와 기업들의 관계가 로마 후기에 번성했던 베네딕트 공동체와 같은 기독교 수도원에 영향을 주었다.[11] 이는 다시 중세 후기에 평신도 길드 조합원 경제 모델의 토대가 되고, 근대로 들어오면서 상인들 위주의 주식회사의 등장에 영향을 준다. 오늘날 다국적 기업의 법적/역사적 연원도 거슬러 올라가면 기독교 수도회의 국제 네트워크와 만난다. 본래 기업은 단지 이익만을 추구하기 위해 모인 집단이 아니라 - 거룩한 독서와 기도와 노동이 만나는 - 영적이고 사회적인 시공간(locus)이었다.

기독교 수도원 공동체는 공생애 이전에 목수로서 가족 및 이웃과 빵을 나누기 위해 작은 비즈니스를 하셨던 예수님의 일을 모범으로 삼았다. 기업 company는 본래 라틴어 Cum Pane에서 유래한다. 더불어 빵을 나눈다는 의미이다. 여기서 기업의 존재는 공생애 이후 예수 그리스도의 성찬과도 밀접히 연관된다. 기업은 한마디로 하나님을 사랑하고 이웃을 섬기는 예수 그리스도의 거룩한 일에 참여하는 제자의 삶을 구현하는 영적이고도 사회적인 공간이다. 그렇기에 기업은 크리스천에게 성화의 도구가 된다. 기업을 탐욕적인 비즈니스의 소굴로 볼 것이 아니라 신적 구원의 도구로 새롭게 재인식해야 한다.

여기서 기업은 마치 모든 사람을 구원하시고자 낮은 모습으로 이 땅에 오신 예수 그리스도의 성육신과도 긴밀히 연결된다. 기업은 단지 경제적 이윤만을 추구하는 기관이 아니라, 노동자들에게 일자리를 주는 존재이기에 결국 가난한 자들에게는 가장 좋은 친구가 될 수 있다. 하나님의 은총을 대행하는 존재가 될 수 있다는 것이다. 따라서 기업은 세상을 구원하기 위한 또 하나의 그리스도의 몸과 같다고 할 수 있다.[12]

■ 기독교 영성과 일반 영성의 관계

기독교에서 신학과 영성은 동전의 양면과 같다. 신학은 하나님에 대한 지식이다. 영성은 인간의 하나님 경험이다. 그렇기에 예수 그리스도가 하셨던 것처럼, 빵을 만들고 나누는 일을 하는 기업을 경영하며 하나님을 깊이 체험하는 모든 것을 망라해서 크리스천 경영 영성이라고 명명할 수 있다.

최근에 들어와 세속학문에서도 경영과 영성의 관계에 관심이 증폭되고 있다. '무엇이 영성인가?', '특히 기업 경영에서 영성은 어떤 역할을 하는가?' 하는 질문에 수많은 담론이 난무한다. 오늘날 영성은 더 이상 종교적 차원에 국한되지 않는 경향을 띤다. 영성은 다양한 분야에서 통합적 존재로서의 인간을 이해하기 위한 새로운 대안 용어로 이해된다. 영성 용어는 비종교 영역, 특히 기업 경영에서도 태도, 내적 자원, 리더십, 기업 문화 등과 관련되어 쓰인다.[13] 무슨 말인가? 기독경영만이 아니라 세속경영에서도 영성은 중요한 가치가 되고 있다는 것이다.

많은 크리스천 기업가 중에 어떤 이들은 '경건'이라는 소중한 영적 자산이 있는데, 꼭 영성이란 말을 사용해야 하는가 하고 이의를 제기 한다. 경건은 하나님에 대한 경외와 사랑이 결합된 용어이다.[14] 반면에 영성은 궁극적 가치를 추구하며 삶을 통합하는 것을 목적으로 하는 인간 경험을 말한다. 그런 의미에서 하나님과의 올바른 관계를 지향하며 성령의 인도하심 속에서 예수 그리스도를 따르는 기독경영인들의 삶의 방식을 경건이 아니라_{기독교} 영성이라고 표현하는 것은 세상과의 소통과 공감을 위해서도 필요하다. 경건이 구원의 특별은총에 초점을 둔다면, 영성은 구원의 특별은총과 더불어 모든 사람에게 보편적으로 적용될 수 있는 창조의_{일반은총까지 포용하는} 용어로서 좀더 포괄적이고 개방적이기 때문이다.[15] 따라서 영성이란 말은 기업 현장과 같이 세상 한복판에서 비신자들과 적극적으로 소통할 수 있는 공유 언어로 더 적절하고 지혜롭다.

다만 크리스천 기업가는 한편으로 우리가 추구하는 영성이 성부, 성자, 성령으로 삼위일체이신 하나님의 구원과 창조에 바탕을 둔 기독교 영성이라는 점을 분명히 인식해야 한다. 그러면서 다른 한편으로, 세속의 기업 경영에서도 하나님이 모든 인간에게 남겨 두신 일반은총, 즉 자연법, 도덕, 양심, 내면과 영원에 대한 갈망 등에 바탕을 둔 정도의 영성도 있음을 구분할 줄 알아야 한다. 하나님을 모르는 이들도 "은행 잔고를 채우는 것보다 더 높은 차원의 삶이 있다는 의식"은 일터에서 누구나 알고 느끼고 실감하기 때문이다. [16]

> 영성은 궁극적 가치를 추구하며 삶을 통합하는 것을 목적으로 하는 인간 경험을 말하다.

하나님 형상으로 지어진 인간, 그래서 다차원적으로 살도록 지어진 인간은 이처럼 영성에 대한 목마름이 있다. 그 갈증이 극심한 장소 중 하나가 어디인가? 기업이다. 기업이 물리적인 소유를 두고 치열하게 경쟁하는 현장이기에 그 안에서 많은 사람은 의식적이건 무의식적이건 인격적 관계와 영적 가치에 대한 필요를 느낀다. 기업과 그 안에 모든 구성원은, 하나의 개별적이고 물리적 자본이기 이전에 사회적이고 영적인 가치를 지닌 존재이기 때문이다. 최근 서구세계의 많은 분야에서 종교가 밀려나는 가운데,

유독 경영대학원에서는 영성을 도입하는데서 이러한 갈망은 드러난다. 경영에 적합한 영성 방식을 추구한다는 것은, 일하는 인간으로서의 존재와 사유와 활동 방식을 조정하여 다양하고도 궁극적인 가치와 의미를 추구하는, 즉 보다 높은 차원의 경영 방식을 추구하는 것이라 할 수 있다.

■ 일터에서 만나는 영혼

그렇다면 빵을 나누는 기업이라는 일터는 어떤 곳인가? 믿음과 사랑과 소망이 가득한 곳일까? 현실은 그렇지가 않다. 일터 신학의 권위자인 폴 스티븐스(Paul Stevens)의 말처럼 "일터는 영혼의 전투가 벌어지는 격전지"다.[17] 기업은 하나님의 성령이 임하시기도 하지만, 인간의 죄악이 집요하게 파고드는 곳이기도 한 까닭이다. 기업 경영 현장에서 선과 악을 마주한다. 빵을 나누는 기쁨과 보람으로 가득해야 할 기업에서 선한 일을 맛보는 기쁨도 누리지만, 악한 일에 휘말리는 쓰라림을 겪기도 한다. 기업가는 자신의 영혼 전체를 가지고 경영 현장으로, 노동자도 영혼 전체를 가지고 일터로 가기 때문이다.

그래서 세속의 관점에서조차 기업은 단지 상품과 서비스를 생산하고 유통하여 이윤을 얻고 경쟁에서 라이벌을 이기는 조직만일 수는 없다. 경영은 재정과 인력을 전략적으로 사용하며 자기를 극대화하는 기술일 수 없다. 기업 경영을 위해 필요한 제도, 인력, 자원을 잘 들여다보면, 거기에는 손에 잡히는 물리적 차원만 있지 않기 때문이다. 눈에 보이지 않는 영적 차원이 공기처럼 퍼져있고, 영성은 활활 타오르고 있는 불처럼 기업이라는 장작에 스며들고 동시에 그 장작을 둘러싼다. 기업은 다양한 재능과 은사를 연결하는 사회적 공동체이기 이전에, 천하보다 귀한 영혼을 지닌 한 사람이 역시 동일한 가치를 지닌 영혼을 가진 다른 사람을 만나는 영적 공동체이다.

> **"** 기업은 다양한 재능과 은사를 연결하는 사회적 공동체이기 이전에, 천하보다 귀한 영혼을 지닌 한 사람이 역시 동일한 가치를 지닌 영혼을 가진 다른 사람을 만나는 영적 공동체이다. **"**

화란의 개혁신학자 헤르만 바빙크(Herman Bavinck)가 말했듯이, 본래 사물의 기원, 본질, 그것의 마지막은 인간에게 알려져 있지 않고, 과학이 답을 줄 수 없다.[18] 인생과 우주와 이 세상의 모든 것의 궁극은 종교와 영성의 차원이다. 이러한 사물에 기업도 포함된다. 기업의 존재 이유의 근원적/궁극적 차원은 영성으로만 체험할 수 있다. 최근에 들어서는 경제학도 인생, 우주, 그리고 거의 모든 것에 대한 학문이라고 말들을 한다.[19] 그래서 비즈니스를 통해 아무리 새로운 종류의 경험을 하고 예상을 뛰어넘은 다채로운 성공을 한다 해도, 거기서 얻는 즐거움이란 어쩐지 벌레가 든 장미와 같다는 느낌을 떨쳐내기 어려운 경우가 많다.[20] 경영이라는 말에서 재화와 노동 같은 물리적 차원을 먼저 떠올리는 이도 여전히 많지만, 점점 그 바탕에 이성과 과학과 기술로 해결할 수 없는 영성, 그리고 인간이 자리하고 있다는 심층에 눈을 뜨는 이가 늘어간다. 기술이 고도화되고 조직이 복잡화할수록, 그리고 분야가 세분화될수록 경영 현장에서 사람에 대한 고민은 더 깊어져 간다. 차가운 경영자 표상으로 회자되던 헨리 포드(Henry Ford)조차 그가 바랐던 것처럼 노동자의 두 손만 고용할 수는 없다. 언제나 전인으로서의 인간을 고용해야 한다. 인간은 기업에서 필요한 지식과 재능만이 아니라, 영혼을 송두리째 지닌 채로 일터로 가기 때문이다.[21] 그것은 기업가도 노동자도 매한가지다.

그런데 영혼은 진공상태가 아니다. 인간 영혼에는 반드시 어떤 종류의 세계관이 장착되어 있다. 세계관은 세계와 인생을 바라보는 시각, 즉 '세계 바라보기(World-Viewing)'이다. 자신과 인생과 세상과 역사를 보는 지도, 이야기, 색을 입힌 유리, 또는 생각의 렌즈와 같다. 이러한 렌즈 없이 기업을 경영하는 사람은 아무도 없다. 기업가의 삶을 시작하는 것은 오랫동안 앓은 뒤에 걷거나 자전거를 배우는 것에 비유된다.[22] 처음에는 어떻게 중심을 잡을지 매순간 의식한다. 그러다가 어느 순간이 되면 굳이 생각하지 않아도 확실하게 달릴 수 있다. 경영도 그 첫걸음을 뗄 때 제일 필요한 것이 '생각'이다. 기업가의 생각은 그의 세계관과 영성에 좌우되곤 한다.

■ 인본주의 기업가 모델

기업가 정신은 하나님이 없는 인본주의 모델과 하나님을 인정하는 기독교 모델로 구분된다. 근대 이후 삼백년 동안 인류역사는 인본주의가 득세하면서 공적 분야에서 하나님을 걷어내고 정치와 신앙이 분리되면서 경제 활동의 한 축인 기업에서도 영속적 가치가 희미하고 모호해졌다. 인본주의 모델에 바탕을 둔 소비사회는 '상품으로서의 삶의 형식'에 매몰된다. 상품과 소비가 하나의 생활방식과 존재의 형식이 되는 '물신'에 순응하는 인본주의 기업가는 필연적으로 하나님의 형상이 아니라 자기가 만든 상품의 형상을 따라, 역시 하나의 사물이자 대상으로 스스로가 재창조되는 '경제적 우상숭배'에 빠지고 만다.[23] 따라서 일터에서 나누어야 할 우정, 친밀함, 사랑, 행복마저 모두 생산력과 소비매력을 기준으로 환원시켜 평가해버린다. 인격이 아닌 사물로 축소된 계량적 관계를 맺으면서, 자기의 인격도 상실하지만 상대의 인격도 실종되게 한다. 인본주의 모델에서 기업가와 직원과 고객은 '인격과 존재-형식' 대신에 '사물과 상품-형식'의 지배에 사로잡혀 서로를 생산과 판매와 소비의 도구와 대상으로 대하며 언제든지 대체가 능한 것으로 간주하기 쉽다.[24]

그러한 상품 형식에 충실한 인본주의 모델에 매료된 경영자는 대개 자기 뜻과 의지대로 사는 것에 매력을 느낀다. 자기를 발견하고 자기를 실현하고 그 과정을 통해 자기만의 신념 체계를 만든다.[25] 개인이 중요하고 경험을 강조한다. 자기만의 성공 스토리를 추구하며 그것으로 기업 철학과 가치 브랜드를 창출한다. 하나님은 안 보이고, 보이는 우주가 인생의 궁극인 인본주의 경영인의 생각에, 기업의 존재 이유는 인간의 발전과 보이는 소유와 성취뿐이다. 기업은 인간이 자신에 대한 긍정적 믿음을 가지고, 삶의 안전을 확보하고, 자기를 적극적으로 표현하며 높은 자존감을 누리고, 각자의 잠재력을 극대화하고, 휴머니즘에 바탕을 둔 이타적 봉사를 통해 찬사를 받는 통로로 쓰인다. 그런 마음으로 기업가는 경영의 페달을 밟는다. 하지만 결코 자기 스스로를 내어준다든지, 자기 스스로를 순수한 선물(pure gift)로 규정하는 신적 행동이나 사건은 일어나지 않는다.[26]

■ 기독교적 기업가 모델

인본주의 모델은, 그것을 인지하든지 그렇지 못하든지 상관없이, 하나님이 주신 재능과 이성이라는 일반은총(the common grace)의 외바퀴로 달리는 자전거와 같다. 하지만 일반은총의 바퀴와 더불어 그리스도의 은총으로 하나님을 사랑하고 이웃을 사랑하는 특별은총(the special grace)의 바퀴도 있다. 기업가 정신의 기독교 모델은 두 바퀴로 달리는 자전거와 같을 것이다.

기독교 모델은 결코 세상에서 중요하게 여기는 이성과 재능과 지혜를 모르거나 배제하지 않는다. 하지만 기독교 모델은 그 일반은총의 바퀴에만 의지해서 기업을 경영하지 않는다. 특별 은총으로 현격히 회복된 일반은총을 가지고 기업가 정신을 만들어간다. 그래서 현실을 보는 방법이 다르다. 눈에 보이는 물리적 차원만 들여다보지 않고 눈에 보이지 않는 영적 차원을 감지한다. 사물-형식으로 이루어진 도구적 이성만이 아니라 인격-형식으로 이루어진 목적론적 정서를 활용한다. 직원과 고객을 생산과 소비의 관점에서만 보지 않고 언약과 인격의 관점에서 본다. 인격-형식의 지평이 열린 기업가는 자신의 할 일이 그저 사람들이 좋아하는 상품을 만들어 전 지구적인 경제의 공급망을 통해 효과적으로 제공하여 이윤을 극대화하는 것이라 생각하지 않는다. 그는 공급망과 연관된 모든 사람을 자기 이웃으로 새롭게 인식한다. 기업가가 기독교 모델에서 받은 인격-형식의 안경을 쓰게 되면, 단지 사물-형식에 온통 둘러싸인 기업가와는 달리, 점점 더 가까워지는 세계 '경제의 공급망'이 사실은 전 지구적 이웃 사랑을 위한 '가치의 연결망'이었음을 보게 된다.[27)]

이러한 수준은 일반은총으로도 어느 정도는 부분적으로 가능하나, 궁극적으로 예수 그리스도를 따르는 제자도에서 온전히 구체화된다. 기독교적 기업가 정신은 자기를 온전히 선물로 내어주시는 그리스도의 사랑에 기초한 인간관계에 참여하는 것이기에 세상 사람이 보기에 많은 불안과 위험과 비효율을 감수하는 것처럼 보일 수 있다.[28)]

이렇듯 기독교 모델은 기업과 경영을 보는 렌즈가 복합적이고 다면적이다. 다초점 렌즈와 같다. 더 나아가 단지 세계관을 가지는 지적인 일이 되기보다는 거기에 참여하는 의지적 활동까지 되고자 한다.

특히 의지적 활동과 관련해서는 인본주의 모델과 기독교 모델을 프랑스의 철학자 시몬 베유(Simone Weil)가 대조했던 중력의 하강 운동과 은총의 상승 운동으로 분석해보는 것도 도움이 된다. 인간은 같은 행동이라도 자기 이익을 위한 낮은 동기로 하는 것이 많은 사람을 위한 높은 동기로 하는 것보다 용이하다. 중력 때문이다. 인본주의적 기업가 모델은 낮은 동기를 채워주는 에너지인 중력을 따라 행동하는 양식이다. 하지만 기독교적 기업가 모델은 높은 동기를 채워주는 에너지인 은총을 따라 중력을 이기는 행동양식이다. 높은 동기로 끌어올려주는 은총의 영적 에너지가 있을 때, 기업은 더 이상 중력의 물리적 에너지에 의해 낮은 동기로 끌어내려지지는 않을 것이다.

이러한 은총을 체험하는 기독교 모델은 사람들이 두 손과 두뇌만이 아니라, 하나님 형상으로 지음을 받은 영혼 전체를 지닌 존재로서 일터에 온다는 것을 본다. 그래서 기업가 자신의 이야기 대신에 하나님의 더 큰 이야기 속에서 자신의 경영을 인식한다. 내가 고용한 사람들이 아니라 '내게 주신 사람들'이라는 관점으로 노동자를 대한다. 일터에서 인간은 누구나 고귀한 영혼을 지닌 존재로서 소중하게 대우받고 싶어 한다. 하지만 기독교 모델이 볼 때 인본주의 모델이라는 외바퀴 자전거는 위험하고도 허약하다. 사람이 사람을 사랑한다는 것은 자기 안에 있는 양초를 태우는 제한된 작업에 지나지 않기 때문이다.

종교개혁가 칼뱅(Calvin)은 타락한 인간 안에 남아 있는 영혼은 마치 밤하늘에 깜박이는 별빛과도 같다고 했다. 무슨 말인가? 별빛은 캄캄한 세상을 비추기는 하나 환하게 하지는 못한다. 빛이 있다는 정도는 알려주지만, 그 빛을 온전히 누리게 한다고 말할 수는 없다. 인본주의 모델은 아마도 밤하늘의 별빛과 같은 정도일 것이다. 그렇기에 하나님을 모르는 기업가도 일반은총을 많이 받으면 높은 인격, 탁월한 안목, 감각적인 재능, 불굴의 의지로 사회에 큰 유익을 끼칠 수 있다. 하지만 이 세상에서 사는 데 필요한 어느 정도의 범속적 기여에 불과하다. 그것이 별의 영광(doxa)이다. 하나님을 희미하게 생각(dokeo)나게 하는 정도일 것이다.

이와 견주어 기독교적 기업가 모델은 밤하늘의 달빛에 해당된다. 별빛보다는 훨씬 밝은 달빛, 하지만 햇빛은 아니다. 햇빛은 하나님 나라가 역사의 마지막 날에 임할 때 비추는 빛이다. 그리스도의 태양만이 빛의 원천이요 완성이다. 하나님의 구원의 특별은총을 받은 교회와 그리스도인은 그 빛을 반사(reflect)하는 달빛과 같다. 물론 달빛도 세상을 환히 비출 수는 없다. 그러나 달은, 보이지 않는 저 편에 해가 있다는 것을 알려주며, 그 빛을 어느 정도는 누리게 해준다. 기독교 모델을 따르는 기업가는 과도하게 햇빛 스타일을 추구하는 오만함도, 세상과 구별됨이 없는 별빛 스타일에 머무름도 곤란하다. 자기에게 주어진 형편과 상황과 계절에 맞게 중심을 잡고 성경의 진리와 그리스도의 복음을 온전하게 그리고 동시에 겸손히 반사하려고 하는 달빛 스타일이 바람직하다.

제2장 영성
그 신비로운 경영의 열쇠!

■ 크리스천 경영의 네 가지 모델

기독교의 문화 참여에는 변혁주의 모델, 적절성 모델, 반문화주의 모델, 두 왕국 모델이 있다.[29] 기업도 문화의 한 요소이므로, 크리스천 경영 모델도 위의 4가지 범주로 구분해서 살펴볼 수 있다. 이제 소개될 4가지 모델은 마치 신약성경의 4복음서와 같다. 초대 교부 이레네우스는 이 땅에는 동서남북이 있듯이 복음서도 넷으로 되어야만 했다고 말한 적이 있다. 마태는 주님을 찾아 동쪽에서, 마가는 서쪽에서, 누가는 남쪽에서, 그리고 요한은 북쪽에서부터 순례를 한다. 출발지는 다르나 목적지는 동일하다. 크리스천 경영 모델도 유일하고 완벽한 출발은 존재하지 않는다. 아래 4가지 모델의 장점과 단점을 잘 분별하면서, 성경과 시대와 상황을 모두 깊이 성찰하며, 원리를 갱신하고 실천을 지속하는 여정을 밟아가야 한다. '언제나 개혁되는!(Semper Reformanda!)'이라는 종교개혁의 모토는 크리스천 경영 모델에도 예외가 아니다.

첫째, 변혁주의 모델로 기업 경영을 하면 어떤 모습이 될까? 변혁주의 모델은 기독교 세계관을 가지고 기업을 운영하며 세속의 기업 문화를 적극적으로 바꾸고자 하는 모델이다. 하나님의 주권, 그리스도의 주권이 경제와 기업의 모든 영역에 적용되어야 한다고 믿는다. 변혁주의 모델 안에서도 여러 그룹이 존재하는데 대표적인 건강한 모델로는 개혁신학자이자 화란의 수상으로 활동했던 아브라함 카이퍼(Abraham Kuyper)에게 영향을 받아 기독교 세계관 교육을 강조하는 신 칼뱅주의가 있다. 신 칼뱅주의는 기업 경영에 있어서 원리와 지침을 만들 때 성경에만 의존하지 않고 창조 세계에 펼쳐진 일반 계시와 같은 일반은총의 영역을 존중한다. 이 점은 아래 적절성 모델과 유사해 보인다. 하지만 기업 경영과 같은 세속의 일을 통해 하나님의 주권과 영광이 임함으로 하나님 나라가 이 땅에 가시화된다고 본다.

변혁주의 모델을 따르는 크리스천 경영 방식을 택하게 되면, 기업에서 탁월하고 성실하게 일을 성취하는 것에 높은 가치를 매기게 된다. 다만 이 모델을 과도하게 추구하면 부작용도 있다. 그것은 경건주의가 세속 직업을 저평가한 것과 달리, 변혁주의 모델의 크리스천 경영은 자칫 승리주의, 자기 의로움, 과도한 확신과 같은 오만의 덫에 빠질 수 있다. 일반은총의 영역이자 도구인 기업을 마치 특별은총의 통로인 교회처럼 만들려고 하는 실책을 범할 수 있다.

> " 변혁주의 모델은 기독교 세계관을 가지고 기업을 운영하며 세속의 기업 문화를 적극적으로 바꾸고자 하는 모델이다. "

둘째, 적절성 모델로 기업 경영을 하면 어떤 모습이 될까? 적절성 모델은 기업에 영향을 끼치는 데 있어 적극적인 면에서 변혁주의 모델과 같지만, 하나님의 일반은총에 대해서 훨씬 더 긍정적으로 본다는 점에서 변혁주의 모델과 다르다. 일반은총이라는

제2장 영성
그 신비로운 경영의 열쇠!

커다란 우산 아래 거하기를 즐겨하는 적절성 모델에서는 굳이 기독경영이 아니라 해도, 세속 기업에서도 하나님의 역사는 활발히 일어난다고 본다. 해방신학, 공동선 운동, 자유주의 신학, 구도자 교회 배경을 가진 크리스천은 적절성 모델을 기반으로 기업 경영을 하게 될 가능성이 높다. 선물의 교환이라는 창조 세계 질서에 따라 자연스레 발생한 기업 안에 하나님의 영이 임하시고 기업은 하나님의 파트너가 되어 공공선과 인류 복지를 위한 일에 참여한다는 낙관적인 정신이 충만하다.

적절성 모델로 기업 경영을 하는 크리스천은 세속 기업 경영을 하는 비신자들과 일반은총을 매개로 활발히 협력할 수 있는 장점을 누릴 수는 있다. 하지만 이 세상은 일반은총만 있는 것이 아니라, 타락한 인류도 있다는 엄중한 현실을 간과할 때, 자칫 크리스천 경영은 복음에 기초한 고유성을 잃고 현재에 만족하거나 쉽게 세상과 타협함으로 하나님 나라를 이 땅에 선취하는 일에 열정이 약화될 위험성도 다분하다.

> **❝**
> 적절성 모델은 기업에 영향을 끼치는 데 있어 적극적인 면에서 변혁주의 모델과 같지만, 하나님의 일반은총에 대해서 훨씬 더 긍정적으로 본다는 점에서 변혁주의 모델과 다르다. **❞**

셋째, 반문화주의 모델로 기업 경영을 하면 어떤 모습이 될까? 반문화주의 모델은 교회 안에서는 구속의 일을 하시는 하나님이 교회 밖 기업의 활동을 통해서는 구속의 일을 하시지 않는다고 본다. 교회와 기업을 서로 대조하고 분리한다. 재세례파나 수도원 운동에서 세속의 기업은 세상 제국의 하수로서 도둑의 소굴에 불과하다. 반문화주의 모델을 따르게 되면 크리스천 경영은 세상을 적극적으로 변화시키고 영향력을 주는데 초점을 두기보다는, 세속의 영향을 받아 부패해지지 않기 위해, 세속의 가치와 떨어져서, 단순하고 소박하고 성실하게 살면서, 가난한 사람들을 위한 저항적이고 대안적인 생활을 하는 경제 공동체정도로 인식된다.

크리스천 기업가가 반문화주의 모델만을 따르게 되면 기독경영을 통한 세속 기업 문화에 선한 영향력을 끼치는데 비관적이고 소극적이 될 수 있다. 이는 과도한 변혁주의 모델을 따르는 크리스천 기업가가 빠지기 쉬운 승리주의의 함정이라는 한 극단의 반대편에 있는 또 다른 극단이다.

또한 반문화주의 모델을 따르는 사람들 중에는 현대 자본, 시장, 무역, 정부 등을 제국과 악의 소산으로만 보는 편향적인 적대감을 취하는 이들도 있다. 인간의 타락이라는 현실에는 크게 반응하면서도 하나님이 창조 세계에 보편적인 선물로 주신 일반은총은 너무나 작게 그리기 때문이다. 그러면서도 세속 문화에 영향을 주려는 생각에도 동의하지 않는다. 이러한 방식을 따르는 크리스천 경영은 자칫 하나님이 주신 많은 달란트를 수건에 싸서 땅에 묻는 오류를 범할 수 있다.

넷째, 두 왕국 모델로 기업 경영을 하면 어떤 모습이 될까? 루터와 칼뱅 전통을 따르는 두 왕국 모델은 하나님이 교회와 세상을 구별되는 방식으로 통치하신다고 본다. 교회와 정부를 하나님의 두 손으로 생각하는 두 왕국 모델에서는 기업도 노아의 언약에 엄연히 근거한 하나님의 손에 포함된다. 두 왕국 모델은 변혁주의 모델에 비해 문화에 영향을 끼치는데 있어서는 소극적이나, 일반은총에 대해서는 적절성 모델처럼 대단히 긍정적인 입장이다. 따라서 크리스천 기업가가 두 왕국 모델을 따르게 되면 그리스도인으로서 비신자인 이웃들과 함께 하나님의 일반은총을 누리는 삶을 공동으로 영위하는 시민으로서 기독경영을 하게 된다.

두 왕국 모델 중에서도 교회와 국가의 관계를 느슨하게 보는, 보다 온건한 루터(Luther) 모델을 중심으로 삼게 되면, 기업 경영에 있어서 성경적 표준을 부과하기 보다는, 많은 사람들이 공감하는 보편 가치를 중시하게 된다. 두 왕국 모델 역시 크리스천이 기업을 통해 하나님의 뜻을 구현하는 일을 적극 지지한다. 하지만 두 왕국 모델은 크리스천 기업가에게 "일상적 업무를 행하는 독특한 기독교적 방식"을 찾지는 말라고 조언한다.[30] 두 왕국 모델에서 기업을 통한 공공선과 인류복지 추구는 신자와 비신자 모두에게 해당되는 공동 소명이지, 신자에게 더 알려진 특별한 계시는 아니다.

두 왕국 모델을 따르면 크리스천 기업가가 세상의 악과 가난을 제어하는 일에 부름 받았다는 사실에 동의하지만 세상을 현저히 기독교적 방향으로 개선시키는 일에 기업을 사용하는 데까지 이르지는 않는다. 두 왕국 모델은 변혁주의 모델에 비해서 크리스천 경영인이 기업을 통해 이룰 수 있는 변화와 영향력에 대해 다소 신중한 입장을 지니게 된다. 반면에 두 왕국 모델은 특히 온건한 루터 모델은 기업 경영에 있어서, 성경에 비해 일반은총을 너무 중시하는 약점에 빠질 수도 있다.

> 두 왕국 모델은 하나님이 교회와 세상을 구별되는 방식으로 통치하신다고 본다. 교회와 정부를 하나님의 두 손으로 생각하는 두 왕국 모델에서는 기업도 노아의 언약에 엄연히 근거한 하나님의 손에 포함된다.

그렇다면 크리스천 기업 경영은 위의 네 가지 모델 중 어떤 것이 바람직할까? 이 책의 서론은 기업을 '하나님의 주권 하에 사람들이 역량과 자원을 청지기적으로 활용하여 가치 창출을 통해 하나님과 사람을 섬기는 사회적 공동체'로 정의한다. 그리고 기독경영을 '하나님의 주권이 있는 사회적 공동체로서 기업이 하나님과 사람을 탁월하게 섬기기 위한 가치 창출 활동에 성경적 원리를 적용해가는 과정'이라고 명시했다.

바람직한 크리스천 경영 모델은 변혁주의 모델, 적절성 모델, 두 왕국 모델의 특징들을 담아 낼 수 있는 큰 틀을 가지면 좋다. 네 가지 모델 중에 어떤 것이 제일 성경적이고 최상의 것이라고 쉽게 단정하기는 어렵기 때문이다. 역사와 시대, 지역과 상황, 토양과 기후에 따라 네 가지 모델이라는 농기구를 어떤 비율과 방식으로 사용하며 농사를 지어야 할지는 미리 결정될 수 있는 것이 아닌 까닭이다. 하나님 나라를 지향하는 좋은 기업을 위한 기독 경영은 온건한 변혁주의 모델과 두 왕국 모델의 장점을 주로 장착하면서도, 상황과 필요에 따라 적절성 모델을 유연하게 활용하는 측면이 있으면 좋을 것이다. 더 나아가 반문화주의 모델과도 소통을 차단하거나 담론을 소홀히 하지 않는 열린 자세가 필요하다.

이렇게 크리스천 경영 이해를 기독교의 문화 참여의 4가지 신학 모델에 근거하여 분석하는 작업은 중요하다. 결국 하나님에 대한 지식인 신학과 하나님에 대한 경험인 영성은 직결되어 있기 때문이다. 겉으로 보기에는 다 같은 신앙을 소유한 크리스천 기업가 같아도, 그 내면에 어떠한 신학을 가지고 어떠한 모델에 더 바탕을 두느냐에 따라서, 실제 경영 현장에서 하나님과 동행하는 방식과 내용, 내리는 의사 결정, 직원을 만나는 관계와 태도, 기업의 목표와 가치를 설정하는 차원이 사뭇 달라지기 때문이다.

■ 크리스천 영성으로 경영하기

위에서 어떤 모델을 선택하든지, 기독교 영성은 기업에서 하나님을 결코 걷어내지 않는다. 오히려 적극적으로 그분을 초대한다. 인간의 자아실현을 넘어서는 기독교 모델은 하나님의 뜻에 순종하시는 그리스도의 본을 따른다.[31] 크리스천 기업가는 시장(market)을 깊이 이해하지만, 인본주의 모델과는 달리 시장(market)을 하나님이 되지 않게 한다. 세속 기업가는 '네 방식대로 하라'를 모토로 삼지만 성경적 가치를 따르는 기업가는 자기 자신을 가장 중요한 존재라고 여기지 않는다. 내가 가장 중요하고 그래서 '이 모든 것을 원하고 그것을 지금 당장 갖고 싶어 하는' 이전의 삶을 더 이상 추구하지 않게 된다.[32] 영적 회심과 더불어 경제적 회심을 하게 되는 마음의 변화를 체험한 존재로서, 성경을 자기중심으로 선택해서 읽지 않고 하나님 중심으로 온전히 읽으려 한다.[33] '창조주의 부르심을 따르라'가 모토가 된다.[34] 그러면서 인본주의 기업가 시절에 추구했던 '행복이나 쾌락과는 확연히 구분되는 기쁨'을 맛보게 된다.[35] 기업이란 나와 한배를 탄 모든 사람을 위한 신성한 소명의 장임을 인식하고, 이웃과 공동선을 위한 봉사로 여긴다. 그렇게 함으로써 루터가 되찾아 말했던 것처럼, 일터에서 자기 손으로 하는 모든 일들이 삶으로 드리는 '예배 이후의 예배'가 되게 한다.

크리스천 영성은 물질과 영혼을 이분법으로 나누지 않고 둘 다 하나님이 만드신 실재하는 피조물임을 인식한다. 기독교 모델을 따르는 기업가에게 세계는 불교나 힌두교에서 말하는 환상도 아니고 마르크시즘에서 말하는 단지 물질도 아니라, 창조주 하나님이 만드신, 그래서 그분의 형상과 흔적이 담긴 피조물이다.[36] 실상이신 하나님이 만드셨기에 세상은 허상이 아니라 실상이요 실재하는 세계다. 물질은 나쁘고 영혼은 좋은 것이 아니다. 보이는 물질은 무익한 육이고 보이지 않는 정신은 차원 높은 영이라는 이분법적 사고는 그리스 철학이지 성경의 가르침은 아니다. 성경은 하나님과 관계가 있으면 영적인 것이고, 하나님과 관계가 없게 되면 육적인 것이 된다고 말한다. 물질과 영혼이 하나님의 뜻에 순종하면 모두 영적인 가치를 지니게 된다. 기업은 인간의 일이면서 하나님의 일이다. 시간 속에서 영원을 맛보는 곳이다. 따라서 보이는 물리적 세계를 다루는 기업의 어떤 부분도 영성과 무관한 것은 없다.

기독교는 완전히 새로운 물질과 영혼으로 변화하신 부활의 첫 열매이신 예수 그리스도를 믿는 신앙이다. 미래에는 두 단계가 있다. 죽음과 그 직후의 상태로 머무는 단계가 있고, 새롭게 재창조된 세상에서 새로운 육체를 가지고 사는 단계가 있다.[37] 진정 나라다운 나라는 희미한 안개 한가운데 서 있는 것 같은 세상 나라들이 아니라 하나님 나라가 올 때 또렷하게 보일 것이다. 새 창조는 원 창조의 단순한 복원이 아니라, 그것을 넘어서는 것이다. 주님께서 가르쳐주신 기도처럼 하나님 나라는 '하늘에서 이루어진 것 같이 땅에서도 이루어질' 실재이다. 기독교는 땅을 탈출하여 하늘로 가는 종교가 아니라, 땅에 온전히 임할 하늘에 관한 좋은 소식이다.

기독교 모델을 따르는 기업가는 그리스도의 부활이라는 '이제 막 일어난 일'과 그리스도의 재림이라는 '이제 곧 일어날 일' 사이에서 살고 있다. 그러한 크리스천 기업가와 그가 일하는 기업의 존재 이유와 일하는 방식은 이제 예전과는 같을 수 없다. 모든 것이 다르게 보여야 한다. 하늘과 땅을 자신 안에서 통일하신 그리스도 예수를 만난 기업가는 당장 모든 것의 존재 방식이 달라질 수밖에 없다. 그렇지 않다면 아직 그리스도 안에서 어린 아이에 불과할지언정, 크리스천 기업가라고 자기 정체성을 자리매김할 수 없다. 부활의 좋은 소식은 그것을 알게 된 기업가의 모든 것을 달라지게 한다. 복음은 모든 것을 바르게 보게 해준다. 거기에 기업도 마땅히 포함된다. 좋은 소식은 기업가에게 새로운 상황을 만든다. 그리고 경영에 있어 새로운 결정을 요구한다. 겉사람이 경영했던 옛 기업이 아니라 속사람이 경영하는 새로운 기업이 되어야 한다. 더 이상 이 세상 우상이나 거짓 신들이 아니라, 살아 계신 참 하나님을 섬겨야 하는 방식을 구체적 상황 가운데서 선택한다. 복음의 광장에서 기업가는 복음과 연관시켜 경영을 재해석한다. 기업을 경영하는 믿음·행동·태도·소망이 달라지게 마련이다.[38]

만약 전통적인 기독교에서 오해한 것처럼, 지금 우리가 사는 이 세상은 영국의 작가 존 번연(John Bunyan)의 천로역정에 나오듯,

제2장 영성
그 신비로운 경영의 열쇠!

장차 망할 성(將亡城, City of Destruction)이어서, 그저 속히 떠나야 할 시공간에 불과하다면, 죽어서 가는 천국만이 우리의 종착지라고 한다면, 이 세상에서 일하는 기업의 의미는 기껏해야 세상에 필요한 것을 만들고 사람들에게 지상적인 복지를 제공하고, 잘해봐야 복음을 위해 필요한 기회를 만드는 계기 정도일 것이다. 하지만 이것은 성경적인 가르침이 아니다. 성경과 복음은 분명히 이 세상은 잠시 고난을 당해도, 주님이 다시 오시는 그 날이 오면, 하나님 나라가 임하고 드러나는 장소가 될 것이라고 적시한다.

■ 기업가의 존재 이유

그렇다면 이 땅에서 기업가의 존재 이유는 무엇일까? 하나님 나라는 본디 창조 세계를 회복하고 새롭게 변화하는 것이다. 본디 창조 질서는 모든 피조물이 각자 받은 은사를 서로 선물로 교환하는 유기적인 공동체로 만드셨다. 그것이 생명의 원리다. 기업은 가만히 그 역사를 들여다보면 서로가 자원을 교환하는 일종의 선물 공동체를 지향하는 방식으로 이 세상에 존재해왔다. 마침내 임할 하나님 나라는 현 세상보다 부패도 죽음도 타락도 없다는 의미에서 더 물질적이다.[39]

그렇다면 기업은 이 세상에서 잠시 있다 없어질 도구가 아니다. 기업은 하나님 나라에서도 영화된 차원에서 새롭게 갱신될 피조물이다. 빵을 나누는 공동체라는 기업 본래의 DNA는 하나님 나라에서 마침내 완성을 향해 흔들림 없이 달려갈 것이다. 누가 복음 29장에 보면 열 명의 종에게 은화 열 므나를 주는 어떤 귀인의 이야기가 나온다. 한 므나로 열 므나를 남긴 착한 종에게 주인은 "네가 지극히 작은 것에 충성하였으니 열 고을 권세를 차지하라"고 상을 준다. 이 땅의 기업에서 하나님의 뜻을 구체화하는 종들에게 하나님은 새 하늘과 새 땅에서 10개의 도시를 맡기신다. 사도 바울의 고백처럼 현재의 고난과 수고는 장차 우리에게 나타날 영광과 상급에 견줄 수 없다. 시편 126편의 노래처럼 이 땅의 하나님이 맡기신 일터에서 눈물을 흘리며 씨를 뿌리는 자는 반드시 그분의 섭리에 따라 기쁨으로 단을 거둘 것이기 때문이다.

물론 크리스천 기업가에게 주변 환경은 대부분 영적으로 적대적이게 마련이다. 세상은 무척 풍성하고 아름다운 모습이 여전히 남아 있지만, 동시에 너무나 무섭고 파괴적이고 그래서 끔찍한 곳이기도 하기 때문이다. 그래서 인생이란 지난한 것이다. 우리에게 『반지의 제왕』으로 잘 알려진 작가 톨킨(J.R.R. Tolkien)의 단편소설 『니글의 이파리』에는 아름다운 생명나무 한 그루를 그리고 싶었던 니글이라는 한 남자의 이야기가 나온다. 그는 평생 노력했지만, 이웃을 돕는 따뜻한 마음과 지나치게 세밀한 노력 탓에 그림의 진도가 나가지 않아, 이파리 한 장만 겨우 그리고는 일생을 마쳤다.[40]

이 세상에 그러한 형편에 놓인 크리스천 기업가들이 얼마나 많을까? 인간의 자아실현이라는 인본주의 모델이라면 이 얼마나 아쉽고 슬픈 결말인가. 하지만 톨킨은 니글이 올라간 천국에서 펼쳐진 커다란 나무를 묘사한다. 영원한 나라에서 완성된 니글의 나무! 그림이 아니라 바람에 나부끼는 실제 나무! 이 땅에서 성취하기를 꿈꾸었지만 그것을 온전히 이룰 힘이 없음에 눈물 흘리는 수많은 크리스천 기업가들에게 니글의 이파리는 무엇인가? 그들이 이 땅에서 그린 것이라곤 겨우 이파리 한 장 뿐이었지만, 하나님은 결코 그 수고를 잊지 않고 결국 실현시키실 것을 약속하신다. 달란트 비유에서 보듯이, 짧은 인간의 일생을 살며 하나님께 충성했던 모든 일들은 하나님의 마음에 모두 업로드(upload)되었다가, 반드시 하나님 나라에 다운로드(download)될 것이다.

하나님이 본디 만드실 때 보시기에 참 좋았다 하셨던 자신의 모습을 찾아가는 위험하고 복잡한 여정에는 기업도 예외가 아니다. 비용을 치르는 선을 하나님은 선택하셨고, 기업에 그분의 흔적을 담으셨다. 하나님은 기업에 참여하는 사람과 구체적인 사건을 통해 그분을 계시하신다. 하나님의 신성을 느끼게 하는 사건들을 다양하게 허락하신다.[41] 시편 104편에 나오는 피조물들처럼 기업도 예외가 아니다. 은총을 "주께서 주신즉 그들이 받으며 주께서 손을 펴시니 그들이 좋은 것으로 만족하다가 주께서 낯을 숨기시니 그들이 떨 것이다.(시편 104:28~29)" 기업가는 기업을 지으신 창조주가 따로 계시다는 사실을 점점 배워가고, 아무것도 아닌 먼지에 불과한 자신이 그분이 수행하시는 창조 활동에 참여하는 기쁨을 공유하며, 결국 하나님이 모든 찬미를 받으셔야 함을 깨달아 가게 만드신다.

땅은 있어도 하늘은 없다 하고, 오늘은 있어도 내일은 없다 하면서, 나만의 이야기를 써가는 인본주의 모델은 니글의 이파리를 보며 조소할지 모른다. 그들에게는 거리끼는 것이요 또 어리석은 것이니까! 그러나 그분의 이야기로 내 영혼을 커다란 우산처럼 씌워주시는 하나님을 만난 크리스천은 더 이상 자기 이야기에 몰두하지 않는다. 영혼의 창문을 활짝 열어 그분의 드넓은 창공에서 불어오는 성령의 바람을 힘껏 마신다. '성경의 영광스러운 다면적 세계를 이해하는 탐험가'가 되어 시공간과 물질로 이루어진 창조세계 전체의 구원과 완전한 회복을 위해 받은 부르심을 수행하는데 몰입한다.[42] 그러한 기업가는 보다 진정한 인간이 된다. 그리고 하나님은 기업가에게 주신 소명을 새 하늘과 새 땅에서 사라지게 하는 것이 아니라 오히려 영화롭게 완성하신다. 현재 이 땅의 기업에서 경영했던 능력은 새 창조세계에서도 계속 중요한 것이 됨이 마땅하다는 것이 기독경영 모델의 종말론적 확신이다.

■ 개인적 차원의 기업가 영성

그러니 기독교 모델을 따르는 기업가의 영성은 어떤 영성이어야 할까? 이 땅에서 섣부르게 하늘의 생명나무를 완벽하게 심어보겠다고 오판하는 태도일수 있을까? 그래서 강제와 억압도 서슴지 않는 제국주의적 실수를 되풀이하는 모습일까? 아니면 어차피 성경적 경영이란 현실적이지도 유용하지도 못하다고 푸념하며, 이파리 한 장조차 그려보려고도 하지 않고, 그저 물감과 붓을 수건에 꽁꽁 싸서 땅에 묻어두는 모습 또는 아무 일도 없었다는 듯이 일터를 오가는 광경일까? 분명 양 극단에서는 기독교 모델을 따르는 바람직한 기업가 영성을 찾기란 어려울 듯싶다.

우리는 성경의 달란트 비유에서 무엇을 배우는가? 그것은 하나님이 각자에게 주신 제한된 은사가 있다는 것이다. 남다른 과제가 있다는 것이다. 주어진 시간도 한정되어 있다는 것이다. 그것이 바로 니글의 이파리다. 무척 작지만 하늘과 땅이 그 안에 응축된 작은 이파리. 하나님을 사랑했던 사람의 아름다운 사연이 담겨 있는 이파리. 성취보다 섬김을 더 소중하게 여겼던 한 인간의 일생을 보여주는 거울 같은 이파리. 하나님 나라가 가까이 왔다는 나팔 소리에 흔들리는 이파리.

16세기 종교 개혁가들이 하나님 섭리의 두 손으로 교회와 국가를 말했다면, 지금은 기업이 교회와 더불어 은혜의 두 바퀴가 될 정도로 그 영향력이 보편적이고 일상적이다. 이것은 일종의 범속화된 그리스도론이라 할 수 있다. 오늘날의 기업은 마치 이사야 53장에 나오는 종의 모습처럼 세상 사람들의 도덕적이고 윤리적인 기준에 비추어 볼 때 아무 볼품없고 보잘것없는 출신이다. 언론 방송에서 틈만 나면 비판당하고 여론의 질타를 수도 없이 받는 기업을 보면서 사람들은 고개를 돌린다. 열 가지를 잘 해도 한 가지를 못하면 손가락질을 받는다. 기업가는 아무리 노력해도 결국은 사람들에게 멸시 받고 벌레처럼 취급당하기 십상이다. 하지만 마이클 노박은 그럼에도 가난한 자들의 친구는 사회주의 혁명가들이 아니라, 결국 일자리를 창출하는 기업가들이라고 강변한다.[43]

세상에서 사회적 가난을 줄이고 공정한 기회를 많은 사람들이 누리게 하는 것이 하나님 나라의 일이면 그 일은 좌파 혁명가가 해야 하는가? 자유로운 시장경제를 좋아하는 기업은 이 프로젝트에서 소외되어야 하나? 아니다. 맥스 스택하우스(Max Stackhouse)는 해방신학이 가난한 사람에 대한 관심을 불러일으키는 것은 긍정적이나, 가난에서 벗어나는 해결은 기업에 영성을 불어넣을 때 시작될 수 있다고 강변했다.[44] 그러니 크리스천 기업가는 복음 전도를 통해서만 아니라, 바람직한 경영을 통해서도 구원을 위한 하나님의 두 손이 되는 '이중 은총(double grace)'을 받은 소명자인 셈이다.

■ 공동체적 차원의 기업가 영성

하지만 크리스천 기업가는 영성적·도덕적·은사적인 방식으로 잘 경영한다는 미시적 차원에서 자족해서는 곤란하다. 우리는 지구화된 세상에서 살고 있다. 지구화된 자본과 기술과 시장은 언제나 탐욕과 효율과 이윤을 극대화하려는 구조적 위험에 노출되어 있다. 자칫 살리는 경제가 아니라 죽이는 경제의 정글 속에서 자신이 경영하는 기업과 그 안에서 일하는 노동자들을 생존과 번영으로 이끌면 충분한 것인가? 그렇지 않다. 예수 그리스도의 몸이라면 보편성이 있어야 한다. 기업을 또 하나의 그리스도의 몸, 즉 성찬이라고 한다면 그 빵은 보편적이어야 한다. 따라서 크리스천 기업가라면 지구화된 세상에서 경제 질서가 보다 나아질 수 있도록 유기적으로 연대하는 참여 활동을 해야 한다. 내 교회만 잘되면 된다는 개-교회주의 만큼이나 내 기업만 잘되면 된다는 개-기업주의도 피해야 한다.

21세기는 3천 년대 인류 역사의 첫 시기다. 하나님이 창조하신 인류는 공생, 공조, 공영의 단계로 접어들었다. 동서양의 공통문화를 만들어 인류의 공동선을 이루기 위해서는 '따뜻한 자본주의'를 위해 사랑으로 나누는 생명을 위하는 경제 질서를 구축해야 한다.[45] 앞으로 크리스천 기업가는 근대 사회와 달리 개별 소명에만 머무르지 않고, 지구화된 세상 속에 하나님 나라의 속성을 심겠다는 어떤 '공통 소명(common vocation)' 의식을 갖고 연대해야 한다. 여기에서 영성은 중대한 역할을 한다.

어떻게 하면 기업 경영을 공정하게 하고, 일을 중심으로 만나는 모든 관계들을 비즈니스 교류를 넘어선 인격적 교제로 끌어올리고, 기업 내 모든 활동과 방향에서 적절한 이윤과 시대정신과 사회적 가치를 담아낼 수 있을까? 경영과 영성이 만나야 한다.

■ 하나님의 형상으로 일한다는 것

기독교 영성과 경영의 관계를 풍성하게 펼쳐내기 위한 선행 작업으로 기독교 인간학이 중요하다. 인간은 영혼을 일터로 가져가는 존재이기 때문이다. 기독교는 인간을 하나님 형상으로 본다. 그런데 그 형상은 관계, 실체, 공동체라는 세 가지 측면으로 구성된다. 먼저, 관계를 갖추고 있는 형상으로 거룩함, 감사함, 선함 같은 하나님과 올바른 관계를 맺기 위해 부여받은 속성이 있다. 다음으로 실체를 갖추고 있는 형상으로 이성이나 재능 같은 인간 영혼에 새겨진 신적 속성이 있다. 마지막으로 공동체성을 갖추고 있는 형상으로 사회의 존재로서 교제할 수 있는 속성이 있다. 영성은 이 세 가지 차원 모두에 걸쳐 있다. 세 가지 속성 모두가 다 하나님이 만드셨고 그분과 그분의 만드신 세상과 교제하도록 사용하는 통로이기 때문이다.

기독경영의 6가지 핵심 원리로 제시된 창조·책임·배려·공의·신뢰·안식은 사실 하나님의 성품이기도 하고, 하나님 형상으로 지어진 인간의 본래 모습이기도 하다. 성부·성자·성령 삼위일체 하나님은 서로 간에 배려하고 신뢰하며 책임과 공의를 지키는 가운데 창조와 안식의 역사를 행하시는 분이다. 그것은 삼위일체 하나님의 영원한 내재적 관계의 역사에서만 아니라, 세상을 만드시고 보존하고 풍성하게 하시는 경륜적인 창조의 역사에서도 그러하셨다. 하나님은 자신을 닮은 형상으로 인간을 만드시고 인간으로 하여금 하나님의 일에 참여하게 하셨다. 6가지 원리

제2장 영성
그 신비로운 경영의 열쇠!

는 하나님 형상의 세 가지 차원과 모두 연관되어 있으면서도, 분포의 정도는 다르다고 본다.

인간이 타락하기 전에는 관계·실체·공동체 세 가지 차원이 모두 온전했다. 하나님의 영광과 모든 선한 것으로 가득한 풍부함이 신적 형상의 모든 영역에 가득했다. 인간의 영혼은 하나님의 선을 선물 교환을 통한 사회경제적 소통을 통해 이웃과 나눔으로써 그들 안에 있는 신적 형상을 반영하고 확장하도록 설계되어 있었다. 그러나 타락으로 인간 영혼은 예전과 같을 수가 없게 만들었다. 지혜와 정의와 선함의 언어로 하나님과 만나던 영적 성품을 상실하자, 이웃과 누렸던 교제도 깨어졌다.

하나님 형상은 타락했지만 그러나 완전히 지워지거나 사멸되지는 않았다. 관계적 형상은 잃어버렸지만, 그래도 실체적 형상과 공동체적 형상은 심각한 손상을 입긴 했어도 남았기 때문이다. 영화 아마데우스에 등장하는 모차르트를 보면 그 삶이 방탕하고 경박하지만, 천상의 하모니가 다른 이가 아닌 오직 그의 손끝을 통해 나오기에, 모든 사람을 경이롭게 한다. 기업 경영에 있어서도 그렇다. 하나님을 잘 모르는데도 기막힌 경영 전략을 수립하는 이 세대 아들들의 지혜가 있다. 타락으로 구원의 특별은총은 상실했고, 아직 하나님을 인격적으로 만나지는 못했지만, 하나님이 그에게 긍휼로 베푸신 일반은총의 결과로 남은 형상으로, 세속의 기업가는 인류 행복과 이웃 사랑을 추구하는 경영을 얼마든지 할 수 있다. 은혜는 도처 어디에나 있을 수 있다.

여기서 잠시 타락으로 인간이 전적으로 부패해졌다는 말을 검토해보자. 그것은 타락의 '정도'가 아니라 '범위'를 가리킨다. 비유하자면 우유가 상했다고 해서 구정물이 된 것도 아니고, 물에 잉크 한 방울이 떨어졌다 해서 잉크가 된 것도 아니고, 미세먼지가 뒤덮였다 해서 그 공기가 독가스가 된 것도 아니다. 여전히 우유이고 어쨌든 물이고 공기이다. 기독교 모델을 따르는 기업가만 우유이고 물이고 공기인 것이 아니다. 하나님을 모르는 인본주의 모델을 따르는 기업가도 구정물이나 잉크나 독가스는 아니라는 것을 명심하자.

카이퍼에 따르면, 하나님은 그리스도로 말미암은 구속의 선물을, 도무지 받을 가치가 없는 사람에게 단지 은혜로 허락하셨듯이, 구원의 은사가 아닌 다른 어떤 은사를 얼마든지 불신자에게도 호의로 베푸시는 분이다. 그의 논리를 따라가 보면 크리스천 기업가는 '거룩해질 수 있는 만큼 거룩하지는 않은 것처럼', 그래서 세상을 종종 실망시키는 데 반해, 하나님을 믿지 않는 기업가가 '나쁜 것도 아니어서' 크리스천과 교회를 기분 좋게 놀라게 한다는 결론에 다다른다.[46] 그러니 크리스천은 기업을 경영함에 있어서 늘 겸손해야 한다. 하나님의 사랑과 은사는 도처 어디에나 있기 때문이다.

제2장 영성
그 신비로운 경영의 열쇠!

■ 두 도시에서 경영하기

크리스천 기업가는 영혼과 영성을 묵상할 때마다 아우구스티누스(St. Augustinus)의 『하나님의 도성』을 떠올려야 한다. 그가 거하는 곳이 지상의 도시이기 때문이다. 동시에 그가 하나님의 도시에 거하기 때문이다. 아우구스티누스는 타락한 이 세상에서 예수 그리스도를 통하여 하나님과의 인격적 교제를 회복하고, 관계적 형상이 살아나고, 실체적 형상과 공동체적 형상이 상당부분 개선된 크리스천은 두 도시에 걸쳐 거주한다고 말한다.

기독교 모델을 따르는 기업가는 그리스도를 섬기는 정돈된 영혼으로서, 자기 사랑에 탐닉하는 세속 도시에서, 공익을 추구하며 하나님의 도성으로 나아가는 존재이다. 그는 자신이 하나님과 올바른 관계를 맺을 때 누리는 특별은총을, 그가 ― 신앙의 유무와 관계없이 ― 모든 사람과 서로 올바른 관계를 맺을 때 누리는 일반은총 속으로, 불어넣는 방식을 경영의 토대로 삼고자 한다.

■ 형상의 회복, 일의 회복

그리스도를 만나 구원을 받을 때 무엇보다 상실되고 왜곡된 하나님 형상이 회복된다. 그리고 크리스천 안에 회복된 하나님 형상은 성령의 능력과 순종이 만날 때 능동적으로 활성화된다. 일하는 기쁨도 그리스도 안에서 회복된 형상을 받은 인간에게만 '온전히' 새롭게 된다. 물리적 차원에서 남아있던 기쁨과 영적 차원에서 되찾은 기쁨은 겉으로 비슷해 보이나, 질적 차이가 있다. 하나님과 올바른 관계를 갖는 인간의 영혼은 일을 신앙과 연결하고 공동체적 의미와 기능에 더 관심을 기울이게 마련이다. 경영과 노동, 임금과 금융, 상업과 복지도 그리스도 안에서 새롭게 갱신된 은혜의 경제에 부합하며 사회적 공동선을 형성하는 방향으로 보려고 한다.

하나님과의 관계성 안에 있는 인간 이해를 풀어내는 기독교 인간학을 잘 이해할 때, 기업가는 인간 영혼의 복합적/다면적 차원에 대한 통찰력을 가지고, 일터에서 자기가 만나는 사람들을 눈에 보이는 물질적 세계만이 아니라 영적 차원과 같은 다른 세계로 감지하면서 '개인의 온전성을 추구하려고 노력'하는 존재로 대한다.[47] 기독교 모델을 따르는 기업가는 기업에서 관계하는 사람들의 영혼이 단지 이성과 판단과 재능만이 아니라 하나님과 전인적으로 소통하는 존재이고 하나님이 활동하시는 공간이 된다는 인간이해를 갖는다.

인본주의 모델을 따르는 기업가는 영성을 내적 경험으로만 이해하는 경향이 많지만 기독교 모델을 따르는 기업가는 영성을 인간을 구성하는 어떤 부분이나 활동의 일부로서가 아니라, 삶 전체를 포괄하는 근본적 방향성과 전인적 · 궁극적 가치로 이해한다. 기독교 영성은 경영 현장의 모든 일상에 깃든 신성함을 알게 한다. 인본주의 모델과 기독교 모델은 독일의 저항 신학자 디트리히 본 회퍼(Dietrich Bonhoeffer)가 『신도들의 공동생활』이란 작품에서 소개하는 정신적 사랑과 영적 사랑의 차이에서 대조된다. 영적 사랑이 그리스도 때문에 타자를 사랑하는 것이라면 정신적 사랑은 나 자신을 위해서 타자를 사랑하는 것이다.[48] 그래서 정신적 사랑은 겉으로는 자기가 일하는 기업과 공동체를 위한다고 포장하지만, 결국 자기 욕망을 달성하기 위한 수단에 불과한 마음이다. 반대로 영적 사랑은 나의 욕망을 내려놓고 나와 함께 일하는 사람들을 성숙하고 확장되게 하는데 헌신하는 마음이다. 복음서에 나오는 마르다는 정신적 사랑으로 많은 일들을 분주하게 했지만 그 일들은 결국 하나님의 선함에서 멀어지고 말았다. 하지만 마리아는 영적 사랑으로 오직 한 가지 일을 선택했음에도 그 일은 결국 하나님의 선함을 이루어드리는 옥합이 되었다. 자칫 크리스천 기업가도 영성을 소홀히 하면 마르다의 인본주의 모델로 얼마든지 회귀할 수 있다.

오늘날의 기업은 대부분의 사람들이 가장 많은 시간을 보내며 가장 많은 만남을 갖는 공간이 되었다. 교회는 일주일마다 찾지만 일터는 날마다 나간다. 일하는 사람들의 영성이 다 드러나는 곳은 교회가 아니라 기업이다. 크리스천 기업가는 어떤 사람인가? 세속 경영인처럼 끊임없이 자신에게 도취되고 자아에 몰두하려고 하는 인본주의 경향에서 벗어나, 하나님을 지향하고 그리스도를 사랑하고 그분을 닮아 자기 인격과 삶과 기업의 올바른 변화를 이루는데 관심을 두기 시작한 사람이다. 기독경영인은 기도와 말씀으로 기업에서 겪었던 자신의 경험을 하나님 체험의 장으

로 삼고, 그것을 깊이 내면화하며 성숙한 인격과 소명을 빚어나
간다.[49] 이것은 단지 개인적, 심리적 차원에 머무는 과정이 아니
라 공동체적, 관계적 차원으로 확대되어야 한다.

기독교 모델을 따르는 기업가에게 영성은 결코 사적인 영역에
머물 수 없다. 일터 경영 현장에서 크리스천 기업가는 반드시 가
난과 소외, 불의와 절망이 있는 곳에 찾아가 그리스도의 빵이 되
어주는 성찬의 삶을 구체화해야 한다. 그것이 이 땅에서 기업을
경영하는 영적 의미이다. 기독교 영성은 세속의 기업들을 삼위일
체 하나님과 교제하는 새로운 정체성으로 건져 올린다. 영성은
경영 현장에서 공정과 긍휼, 창조와 진실에 대한 관심을 불러일
으킨다. 폴 스티븐스는 하나님과 우리를 연결하려는 내적 갈망을
가지고 일터로 향하는 기독교 영성은 하나님의 주도로 시작되고,
인간 영혼의 내적 신성이 아니라 하나님을 인식하고 응답하며 더
온전한 인간이 되는, 일회성이 아닌 지속적으로 구체적인 일상에
서 경험해가는 과정이라고 강조했다.[50]

■ 영성과 경영을 만나게 하기

영성과 경영을 만나게 하려는 크리스천 기업가는 영성훈련과
소명훈련을 일상화해야 한다. 영성훈련으로는 말씀을 묵상하며
기도하고, 그리스도의 생애로 복음 묵상을 하면 좋다. 특히 크리
스천 기업가는 영성훈련을 통해, 예수 그리스도 복음이 담아내는

개인적 차원과 사회적 차원 모두의 최선의 요소가 무엇인지 더 깊이 성찰하고 더 높이 전망하는 하나님 나라에 대한 통전적인 인식을 반드시 갖추어야 한다. 그래야 영성훈련은 개인의 책임과 사회적 정의가 동시에 요구되는 일터라는 (공동선을 위한) 영역에서 자신과 모든 이를 위한 공적 사명을 언제나 갱신하는 '일신우일신(日新又日新)'의 채널이 될 수 있다. 이와 함께 크리스천 기업가는 다양한 분야의 독서와 체험으로 소명훈련을 할 때, 단지 지식과 정보를 체득하는 차원이 아니라 영성과 영감의 차원으로 세상과 일터를 바라보는 살아 있는 공부가 되도록 해야 한다. 여기에 더해서 그리스도의 생애에 바탕을 둔 균형 잡힌 기업가의 삶이 되도록, 영감과 교훈을 줄 수 있는 역사의 인물들 스토리를 꾸준히 확보하며 영적 대화를 위한 스승과 동료로 삼으면 좋을 것이다.[51]

영성과 소명이 만나는 훈련으로는 매일의 삶에서 자신과 자신이 속한 공동체와 거기에 연관된 모든 환경을 돌아보는 성찰 기도와 정기적인 영성 일기 쓰기가 영적 분별력과 건강한 판단력을 균형 있게 갖추는데 도움이 된다. 그리고 꾸준하고 지속적으로 일대일 혹은 소그룹 형태의 나눔으로 영성 지도와 경영 조언을 진지하고 치열하게 공유하는 시간도 유익하다. 창조적 경영을 위한 영성 형성(spiritual formation)을 위해서는 안식과 일의 균형도 중요하다. 영성훈련과 소명훈련을 교차하는 가운데 크리스천 기업가는 상품 형식에 갇혀 있던 자아에서 인격 형식을 갖춘 영혼으로 가는 여정을 따르게 된다.

굿 비즈니스 플러스

■ 기독경영 6대 원리의 영적 의미

이 책에서 다루어지는 기독경영의 6가지 원리인 창조·책임·배려·공의·신뢰·안식은 사실 일반학문에서도 얼마든지 다루는 내용이다. 이것은 인간의 구원을 위한 특별은총의 선물이기보다는 창조와 번영을 위한 일반은총의 선물이기 때문이다. 그렇다면 이 책이 세속의 다른 경영학에서 다루는 동일한 주제들과 어떤 차별성을 갖는가?

먼저, 우리가 기억해야 할 사실은 기업 경영 원리의 주요 가치는 많이 아는 지식도 중요하지만 그것 보다는 그 지식을 행할 수 있는 선한 능력이 더 중요하다는 것이다. 일반은총은 죄와 사망의 권세를 단지 억제하는 선물이라 할 수 있고, 특별은총은 그 권세를 완전히 파괴하고 정복할 수 있는 선물이다.[52] 세상의 모든 기업과 경영 현장에서 위 여섯 가지의 가치는 인간에게 남겨두신 이성·도덕·양심·자연법·학문·재능을 통해 어느 정도는 표면적으로 누릴 수 있을 것이다. 그러나 크리스천 기업가는 예수 그리스도의 복음으로 회복된 새로운 피조물이 되게 하시는 성령의 역사로, 위 가치들을 뚜렷하고도 심층적으로 일터에서 구체화하며 '인간됨의 핵심과 인생의 여정을 최대한 잘 활용'하게 한다.[53]

다음으로, 기독경영 6대 원리가 세속경영과 어떻게 다른지 알려면, 인간이 행동하는 방식에는 세 가지가 있다는 칼뱅의 통찰이 도움이 된다. 그에 따르면, 제1의 행동양식은 수치와 공포심에 못 이겨 자기 뜻에 반대되는 행동을 비자발적으로 하는 강제적이

제2장 영성
그 신비로운 경영의 열쇠!

고 수동적인 경우이다. 제2의 행동양식은 자발적으로 행동은 하지만 자신 밖에서 유래하는 영향력 아래서 하는 경우이다. 내적 수동성과 외적 활동성 사이에 긴장이 있는 경우라 할 수 있다. 제3의 행동양식은 인간에게 주어진 자연법에 기초하는 인간 양심에서, 또는 성령의 감동시키는 역사에서, 자유롭고 기꺼이 자발적인 행동을 하는 경우이다.

기독경영 6대 원리인 창조·책임·배려·공의·신뢰·안식은 신자를 감화하시는 성령의 역사에 순종하는 제3의 행동양식에 따른다는 점에서 세속경영 원리와 분명히 다르다. 세속경영에서도 물론 세 가지 행동양식이 존재하고, 그에 따라 경영의 질적 수준이 확연히 차이가 난다. 그러나 그 차이는 정도와 수준의 차이이지 근본적인 차이는 아니다. 다양한 형태의 세속경영은 인간이 중심이 되어 인간을 위한 경영을 한다는 점에서는 동일하다. 그러나 기독경영은 하나님 형상인 인간이 삼위일체 하나님의 영광과 창조 세계의 전체 유익을 위한 경영을 한다는 점에서, 세속경영과는 다른 신적·영적 차원을 가지고 있다. 그러므로 기독경영 6대 원리의 주어는 인간이 아니라 하나님이시다. 사람 요인과 사업 요인 이전에 하나님 요인을 가장 염두에 두는 경영이 기독경영인 것이다. 영국의 기독교 변증가 오스 기니스(Os Guiness)가 말했듯이, 크리스천 기업가 정신은 '우리 모두가 하나님의 커다란 우주 가운데서 영원히 감당해야 할 변함없는 독특한 부르심을 지니고 있음을 상기하는 것'이다.[54]

결국 크리스천 기업가는 사도 바울처럼 다음과 같이 고백할 것이다. "그러나 내가 나 된 것은 하나님의 은혜로 된 것이니 내게 주신 그의 은혜가 헛되지 아니하여 내가 모든 사도보다 더 많이 수고하였으나 내가 한 것이 아니요 오직 나와 함께 하신 하나님의 은혜로라."(고린도전서 15:10)

제2장 영성
그 신비로운 경영의 열쇠!

⬊ 토론할 문제

1. 그동안 각자 기독경영을 위해 필요한 영성은 어떠한 것이라고 생각해왔는가? 네 가지 모델에 비추어볼 때 자신의 경험은 어떠한 여정을 거쳐 어디에 서 있다고 보는가?

2. 하나님 나라의 복음에 어울리는 경영을 위한 크리스천 기업가 정신 관점에서 일반 세속 기업가 정신과 공유할 수 있는 부분은 무엇이고, 반면에 차별을 두어야 할 부분이 무엇이라고 생각하는가?

3. 2장을 읽고 난 지금, 내 마음에 떠오르는, 크리스천 기업가 영성의 정의와 핵심가치를 나만의 문장으로 써서 서로 나누어 보자.

제3장

/

창조의 원리

- 하나님의 창조 사업에 동역하는 원리 -

창조 활동은 매우 어렵고, 기업이 창의적 문화를 조성하
고 유지하는 것도 쉽지 않다. 그러나 변화하는 환경
속에서도 기업이 지속적으로 성장하면서 가치 창출을
통해 사회에 기여하려면, 창조 활동은 필수적이다.

도 입

㈜유도 – 창조와 도전으로 세계를 선도하는 기업

1980년 창업 이래 축적된 기술을 바탕으로 금형 부품인 핫 러너(hot runner) 시스템을 만드는 업계 세계 1위의 강소기업 ㈜유도. 경기도 화성에 위치하고 이 회사는 스마트 공장과 아름다운 사업장 환경으로도 유명하다.

(주)유도는 '아우르는 기술(consilience technology)'로 사출성형 산업에서 세계를 리딩하는 기업이 되겠다는 비전을 가지고 있다. 100년 기업을 꿈꾸는 이 회사의 미션은 혼을 녹이는 열정, 열린 마음과 끝없는 창조, 그리고 고객의 꿈이 숨 쉬는 제품이다.

㈜유도는 성직자의 길을 걷다 창업한 유영희 회장의 기업철학이 지금까지 그대로 유지되고 있다. 매우 구체적이고 목적지향적인 비전과 미션을 가지고 있으며, 구성원들은 아름답고 탁월한 업무 환경과 따뜻한 기업문화, 글로벌 리더를 지향하는 제조시스템 하에서 주인의식을 가지고 끊임없는 시장개척의 의지와 기업가정신을 지니고 있다. 최고기술을 바탕으로 한 최고제품 개발을 지속적으로 추구하고, 기술개발과 직원들의 재능개발을 위한 투자도 아끼지 않고 있다. (주)유도의 경영 이념은 바로 '창조와 도전'이다. 창의적 사고를 통한 앞선 기술을 실현하여 전 세계를 리딩하는 것이 '창조(creative)' 이념이라면, 고객의 꿈과 기대를 실현하는 아우르는 기술이 되기 위한 끊임없는 노력이 '도전(challenge)' 이념이다.

이에 따라 ㈜유도의 구성원들은 열정이 높고 자사 제품에 대한 자부심이 매우 크다. 기능장 제도를 통해 우수인력을 지속적으로 육성하고 있으며, 축적된 기술, 혁신의 상시화와 창의성을 바탕으로 한 경영방식은 창의적인 아이디어를 자유롭게 활용하여 고객을 위한 가치 창출을 추구하는 창조원리 기업의 전형적인 모습을 보여준다.

■ 창조가 기업경영에 왜 필요한가

하나님의 피조물인 사람이 만든 탁월한 발명품의 하나가 기업이다. 그리고 기업은 태생적으로 새로운 가치를 창출하는 조직이다. 지속적으로 시장과 사회가 필요로 하는 제품이나 서비스를 창출해서 고객에게 공급하며, 새로운 기술과 시장, 가치를 창출하고 고용창출, 문화형성 등을 통해 사회에 상당한 영향을 미치기도 한다. 특히 자본주의 사회에서 기업은 가장 중요한 창조의 주체이며 단위조직이다. 창조와 혁신은 기업의 가장 핵심적인 활동이며, 혁신기업들은 창조의 원리를 잘 이해하고 실천하게 된다. 앞서 소개한 ㈜유도도 이러한 기업 중의 하나이다.

시장경제는 경쟁과 협력에 기반하고 있다. 특히 우리나라의 많은 기업들은 이제, 선진국 기업들을 빠르게 모방하면서 발전해 온 과거 모방추격방식(fast follower)과는 달리 시장에 먼저 진입하여 신규시장을 개척하면서 기존시장에서 경쟁우위를 지키는 선도혁신 방식(first mover)을 취해야 할 상황에 이르고 있다. 이러한 기업들은 '창조와 혁신'을 기반으로 하는 창조의 원리를 잘 이해하고, 이를 일관성 있게 경영현장에 적용해야 지속적으로 발전할 수 있다.

기업가들의 역할은 세상의 어려움과 문제에서 새로운 기회를 인식하고, 창조적이고 효과적인 방법으로 해결책을 찾아, 고객들에게 혜택을 주고 기업도 수익을 달성하게 하는 것이다. 창조는 이러한 역할을 제대로 수행하게 하는 핵심 연결고리이다. 특히 크리스천 기업가들은 기업 경영을 통해 하나님의 창조사업에 동참한다. 하나님이 이 세상을 창조하시고 주관하시는 그 원리에 따라 기업을 경영하는 것은 크리스천 기업가들이 마땅히 지향해야 할 기본 덕목이다. 창조는 제품이나 서비스를 고객들에게 제공하는 기업 활동의 본질이자, 기업의 미션·목표·수단·실천을 관통하는 기업 경영의 핵심적인 요소이다.

■ 기업 활동의 핵심인 창조와 혁신, 기업가정신

기업 활동은 크게 보면 무언가 새로 만드는 활동창조활동과 기존의 시스템과 방식을 안정적으로 유지하는 활동유지활동으로 나뉜다. 무언가 새로운 것을 만들고 실현하는 활동은 창조, 혁신 및 기업가정신과 직결되어 있다. 20세기 최고의 저술가, 경영학자이자 경영컨설턴트로 손꼽히는 피터 드러커(Peter Drucker, 1909~2005)는 혁신과 마케팅, 기업가정신을 기업 활동의 핵심요체로 보았다. 그는 "기업 활동에서 가장 중요한 두 가지 기능은 마케팅과 혁신이고, 다른 활동들은 이 두 가지 핵심기능을 지원하는 것"(Drucker, 1994)이라고 말하고 있다. 아울러 드러커는 기업가정신을 "변화를 탐색하고 변화에 대응하고, 변화를 기회로 활용하는 것"이라고 정의하고, 기업가가 이러한 기회 실현을 위해서는 문제를 해결해야 하는데 이 때 가장 중요한 도구가 바로 '혁신'이라고 설명한다. 변화하는 경영환경 하에서 기업이 지속적으로 생존하고 발전하기 위해서는 혁신과 기업가정신을 통한 창조 활동이 필수적이다. 여기에는 신제품·신사업 개발, 공정혁신, 신시장 개척, 새로운 경영방식 도입 등이 모두 포함된다.

새로운 변화를 추구하는 것에는 위험이 따른다. 그래서 많은 조직들은 주어진 여건에 안주해서 변화보다는 현상을 유지하려는 경향이 강하다. 그렇지만 이러한 정태적 안정성(static stability)은 환경이 변화하면 계속 유지될 수가 없다. 특히 경영환경의 변화가 가속화될수록 변화에 부응하여 끊임없이 창조와 혁신에 매진할수록 장기적으로 기업이 유지되고 안정적으로 발전한다. 변화가 위험해 보이지만 변화하는 환경 하에서는 변화의 흐름을 주시하면서 지속적으로 변화에 부응하고 혁신하는 것이 장기적으로 조직의 안정성을 높여줄 수 있다. 이제는 기업들이 현재의 환경속에서 한시적으로 유지되는 정태적 안정성보다 변화를 통해 지속가능성을 높이는 동태적 안정성(dynamic stability)을 추구할 필요가 있다.

■ 창조가 왜 어려운가

무언가 새로 만들거나 바꾸는 것은 그 새로움의 정도가 크든지 작든지 본질적으로 매우 어려운 일이다. 창조가 어려운 것은 기존에 익숙하던 것들과 결별을 해야 하고, 또 창조의 과정과 결과에 불확실성이 크기 때문이다. 특히 계속 생존해야 하는 기업의 입장에서는 현재 상태로는 지속적인 유지·발전이 어렵다는 인식과 그러한 변화를 이끌 수 있는 역량에 대한 자신감이 부족하기 때문에 창조 활동이 쉽지 않다. 창조·혁신활동에는 열린 태도

(attitude)와 동기, 그에 따른 의지도 필요하고, 문제를 정의하고 해결할 수 있는 능력(skill)과 지식(knowledge)도 있어야 하기 때문이다.

기존 기업에서 창조와 혁신, 도전이 어려운 데에는 다양한 이유가 있다. 첫째, 기업에서 실패를 허용하지 않고 실패한 결과에는 책임을 지게 하거나 벌을 주는 경우가 많아, 구성원들이 조금이라도 실패위험이 있는 아이디어는 추진하기를 주저하게 된다. 새로운 아이디어는 실험을 통해 그 타당성을 검증해보도록 기회를 주는 것이 필요한데, 이런 노력이 부족하고 생소한 것은 시도 자체를 꺼린다. 특히 기존 기업에서는 지금까지 성공적으로 해오던 방법과 다른 시도는 모두 부정하는 경향이 강하다.

둘째, 모든 의사소통이나 명령체계는 공식절차를 밟도록 강조하고 관료화 되어 있는 경우가 많아, 다양한 관점이나 행동양식, 새로운 시도는 허용되지 못하고, 조직의 관행이나 규범에 벗어나는 것은 엄격히 제재되는 경우가 많다. 공식적 기준으로 설명이 쉽지 않은 색다른 시도나 아이디어에는 별도의 예산이나 자원 배분을 제도화할 필요가 있는데, 현재의 획일화된 시스템 하에서는 이러한 새로운 시도에 자원을 배분하지 않거나 꺼리는 경향이 강하다.

셋째, 창의적인 사람들은 예외를 인정하고 칭찬해 주어야 하는데, 특별한 개인이나 엉뚱한 사람(crazy people)을 인정하지 않는다. 지나치게 단기적인 성과평가 체제 때문에 창의적 시도가 결과를 낼 때까지 기다려 주지 못하는 것도 창의성이 성과를 얻기 어려운 이유이다.

제3장 창조의 원리
기업 활동의 본질, 창조

넷째, 창의적 조직이 되려면 기업에서 업무를 추진하면서 구성원들의 흥미를 유발하고 창의적인 아이디어를 내도록 배려하고 분위기를 조성하는 것이 중요한데, 기업문화가 지나치게 경직되어서 자유로운 분위기 조성에 실패하는 경우가 많다. 아울러 창의적 아이디어는 외부에서 오는 경우가 많아 개방형 혁신을 촉진하려면 외부 정보원천과의 접촉을 장려하고 외부의 아이디어에 대해 민감하게 관찰하고 검토하는 노력이 필요한데, 오히려 조직 외부와의 빈번한 접촉이나 의사소통을 위험하게 생각하여 꺼리는 경우가 많다.

다섯째, 우리나라에서는 주입식 교육이나 문화적 요인으로 창의적 발상이나 튀는 이야기를 하는 것을 꺼리는 경향이 있고, 또 구성원들도 창의적 사고의 훈련이 부족하거나 역량이 미흡한 경우가 많다. 외부의 창의적 인력과의 연계 등도 필요하고, 구성원들의 스펙 등 외형적 요인보다는 잠재력이 있는 창의적 인력이 필요한데, 이러한 인력들을 찾아내고 키우는 것이 쉽지 않다.

■ 창조의 과정과 창조경영

일반적으로 창조의 과정 또는 창의적 문제해결과정은 크게 부화 단계와 조명 단계로 나누어진다. 부화(incubation)단계는 해결되지 못한 과제나 서로 상충되는 현상에 대한 문제를 인식하고 정의하며, 그 문제를 해결하기 위해 뜻을 품고 문제해결을 위해 몰입(commitment)하는 잠복의 시기이다. 이 단계에서는 새로운 여러 대안들을 많이 창출하는 발산적(divergent) 사고가 중요하다. 이 시기에는 문제해결이 쉽지 않으므로 많은 좌절을 겪기도 한다.

사람들은 첫 번째 단계인 부화단계를 거치면서 점차 문제해결을 방해하는 제반 경험·이론·방법·관습·관념 등의 속박에서 탈출하려 한다. 그러다가 새로운 시도를 하게 되면서, 극적인 문제해결의 순간, 즉 조명(illumination)단계에 이르게 된다. 이 단계에서는 서로 다른 개념들의 관찰, 결합, 연상, 재구조화, 창조 등을 통해 '유레카(eureka)'와 같은 문제해결의 순간을 맞이하게 되고, 이렇게 나타난 해결안을 증명하고 실행하게 된다. 여기서는 구체적인 상황에 적용할 수 있는 해결책을 찾아가는 수렴적(convergent) 사고가 중요하다.

이처럼 창조의 과정은 정해진 알고리즘을 따라 어떤 재료가 들어가면 어떤 결과가 언제나 동일하게 만들어지는 과정이 아니라, 여러 요인들이 상호 작용하면서 어디서 무엇이 나올지 미리 예상하기 쉽지 않은 상황에서 어디선가 해결방안이 나타나는 창발적(emergent) 특성을 지닌다. 즉 두 가지 요소가 결합하면서 그 두 가지의 본래 특성과는 전혀 다른 새로운 특성의 물질이 나오기도 한다.

이렇기에 창조도 어렵지만, 창조경영은 더더욱 어렵다. 기업에서 창조경영을 한다는 것은 상황에 따라 각기 다른 방식을 적용해야 하고, 여건을 조성하여 잠재역량을 끌어내야 하므로 매우 어렵다. 무엇보다 창조적인 리더만이 창조경영을 실현할 수 있다.

■ 창조 및 창조원리의 이해

창조는 새로운 것을 만드는 것이고, 기업에서의 창조활동은 혁신, 창의성(creativity) 개발, 창의적 조직, 기업가정신(entrepreneurship), 신제품개발 등을 통해 나타난다. 기업이 경쟁환경 속에서 지속적으로 생존하고 성장하려면 창조의 원리에 바탕을 둔 기업 경영이 필요하다. 창조의 원리는 '하나님의 창조사업의 동역자로서, 가치창출 활동에 주도적으로 참여하고, 창의적 아이디어를 자유롭게 활용하는 원리'라고 정의할 수 있다.

[표 3-1] 기업경영의 창조원리

창조원리의 정의	전제 조건	구성 요소
하나님의 창조사업의 동역자로서, 가치창출 활동에 주도적으로 참여하고, 창의적 아이디어를 자유롭게 활용하는 원리	· 창조의 의미와 목적을 잘 이해하고, 기업경영을 통해 창조사업에 동참	· 목적지향
	· CEO 리더십과 직원의 주인의식이 창조의 동력임을 인식	· 주인의식 (주도성)
	· 창의성 제고를 위한 조직문화 조성과 아이디어 창출로 혁신 실현	· 혁신성

[표 3-1]에 나타난 바와 같이, 창조의 원리는 1) 하나님이 세상과 인간을 창조하신 의미와 원리를 이해(knowing)하고, 창조의 목적을 지향하는 기업 경영을 통해 하나님과 창조의 동역자가 되고, 2) 기업을 창조혁신, 가치창출, 가치배분의 주체(being)로 자리매김하고, 창조의 주체로서 구성원들의 주인의식을 중시하며, 3) 조직 내 비전공유, 기업가정신 활성화, 구성원들의 역량개발, 아이디어

활용(doing)을 통해 혁신성을 극대화하도록 조직을 운영하는 원리를 말한다.

기업 활동은 제품 및 서비스를 생산하여 고객, 나아가 사회에 공급함으로써 하나님의 창조사역에 동참하는 생산적 활동이다. 기업 활동의 성과는 가치창출(value creation)로 나타난다. 가치창출에는 기업과 고객을 위한 경제적 가치창출과 사회를 위한 사회적 가치창출이 모두 포함된다. 아울러 기업은 고용창출, 세금납부, 사회기여 등을 통해 공동체 발전에도 기여한다. 창조원리를 통해 창조활동이 왕성한 기업은 더 많은 가치를 창출하게 된다.

■ 창조원리의 체계와 구성

하나님의 창조사역을 통해 나타난 의미와 원칙에 따라 기업을 경영하는 기업들에서는 창조원리가 잘 지켜지고 있으며, 지속적 혁신과 기업가정신을 통해 영속기업(built to last)으로 발전할 수 있다. 아울러 기업에서의 창조는 일회적으로 완결되는 사건이 아니며, 지속적으로 수행되어야 한다.

기독경영 6대 원리의 첫째 원리인 창조원리는 기독경영의 출발점이자, 다른 5대 원리의 기반이 된다. 창조원리의 핵심을 이루는 요소를 세분화하면 [그림 3-1] 같이 목적지향, 주인의식, 혁신성으로 나누어 볼 수 있다.

[그림 3-1] 창조원리의 체계와 구성

창조 원리의 정의	하나님의 창조사업의 동역자로서, 가치창출 활동에 주도적으로 참여하고, 창의적 아이디어를 자유롭게 활용하는 원리		
구성요소	목적지향 (purpose-driven)	주인의식 (ownership)	혁신성 (innovativeness)
구성요소에 대한 정의	하나님의 창조목적에 맞고 명확한 미션, 비전과 목적을 설정하고 이를 추구하는 것	조직리더와 직원들이 창의 조직의 일원으로 주도적으로 참여하고 역량개발에 힘쓰는 것	기업가정신과 혁신을 통해 끊임없이 창의적 아이디어를 내고 새로운 가치를 창출하는 것

첫째, 하나님은 자신의 형상대로 우리를 창조하셨다. 창조는 목적(purpose)에 바탕을 두고 있었으며, 우리가 지향하는 기업도 유용하 고 올바른 목적을 지향하고 추구해야 한다. 하나님은 우리 인간을 목적을 가지고 창조하셨다. 하나님은 하나님의 영광(glory)을 위해서 인간을 지으셨다. "내 이름으로 불려지는 모든 자 곧 내가 내 영광을 위하여 창조한 자를 오게 하라. 그를 내가 지었고 그를 내가 만들었느니라"(이사야 43:7) , "그런즉 너희가 먹든지 마시든지 무엇을 하든지 다 하나님의 영광을 위하여 하라"(고전 10:31)

우리 삶의 모든 것은 하나님 중심이어야 하며 하나님을 기쁘시게 해드려야 한다. 이것이 우리의 삶의 목적이 되어야 하며 물질과 시간도 그 주인이신 하나님의 뜻에 맞게 사용되어야 한다. 우리 삶의 존재 목적을 알려면 우리를 지으신 하나님의 창조 목적을 알아야 한다. 창조의 목적을 이해하는 목적지향(purpose—driven) 기업은 명확하고 가치 있는 비전을 가지고 있고, 그 목표를 끊임없이 지향한다. 미래의 목표를 '확신'을 가지고 현재에서 추구한다. 크리스천 기업들이 추구해야 할 첫째 창조기업의 모습은 비전 기업, 목적지향 기업이다.

둘째, 인간은 하나님의 형상을 입은 동등한 권리를 가지고 태어났으며, 하나님께서는 하나님 대신 피조물들을 다스리는 청지기(steward)로 인간을 창조하셨다. "생육하고 번성하여 땅에 충만하라. 땅을 정복하라. 바다의 물고기와 하늘의 새와 땅에 움직이는 모든 생물을 다스리라"(창 1:28) 우리는 청지기의 직분을 통해 몇 가지 중요한 사실을 깨닫게 된다. 우선, 이 세상의 모든 물질과 시간은 내 것이 아니고, 그것들을 창조하신 하나님의 소유라는 사실이다. 하나님이 우리가 살아가는 동안 그것을 관리하고 사용할 수 있는 권한을 주셨으므로, 우리에게 맡겨주신 물질, 자원들을 하나님의 뜻에 따라 잘 관리 보존하고 발전시켜야 하는 우리에게 의무가 있다.

이 세상에서 기업을 운영하는 기업가에게는 주인의식(ownership)과 리더십이 기업경영의 핵심적인 추진동력이다. 구성원들에 대한 권한위임(empowerment)이 활발하고, 구성원들의 참여가 활발한 자유로운 창의적인 기업문화, 구성원들의 헌신과 주인의식, 그리고 구성원들을 목적을 향해 이끌어가는 리더십이 강한 기업이 크리스천 기업들이 추구해야 할 창조기업의 모습이다.

셋째, 하나님은 끊임없이 창조하시고 일하신다. 기업도 무언가 새로운 가치를 찾고, '혁신'적인 제품과 서비스를 시장에 제공하려고 노력한다. 창의적 과정과 기업가정신(entre-preneurship)을 바탕으

제3장 창조의 원리
기업 활동의 본질, 창조

로 한 혁신성(innovativeness), 그리고 창조루틴(creative routine)이 정착된 기업, 나아가 업무 프로세스가 차별화되고, 창의적 노력으로 혁신적 제품과 서비스를 만드는 기업이 크리스천 기업들이 추구해야 할 창조기업의 모습이다.

어떤 열정적인 기업가는 매일 오전 5시에 출근을 한다. 선물로 주어진 하루를 빨리 시작하고 싶어, 기다릴 수가 없기 때문이다. 열정과 혁신이 가득하기 때문이다. 하나님도 자신의 형상(image)을 따라 우리 인간을 지으셨고, 창조주 하나님의 본성에 따라 우리 인간에게 창조할 수 있는 능력을 주셨다.

이러한 창조활동의 결과로 기업은 끊임없이 가치를 창출해야한다. 가치창출은 기업생존의 필수조건이다. 기업은 끊임없이 역량을 학습·축적하고 환경변화에 능동적으로 적응함으로써 지속발전(sustainable development)을 추구한다. "하나님이 보시기에 좋았더라"(창 1:18) 하나님께서는 피조물의 창조가 끝날 때마다 그것이 하나님께서 보시기에 선하였다고 하신다. 우리 하나님은 스스로 창조하신 피조물이 선의 대상이 되기를 원하시고, 크리스천 기업들이 새로운 창의혁신을 통해 선한 가치를 창출하고 더 발전시키길 원하신다.

크리스천 기업들이 기업을 지속발전 시키기 위해서는 핵심역량 및 우수인재 개발이 필요하다. 인재개발(capability development) 기업이라야 창조기업이 될 수 있다. 직원사랑에 바탕을 둔 인간적 회사, 우수인재 육성에 역점을 두는 회사가 핵심역량을 가진 지식

집약적 기업으로 발전할 수 있다. 창조원리 구성요소간의 관계를 정리한 것이 [그림 3-2]이다.

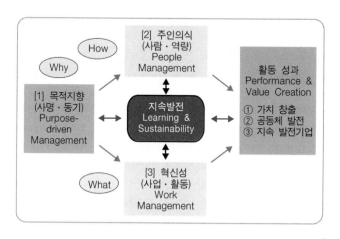

[그림 3-2] 창조원리의 구성

■ 창조원리의 세 가지 구성 요소

목적지향 (Purpose-driven)

경영은 타인을 통해 자신 및 조직의 목표를 달성하는 과정이다. 즉 경영의 출발점은 목표를 세우는 것이고, 경영의 목적지는 탁월한 성과를 통해 목표를 달성하는 것이다. 기업 경영의 핵심은 목표이며, 목표가 없다면 경영을 말할 수 없을 것이다. 목표 (objective, target)가 일차적 지향점이라면, 목적(goal, purpose)은 궁극적

지향점이다. 목적지향적 또는 목표지향적 기업은 해당 사업의 본질을 잘 이해해야 하고, 명확하고 구체적인 미션과 비전을 설정하고 구성원들이 공유해야 한다. 글로벌 절삭공구업체 와이지원은 전형적인 목표지향 혁신기업이다.

■ 와이지원 (www.yg1.co.kr) - 혁신을 통해 절삭공구 Global No. 1 기업 목표

1981년 송호근 회장이 설립한 YG-1은 엔드밀 등 절삭공구를 생산하는 전문업체이다. 이 회사는 혁신을 통해 선도한다는 (Leading through Innovation) 슬로건 아래, 창의적이고 발전적인 사고를 존중하며, 인재를 가장 소중히 여기고 적극 양성하여, 세계에서 인정받는 기술력을 통해 경쟁우위를 지켜나가고 있다. 이러한 경영이념과 의지는 YG-1의 비전인 'For Your Better Life, Global No. 1'에도 잘 나타나 있다. YG-1은 도전과 열정, 고객만족, 인간존중, 사회공헌 등을 핵심가치로 삼고 언제나 목표를 향해 나아간다.

YG-1은 성실하고 투명한 경영을 바탕으로 건실한 기업, 성장성 있는 기업, 더 나아가 인류사회에 필요한 기업이 되고자 노력하고 있다. YG-1의 가족은 글로벌 마인드를 가진 CEO의 리더십을 바탕으로, 매일 아침 회사의 비전과 목표를 상기하며 하루를 시작하고, 강한 정신력, 도전정신, 서로에 대한 존중을 통해 세계 속에 YG-1을 만들어 가고 있다. 내수보다 수출을 통해 Global No. 1을 지향하는 YG-1의 역사는 바로 뚜렷한 목표를 향한 기술혁신과 가치창조의 여정이다.

조 후퍼는 인생은 꿈꾸기 시작하면서 시작된다고(Life begins when you start dreaming) 노래한다. 꿈과 목표는 모든 활동의 출발점이고, 사명이 분명한 조직이나 사람은 풍랑 속에서도 흔들리지 않는다. 좋은 배를 만들기 위해서는 바다에 대한 동경을 심어주고, 길을

바꾸게 하려면 목표를 바꾸라는 말이 있다. 기업의 미션, 비전, 목표는 조직 구성원들에게 꿈의 방향을 제시하며, 항해의 나침반 역할을 한다.

아울러 하나님의 창조에도 명확한 목적이 있고, 창조과정에도 구조가 있다. 하나님 자신의 형상을 따라 우리 인간을 지으셨고, 우리 인간에게 복 주시고 우리 인간을 사랑하시려고, 그리고 인간이 서로 사랑하도록(신명기 6:5) 우리 인간을 창조하셨다. 기업들은 지속적인 가치 창출을 통해 이익을 창출하고 사회에 기여하도록 부름을 받았으며, 성공적인 기업들은 거의 예외 없이 명확하고, 적합하고, 방향성 있는 미션, 비전과 목표를 가지고 있다.

하나님의 창조는 완벽한 것이며, 하나님 스스로 창조사역에 대해 만족해 하셨다. 따라서 우리가 기업이든 개인이든 창조의 목적에 부합되게 행동해야 하며, 기업의 목적도 하나님의 뜻을 지향해야 하며, 최고경영자는 늘 하나님의 뜻을 찾고 구하며 기업을 운영해야 한다. 목적이 이끄는 삶(릭워렌, 2003)이 창조원리에 부합하는 삶이고, 이는 기업경영에도 마찬가지로 적용될 수 있다. 창조 원리의 제1 구성요소인 '목적지향'은 '하나님의 창조목적에 맞게 올바르고 명확한 비전과 목적을 설정하고 이를 추구하는 것'이다.

> 창조 원리의 제1 구성요소인 '목적지향'은 "하나님의 창조목적에 맞게 올바르고 명확한 비전과 목적을 설정하고 이를 추구하는 것"이다.

제3장 창조의 원리
기업 활동의 본질, 창조

주인의식 (Ownership)

기업에서 CEO 뿐만 아니라 구성원들이 모두 주인의식을 갖는다면 기업의 분위기는 활기차고 성과는 당연히 높아질 것이다. 구약에서는 세상을 창조하신 하나님이 인간을 창조하신 후, 인간에게 세상의 모든 것을 다스리게 하셨고, 신약에서는 구원을 받은 크리스천들이 하나님의 자녀가 되었다고 말한다. 하나님은 아담과 이브를 만드시고, "생육하고 번성하여 땅에 충만하라, 땅을 정복하라, 바다의 물고기와 하늘의 새와 땅에 움직이는 모든 생물을 다스리라"(창 1:28)고 하셨다. 하나님은 당신의 자녀인 우리가 세상에서 기업 활동을 하면서도 주인의 입장에서 '주도적으로' 행동하기를 바라신다.

마이다스아이티에서는 스펙이 아니라 창의성과 주인의식이 있는 우수 인력을 선발하기 위해 직원 선발을 위한 독특한 시스템을 설계·적용하고 있으며, 권한위임(empowerment)을 통해 모든 구성원들이 주인의식을 가지게 하고 직원들이 성장하도록 돕는다. 창조원리를 실현할 주체는 조직 구성원, 즉 사람이며 주인의식과 주도성은 창조의 원동력이다.

> **■ 마이다스아이티 - 자연주의 인본경영으로 직원이 진정한 주인**
>
> 마이다스아이티는 이형우 대표가 창업한 공학기술용 S/W 개발과 구조분야 엔지니어링 서비스를 제공하는 소프트웨어 회사이다. 이 회사는 '자연주의, 인본경영'을 추구하는 것으로 유명하다. 이 회사에서는 경영

의 목적을 자연이 빚은 걸대로 사람을 육성하고, 세상의 행복에 기여하는 인재로 클 수 있도록 돕는 것에 두고 있다. 그리고 이러한 목적은 다양한 제도와 문화를 통해 실현되고 있다. 이 회사는 직원 충원 시에 회사의 요구에 맞는 인재를 선별하기 위해 충원과정에서 인력의 내재적인 특성과 잠재력까지 평가하는 시스템을 개발하여 적용하고 있으며, 직원들의 역량을 극대화하고 이들이 주도적으로 주인의식을 가지고 업무를 추진할 수 있도록 권한을 위임하고 있다. 마이다스아이티의 사람 존중 경영은 직원복지 제도에서도 그대로 나타난다. 호텔 수준의 구내 식당 식사, 휘트니스 센터와 수면실, 직원들을 위한 무료 미용실 등. 마이다스아이티의 직원들은 각자 맡은 일에서는 최고의 전문가가 되기 위해 노력한다. 마이다스아이티의 사람을 키우는 '자연주의 인본경영' 방식은 직원을 진정한 회사의 주인으로 삼고자 구체적인 방법론을 도입하여 시행하고 있다. 자연주의 경영은 합리를 통해 합리를 추가하는 경영이며, 인본주의 경영은 경영의 핵심을 사람으로 보고 사람에 의한, 사람을 위한 경영이라 할 수 있다. 이에 따른 핵심가치는 행복, 보람, 나눔이다. 이 회사는 일단 선발한 직원들은 해고하지 않는 것으로도 유명하며, 좋은 성과를 보인 직원들에게는 칭찬을 하지 않는다.

앞서 소개한 글로벌 혁신기업인 ㈜유도는 100년 기업을 추구한다. ㈜유도도 기업의 지속가능한 발전을 위해 끊임없는 투자와 직원들에 대한 배려, 생산 및 조직 시스템의 구축 등 제도적 노력을 강화하고 있다.

기업의 지속발전은 전략적 의지(strategic intent)와 시스템·생태계 구축, 혼신의 노력을 필요로 한다. 35년 기업의 유도실업은 창의적인 기업문화 조성에 역점을 두어 왔고, 이를 통해 100년 기업을 꿈꾸고 있다.

기존기업에서도 구성원들의 창의와 도전 정신을 극대화하고 창조적인 문화를 만들기 위한 다양한 시도들이 진행되고 있다. 특히 3M 등에서 시행해오고 있는 사내벤처(corporate venture) 조직은 기업 내에 벤처기업과 같은 별도 조직을 운영하는 것으로 신사업 개발이나 창의형 프로젝트 추진에 효과적이고, 관리자형 경영자 (the administrative manager)가 아닌 기업가형 경영자(the entrepreneurial manager)를 육성하는 데에도 도움이 된다. 아울러 조직 내에 다양한 운영방식을 동시에 도입하여, 안정적 운영을 추구하는 부서와 혁신적 추진을 추구하는 부서를 별도로 두는 양손잡이 조직 등 새로운 조직설계도 시도해볼 만하다.

이에 더하여 창의적 조직에서는 여러 역할을 하는 다양한 역량을 가진 인력들이 필요한데, [그림 3-3]에 제시된 것처럼 아이디어를 잘 내는 제안자, 다른 사람이 낸 아이디어의 가치와 가능성을 잘 알아보고 선별해서 지원하는 스폰서, 아이디어를 바탕으로 프로젝트를 잘 추진하는 실행가, 아이디어의 문제점과 보완해야할 사항들을 비판적으로 잘 지적하는 비평가, 외부와의 연계를 통해 필요한 자원을 잘 확보하고 연결하는 연계자 등의 역할들이 필요하며, 이러한 인력들을 잘 육성해야 한다. 한 사람이 이러한 다양한 역할들을 다 수행할 수 있다면 가장 바람직하겠지만, 각기 다른 사람들이 다른 역할을 하면서 협력해가는 것이 더 현실적인 방안이 될 것이다.

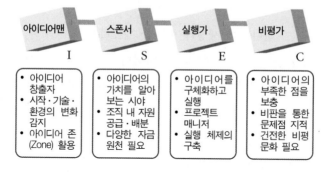

[그림 3-3] 창의적 조직에 필요한 다양한 역할

아울러 조직 구성원들이 주인의식을 갖기 위해서는 권한위임이나 조직문화도 중요하지만 역량개발이 따라 주어야 한다. 역량개발을 위해서는 구성원들의 잠재력을 더 잘 끌어내는 노력과 함께, 구성원들에게 필요한 태도와 동기부여(attitude), 스킬과 기법(skill), 지식과 경험(knowledge)을 더 잘 갖출 수 있도록 교육과 훈련을 강화할 필요가 있다.

이상에서 설명한 창조 원리의 제2 구성요소인 '주인의식' 또는 '주도성'은 '조직 리더와 구성원들이 창의 조직의 일원으로 주도적으로 참여하고 역량개발에 힘쓰는 것'이다.

> 창조 원리의 제2 구성요소인 '주인의식'은 '조직 리더와 구성원들이 창의 조직의 일원으로 주도적으로 참여하고 역량개발에 힘쓰는 것'이다.

혁신성 (Innovativeness)

창조원리는 '하나님이 세상과 인간을 창조하신 의미와 원칙에 따라 기업을 운영하는 원리'이다. 하나님의 창조사역은 창세기의 창조과정을 통해 이미 완성되었지만, 이 세상을 살아가는 우리는 하나님의 본성을 본받아 기업차원에서는 끊임없이 창조적 노력을 통해 기업을 발전시켜야 하고, 개인차원에서도 창의성을 발휘하면서 개인 성화를 위해 노력해야 한다.

기업가정신은 무엇인가 새로 만들어서 '가치를 창출하는 활동'이므로, 이러한 기업가정신은 기업에서 창조의 원리를 구현하는 방법이 된다. 새로 만드는 것에는 기업, 신규사업, 새로운 교육 프로그램 등이 모두 포함될 수 있으며, 기존 기업에서도 새로운 것을 만들어서 가치를 창출하는 기업가정신은 활발히 함양되어야 한다.

혁신의 유형에는 ① 동일한 기술원리를 바탕으로 누적적·점진적으로 연속적으로 변화하는 존속적 혁신(sustaining innovation)과 ② 새로운 기술원리에 기반하여 파괴적·획기적으로 불연속적으로 변화하는 파괴적 혁신(disruptive innovation)이 있다.

[그림 3-4]는 두 가지 혁신의 특성을 보여준다. 백열등, 즉 기술 A의 S-곡선에서 보여주는 바와 같이 백열등의 성능이 S-곡선을 따라 점차 향상되는 것이 존속적 혁신이다. 반면 백열등에서 형광등으로 변화하는 것, 즉 기술 A와는 전혀 다른 원리의 기술 B가 출현하여 새로운 S-곡선을 따라 발전을 거듭하여 기술 A의 기술적 한계를 뛰어넘는 것이 파괴적 혁신이다.

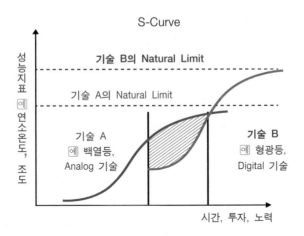

[그림 3-4] 혁신의 유형 - 존속적 혁신과 파괴적 혁신

크리스천의 삶에 이를 적용하면, 예수님을 만나 구원을 받는 것은 파괴적 혁신이고, 구원받은 크리스천이 말씀과 실천을 통해 성화되어 가는 것이 존속적 혁신에 해당한다. 하나님의 창조사역은 창세기의 창조과정을 통해 이미 완성되었지만, 이 세상을 살아가는 우리는 하나님의 본성을 본받아 기업차원에서는 끊임없이 창조적 노력을 통해 기업을 발전시켜야 하고, 개인차원에서도 창의성을 발휘하면서 개인 성화를 위해 노력해야 한다. 창조는 크리스천 신앙의 핵심사상이다.

기업도 존속적 혁신을 지속적으로 수행하면서, 외부환경의 변화나 신생기술의 발현 등 급속한 변화가 있을 때 파괴적 혁신의 가능성을 늘 검토해야 한다. 아울러 조직 내에 혁신을 촉진하기

제3장 창조의 원리
기업 활동의 본질, 창조

위한 창의적 문화를 조성해야 한다.

벤처기업 크루셜텍은 핵심가치 추구와 꾸준한 혁신을 통해 지문인식 시스템의 최고 전문기업으로 성장할 수 있었다.

■ 크루셜텍 (www.crucialtech.com)

크루셜텍은 2001년에 설립된 모바일 입력 솔루션 전문기업이다. 이 회사는 초소형 입력장치 OTP(Optical Track Pad)와 모바일 기기에 최적화된 지문인식모듈과 새로운 방식의 정전식 터치스크린을 세계 최초로 개발하여 UI 및 소프트웨어와 함께 솔루션 형태로 공급하고 있으며 광학기반 유관 사업인 모바일 플래시 모듈도 개발하여 생산하고 있다. 이 회사는 전체 인력의 1/4이 기술개발 인력으로 구성되어 있다. 크루셜텍의 비전은 'First Mover Leading Input Solution Provider'이며, 지속적 혁신을 통한 경쟁력 확보와 시장 선도에 역점을 두고 있음을 보여준다. 이 회사는 스마트폰에 들어가는 지문인식 시스템을 화웨이 등 중국기업에 공급하고 있으며, 도전 혁신, 공감 팀워크, 정직 공헌을 기업의 핵심가치로 하여 기술혁신에 매진하고 있다.

창조 원리의 제3 구성요소인 '혁신성'은 '혁신과 기업가정신을 통해 끊임없이 새로운 가치를 창출하려고 노력하는 것'이다.

> **"**
> 창조 원리의 제3 구성요소인 '혁신성'은 '혁신과 기업가정신을 통해 끊임없이 새로운 가치를 창출하려고 노력하는 것'이다.
> **"**

■ 창조원리에 바탕을 둔 기업경영 - 창조원리의 적용

창조의 원리를 구성하는 세 가지 핵심구성요소는 ① 목적지향, ② 주인의식, ③ 혁신성이며, 그 결과로 '지속발전'이 실현된다.

첫째, '목적지향'은 기업의 사명, 비전과 목표 설정과 목표 관리를 통해 실천되며, 지식과 경험, 통찰력, 분별력을 필요로 한다. 즉 기업은 1) 명확한 비전과 목표를 설정하고, 고객과 사회에 제공할 가치를 정의하고 공유해야 하며, 2) 비전에 맞게, 추구해야 할 핵심가치를 지키면서 목적에 맞게 기업을 경영해야 한다. 하나님과 창조사업의 동역자로서, 크리스천 CEO의 역할 인식도 중요하다. 이처럼 '목적의식'은 기업의 '사명' 요인과 관련된다.

둘째, '주인의식'은 동기부여와 인력 · 조직 관리를 통해 실천되며, 공감(empathy)과 의사소통 능력을 필요로 한다. 즉 창조원리의 적용은 1) 구성원에게 권한을 위임하고, 주인의식과 참여의식을 강화하고, 2) 끊임없는 인재개발에 역점을 두고, 지식역량 축적에 초점을 두는 것으로 나타난다. 이처럼 '주인의식' 또는 '주도성'은 기업의 '사람' 요인과 관련된다.

셋째, '혁신성'은 새로운 기회의 발견과 혁신 시스템의 구축을 통해 실천되며, 기업가정신과 혁신 역량 · 노력 등을 필요로 한다. 이를 통해 창의혁신 조직으로 발전하기 위해서 크리스천 CEO는 기업가 · 설계자의 역할을 잘 수행해야 한다. 이를 실천하기 위해서 기업은 1) 창의적 업무 프로세스를 설계하고, 2) 환경변화에 민감하게 대응하여 창의적 문화를 조성할 필요가 있다. 이처럼

'혁신성'은 기업의 '사업' 요인과 관련된다.

목적지향, 주인의식, 혁신성의 창조원리를 실천하는 기업은 그 결과로 '지속발전'을 할 수 있다. 비전 설정, 인재 육성, 혁신 제품을 통해 기업은 지속가능한 사업을 영위할 수 있게 된다. 이제 하나님의 나라를 기업을 통해 이 세상에 실현하는 킹덤 컴퍼니는 창조원리를 바탕으로 관리자형 경영자(administrative manager)가 아닌 기업가형 경영자(entrepreneurial manager)를 육성하고, 창의혁신 조직으로 변화해야 한다. 지성-감성-의지가 경영현장에서 발현되는 기업, 사명-사람-사업이 조화를 이루는 기업, 목적이 이끄는 (purpose-driven) 기업가형 회사, 이것이 바로 크리스천 CEO들의 푯대이다.

■ 기업경영과 창조원리

창조원리는 '하나님이 세상과 인간을 창조하신 의미와 원칙에 따라 기업을 운영하는 원리'라고 할 수 있다. 창조원리를 중점적으로 추구하는 기업은 경영 원리와 방식에 있어서도 ① 기업의 목적에 창조 추구의 정신이 반영되어 있고 [확신, 사명], ② 구성원들이 더 좋은 세상을 만들고 고객에게 혜택을 주기 위해 제반 문제를 주도적으로 해결하려는 주인의식과 주도성, 열정, 리더십을 가지고 있으며 [헌신, 사람], ③ 창조루틴을 통해 지속적으로 유용하고 혁신적인 제품이나 서비스를 만들고 있으며 [혁신, 사업], ④ 이러한 창조가 지속적으로 이루어 질 수 있도록 인재육성에 역점을 두면서 사회발전에 기여하려고 [혼신, 사회] 노력한다.

창조원리의 3가지 구성요소들과 그 결과인 지속발전 등 4개 항목들을 경영의 기능, 개념, 특성, 과정, 요소 및 대상의 관점에서 살펴보면 [표 3-2]와 같이 정리할 수 있다.

[표 3-2] 창조원리의 3가지 구성요소와 결과

	핵심요소	축약	경영기능	개념	특성	과정	핵심요소	관리대상
1요소	목적지향	목적	Planning	사명	확신	전략	知(지성)	목표관리
2요소	주인의식	주도	Organizing	사람	헌신	조직	情(감성)	인력관리
3요소	혁신성	혁신	Leading	사업	혁신	행동/과정	意(의지)	제품관리
결과	지속발전	지속	Controlling	사회	혼신	성과/자원	體(체계)	시스템관리

어느 정도의 창조활동이 적합한 것인가?

창조활동은 매우 어렵고 실패의 가능성도 큰 활동이다. 더구나 기업이 창의적인 문화를 조성하고 유지하는 것도 매우 어렵다. 그러나 변화하는 환경 속에서도 지속적으로 발전하면서 동태적 안정성을 유지하려면 창의혁신 활동은 필수적이다.

그렇지만 기업이 고위험-고수익(high risk, high return) 사업에만 너무 치중하면 기업의 단기적 안정성이 위협을 받게 되고, 너무 현재 상태 유지에 급급하면서 단기적 안정성만을 추구하면 중장기적인 변화경영에 실패하여 장기적·동태적 안정성을 이루지 못한다.

따라서 기업들은 적절한 투자 포트폴리오를 구성하여 균형을 추구하고, 한 조직 내에 변화지향 활동과 현상유지 활동을 동시에 두는 '양손잡이 조직(ambidextrous organization)'을 도입하기도 한다. 이처럼 기업은 시간적, 공간적으로 변화와 안정의 균형을 유지하려는 지속적인 노력이 필요하다.

다른 핵심원리와의 관계

창조원리는 JuST－ABC의 6개 원리 중에서 출발점과 종착점이 되는 기본 원리이고, 기업경영에서 뿐만 아니라 국가경영에서도 지향해야 할 원리이다. 한국경제가 지향하는 창조경제는 창조원리를 바탕으로 한 기업들과 대학들이 함께 노력할 때 성취될 수 있다.

우리나라의 많은 기업들이 지금까지는 모방을 통해 빠르게 발전했지만 이제는 창조와 혁신을 통해 새로운 가치를 창출하고 성장을 추구해야 할 시점에 왔다. 여기서 제시한 창조의 원리는 지속성장 전략을 추구하는 기업들이 공통적으로 추구해야 할 원리가 될 수 있다. 그렇지만 특히 크리스천 기업가들은 창조원리의 제1요소인 '목적지향'에 있어 경제적 가치 외에 사회적 가치, 영성적 가치 등을 함께 추구할 수 있으며, 기업경영에서도 창조원리의 적용을 통해 경제적 가치 창출뿐만 아니라 공동체 가치, 사회적 가치, 영성적 가치까지 창출하려는 노력을 강화할 수 있을 것이다.

☑ 실천방안

1. 비전을 따라 새로운 것을 추구하여 가치 창출 [Creation of Values]: 기업은 늘 왜 일하는지 기업의 사명을 명확히 인지해야 하며, 끊임없이 새로운 제품이나 서비스를 만들어 가치를 창출한다. 기업은 중장기 사업전략을 바탕으로 R&D 조직, 사내벤처, 창의혁신조직을 통해 끊임없이 가치를 창출해야 한다.

2. 구성원들의 자유와 적극적인 참여, 주인의식 [Commitment]: 조직 구성원들의 사유와 주도성, 적극적인 참여, 주인의식이 매우 중요하며, 이러한 몰입과 참여는 창조 활동의 원동력이 된다.

3. 창의적인 업무 프로세스 설계 [Creative Process]: 창의적 활동을 제도적으로, 시스템적으로 활성화하기 위해서는 업무 프로세스의 설계 및 창의적 조직문화 조성이 매우 중요하다.

4. 끊임없는 인재개발과 지식·역량 축적 [Capacity]: 기업은 학습조직을 구축하여 환경 변화 속에서 새롭게 요구되는 지식과 경험을 흡수하여야 하며, 끊임없는 인재개발로 우수인력들을 양성해야 한다. 아울러 기업가형 경영자(the entrepreneurial leader)를 육성하고 사내벤처 제도를 도입할 수 있다.

☑ 토론할 문제

1. 창조원리가 잘 정착된 기업들에서 창조원리가 정착되는 과정은 어떠했는가? 이 과정에서 CEO의 역할은 무엇인가?

2. 창조원리가 다른 원리들과 충돌할 경우 어떻게 해결할 것인가?

3. 창조원리의 3가지 구성요소들 간에 상호 충돌할 경우 어떻게 해결할 것인가?

4. 귀사에 창조원리를 적용하려면 무엇을 어떻게 할 것인가?

5. 창조원리의 3가지 구성요소 중에서 귀사의 상황에서 보다 중요한 가치는 무엇인가?

제3장 창조의 원리
기업 활동의 본질, 창조

제4장

/

책임의 원리

- 기업인의 청지기 정신, 책임 -

책임은 상대방이 있든 없든 지켜야할 의무이자 책무이
며, 상대방의 유무나 상황 변화에 따라 책임을 회피하는
것은 잘못된 것이다.

게으른 경영에서 지속가능 경영으로 변신한 진주햄

'천하장사 소시지'로 유명한 식품전문제조업체 진주햄은 최선을 다하지 않는 게으른 경영으로 위기를 겪었다. 1963년 출범한 진주햄은 50년의 역사에도 불구하고 2000년대 중반까지 연간 매출액이 500억 원대에 머물렀다. 진주햄은 타사의 히트상품을 비슷하게 만든 '미투제품'을 당연시 여기는 등 오랜 역사와 인지도에 비해 마케팅 기능이 제대로 작동하지 못했다. 2014년 소비자 좌담회에서 오래된 회사 이미지는 어느 정도 예상했지만 "아무 것도 하지 않고 있는 회사이니 제품을 구입하지 않는 게 맞다."고까지 하는 소비자가 있어 큰 충격을 받고 진주햄의 본격적인 변신이 시작됐다. 바뀌지 않으면 안 된다는 절박함이 밀려들어서였다. '천하장사'의 고급형 제품을 내놓은 데 이어 핫도그, 순대, 김말이 등 이른바 '길거리 음식'을 고급화한 제품들을 내놔 제품군을 다양화했다. 기업이미지(CI)도 새로 바꿨다.

변화는 실적을 이끌어냈다. 2014년 매출은 1,200억 원을 달성했다. 그리고 서울 강남구 대치동 서울사무소 인근에 '메뉴개발실'도 만들었다. 조리사 자격증을 가진 직원들이 자사 제품을 이용한 요리를 만들고 시식회를 여는 공간이다. 유통업체에 새로 제품을 입점 시킬 때 물건만 팔고 마는 게 아니라 아예 조리 방식까지 함께 제안하자는 뜻이다. 자사 제품과 경쟁 제품의 맛을 비교하는 블라인드 테스트도 이 공간에서 정기적으로 열고 있다. 국내에서의 매출증가와 더불어 중국 시장에서도 선전하고 있다. '따리티엔지양'(大力天將)이라는 이름으로 판매되는 천하장사 소시지가 지난해 7,400만개나 팔렸다. 2011년 3억8,000만 원이었던 이 제품의 중국 매출은 2014년 77억 원으로 훌쩍 뛰어올랐다. 2015년 8월까지 누적 매출액 200억 원을 예상하고 있다. 진주햄 박상진 사장은 "최근 트렌드가 급변하고 있어 50년 넘게 살아남은 기업도 지속 가능성을 고민해야 하는 시대이다."라고 강조했다.

■ 책임지지 않는 기업과 사회

작년 가습기 살균제 문제로 온 나라가 떠들썩했다. 2011년 '옥시싹싹'이라는 가습기 살균제 사태로 5년간 총 146명의 사망자가 발생했는데도 불구하고 옥시 측은 그동안 침묵으로 일관하고, 그 와중에 책임 회피를 위해 사명을 변경하고 법인을 고의로 청산하고, 심지어 해당 이슈에 대한 연구보고서 조작과 은폐를 시도한 의혹을 샀다. 이슈가 커지자 5년 만에 옥시의 외국인 대표이사가 공개 사과를 하였지만 진정성 있게 책임을 지는 자세를 보여주지 않아 더욱 공분을 사고 말았다. 이 과정에서 정부 · 국회 · 로펌 · 대학연구팀 · 유통업체 등 그 누구도 책임지지 않는 옥시 사태 속에서 가해자는 없고 희생자만 있는 한국 사회의 일면이 고스란히 드러나게 되었다. 결국 옥시 사례는 우리 사회와 기업에 만연되어 있는 책임의식 및 윤리의식의 부재를 보여준 대표적 사건이라 할 수 있다.

비단 기업뿐만이 아니다. 2014년 4월 일어났던 '세월호 사건'은 한국사회의 책임부재 현실이 그대로 드러난 대표적인 사건이라 할 수 있다. 선장과 선원, 관련 해양당국, 해양경찰 등의 대처 부실과 늦장 대응이 사건의 주요 원인으로 지적되었지만, 사실 보다 근본적인 원인은 바로 우리 사회전체에 만연한 책임의식의 부재라 아니할 수 없다. 배를 책임진 선장과 선원은 승객들을 구하기 위해서 끝까지 최선을 다해야 하는 책무를 가진 사람들인데도 불구하고 승객들에게는 선내에 그대로 있으라고 방송하고 자신들은 해경 구조선에 먼저 올라타 목숨을 구걸하였다. 적정 화물중량을 당연히 지켜야 함에도 불구하고 초과중량을 적재하는 데에도 관련 당국과 선사측은 아무런 제재도, 책임의식도 느끼지 않았다. 사건이후 벌어진 책임공방에서도 관련 정부당국과 유관기관들은 모두 자신들은 책임이 없다는 자세로 일관함으로써 피해자 가족과 국민들의 분노를 사기에 충분하였다. 우리 사회는 정말 책임 부재의 사회라고 해도 과언이 아니다.

영화 스파이더맨을 보면 스파이더맨이 갑자기 초능력을 얻은 뒤 자신이 확연히 달라진 것을 인식하고는 다음과 같이 이야기하는 장면이 나온다. "With great power comes great responsibility (큰 힘에는 큰 책임이 따른다)" 즉 권한과 능력에는 그만큼 책임이 따른다는 말이다. 실제 영화들에서도 보면 엄청난 힘을 가진 슈퍼 히어로들이 잘 나가다가 중간에 변절하거나 책임을 저버리게 되는 경우 엄청난 재앙과 결과들이 닥치는 것을 볼 수 있다.

이 시대에 최고의 힘과 권력을 가진 존재는 과연 누구인가? 아마도 그중에 하나가 기업일 것이다. 국내 굴지의 대기업들은 한 나라의 경제를 좌지우지하며 엄청난 영향력을 미치고 있으며, 많은 중소기업들도 정도의 차이는 있지만 국민들의 삶에 큰 영향을 미치고 있다. 따라서 만약 기업이 자신이 가진 힘과 권력을 잘 인식하고 책임을 지는 자세를 지니지 않는다면 위의 사례들과 같이 엄청난 재앙과 피해를 가져올 수밖에 없다. 이 시대에 기업의 책임이 어느 때보다 중요하게 부각되고 있는 이유가 바로 여기에

제4장 책임의 원리
기업인의 청지기 정신, 책임

있다. 책임은 기업뿐만 아니라 이 시대를 살아가는 모든 개인에게도 가장 중요한 덕목이자 의무라 할 수 있다. 자본주의 사회의 가장 큰 장점은 개인과 기업에게 자유를 보장하는 것이지만, 자유에는 반드시 책임이 따른다는 것을 우리는 명확히 인식해야 한다. 책임을 다하는 개인과 기업들이 중심이 된 사회에서만 진정한 자유도 누릴 수 있다.

■ 가장 중요한 덕목인 책임은 왜 어려운가

한국의 한 취업포털[55]에서 조사한 결과를 보면 기업에서 요구하는 인재상과 관련해서 한국 기업 432개사가 뽑은 '핵심인재의 최우선 조건' 1위는 바로 '책임감이 강한 인재(41.9%)'였다. 능력과 실력은 뛰어나지만 자신이 맡은 업무에서 최선을 다하지 않고 책임을 지지 않는 직원들을 기업은 선호하지 않는다. 한 아르바이트 포털[56]에서도 대학생들이 꼽은 '어른'을 떠올렸을 때 가장 잘 어울리는 단어 1위가 '책임감 있는(25.1%)'였다. 한국사회에서 성인에게 요구되는 중요한 덕목 가운데 하나가 바로 책임감 있는 성숙한 모습인 것이다.

어찌 보면 이는 매우 당연한 결과이다. 사회의 리더와 주체들이 책임감 있는 모습을 보여주지 못하기 때문에 이 사회는 어른이나 아이나 할 것 없이 책임지는 사람과 기업을 원하고 있다. '잘되면 내 탓, 잘 못되면 조상 탓'이라는 말처럼 한국은 책임 앞에서 한없이 작아지고 무기력한 모습이다.

 일반적으로 책임이 어려운 이유는 바로 책임을 지지 않음으로써 누리게 되는 반사적 이익이 그만큼 크고 달콤하기 때문이다. 책임을 지지 않음으로써 얻게 되는 단기적인 경제적 이득과 사회적 유익이 크거나 당장의 불이익과 힘든 상황을 피할 수 있기 때문에 책임을 회피하는 것이다. 결국 책임을 지는 것보다 책임을 회피하는 것이 여러모로 나에게 유리하다는 계산적 판단이 고려된 것이다. 특히 기업은 규모가 커지고 조직이 확대됨으로써 점점 더 큰 경제적 이익을 가질 기회가 생기기 때문에 더욱 큰 책임회피의 유혹에 놓일 수밖에 없다.

 기업은 경제적 책임 외에도 법적, 사회적 책임 등 다양한 책임을 가지고 있는데 이를 회피해도 큰 문제가 없을 것이라고 생각하기 쉬우며, 특히 치열한 생존경쟁의 기업세계에서 남들이 별로 신경 쓰지도 않는데 책임을 다하는 것이 최선의 길은 아니라고 자기합리화를 하기도 한다. 또한 책임은 원래 약속했던 상대방이 있는 개념인데, 시간과 상황이 바뀜에 따라 이러한 약속을 지키지 않아도 될 것이라는 유혹과 착각에 종종 빠지기도 한다. 하지만 책임은 상대방이 있든 없든 지켜야할 의무이자 책무이며, 상대방의 유무나 상황 변화에 따라 책임을 회피하는 것은 잘못된 것이다.

제4장 책임의 원리
기업인의 청지기 정신, 책임

■ 책임의 진정한 의미는 능동적, 적극적 태도와 연관

모든 행동에는 반드시 결과가 따른다. 우리는 대부분 자신의 이익과 목표를 위해 행동하지만, 결과가 늘 우리가 원하는 대로만 되지는 않는다. 심지어 종종 결과가 다른 사람에게 피해를 끼치는 경우도 발생한다. 그런데 자신이 의도했든 의도하지 않았든 간에 자신의 행위에 의해 발생한 모든 결과에 대해서는 자신이 일차적인 부담을 져야할 책임이 있다. 즉 책임의 일차적인 의미는 바로 자신의 행위에 의해 발생하는 모든 결과를 자신이 부담하는 것으로 볼 수 있다.

책임의 사전적 의미를 찾아보면 '맡아서 해야 할 임무나 의무'라고 정의되어 있다. '맡겨진 것'이 아니라 '맡아서 해야 하는 것'이다. 즉 책임은 수동적인 것이 아니라 능동적이고 적극적인 의미로 해석할 필요가 있다. 책임이 자신에게 억지로 맡겨진 것이 되면 결과에 대한 부담 때문에 자유로울 수 없지만, 내가 맡아서 하는 것이 되면 동기부여가 되고, 그 일에 능률이 오르고 자신감이 붙을 수 있다.[57] 특히 기업은 책임을 부정하고 회피할 것이 아니라 책임에 대한 인식과 태도를 능동적으로 바꿈으로써 자신에게 주어질 권한과 범위를 더욱 확대하고 지속가능한 사업이 되도록 만들어야 한다.

기독교윤리학의 대가인 리처드 니버는 '책임적 자아(The Responsible Self)'라는 그의 저서에서 책임을 응답성과 관계성의 관점에서 다음과 같이 설명하였다[58]. "책임은 사회 속에서 인간이 정해놓은 규칙과 압력에 대해 인간이 반응하는 것이며, 이는 자신의 반응이 가져올 결과에 대해서도 책임을 지는 보다 적극적인 행위이며, 그리고 자신이 속한 공동체와의 유대감 속에서 관계성과 상호작용성을 바탕으로 이러한 책임을 져야한다." 이러한 의미에서 니버는 도덕적이고 윤리적인 삶이 곧 책임지는 삶이라고 주장하면서 이는 기독교적인 사상과도 일맥상통하다고 하였다.

■ 성경적 관점의 책임의 원리: 청지기정신(Stewardship)

창세기 1장에 보면 창조주이신 하나님은 온 세상 만물을 만드셨고, 특히 인간을 창조하신 후 복을 주시면서 사람에게 생육하고 번성하며 하나님이 만들어 놓으신 모든 피조물을 다스리라고 명령하셨다. 즉 우리는 창조주 하나님의 창조 사역을 지속할 지상 대리인의 책임을 부여받았다. 특별히 우리는 하나님의 형상으로 창조되었기에 하나님을 대신해서 사명을 잘 수행해야할 책임이 있다. 누가복음 12장 42절 '주께서 가라사대 지혜 있고 진실한 청지기가 되어 주인에게 그 집종들을 맡아 때를 따라 양식을 나누어 줄 자가 누구냐'에서도 보면 결국 성경적 의미의 청지기는 다른 사람들에게 양식을 나누어 주는 관리자로 이해할 수 있다.

청지기정신(Stewardship)은 맡은 자를 의미하는 영어 Steward에서 유래되며, 헬라어로는 '오이코노미아'(집을 의미하는 '오이코스'와 관리하다의 '노메오'의 합성어)로 집을 관리하고 다스린다는 경제적 의미를 가지고 있다. 즉 청지기는 신구약 성경에서 의무와 권한을 위임받은 관리인을 의미한다. 다시 말하면, 청지기란 소유가 자기 것이 아닌 것을 맡아서 관리하는 사람이다. 기독교인은 자기의 재산이나 기업이 자기 것이 아니고 주인이신 하나님이 잠시 맡기신 것임을 분명히 인식해야 한다. 주인의 것을 자신이 맡아서 때를 따라 하나님의 분부대로 양식을 나눠주거나 사회봉사적 삶을 사는 자가 바로 청지기적 삶이다.

청지기 정신의 실천원리를 가장 잘 설명하는 성경의 구절은 바로 마태복음(25:14~30)에 나오는 달란트 비유이다. 달란트 비유에서 보면 주인으로부터 다섯 달란트와 두 달란트를 위탁받은 청지기는 최선을 다하여 그 두 배를 남겼다. 그 결과 주인으로부터 착하고 충성된 종이라는 칭찬을 들었다. 반면에 1달란트 받은 종은 그대로 가져와 주인으로부터 악하고 게으른 종이라는 꾸짖음을 들었다. 주님이 말씀하시는 책임의 원리는 이와 같이 자신에게 맡긴 일(사업)에 최선을 다해 이윤을 남기고 이를 주인에게 정직하게 보고하는 것이다.

■ 책임의 부재가 가져오는 부정적 파급효과

책임의식과 윤리의식의 부재는 우리 경제사회 전반에 엄청난 파급효과를 불러올 수 있다. 먼저 책임의식과 윤리의식이 낮아지면 사회 구성원 간 상호불신이 증가하고 개인주의가 만연하게 될 것이며, 기업과 개인의 부정, 부패, 비리 건수가 증가할 것이고, 이로 인해 가난하고 힘없는 사회적 약자들의 피해가 속출할 것이다. 이러한 일차적인 효과는 다시 사회 전체의 응집성 내지 단결감을 저하시킴으로써 국론을 분열하고 사회의 갈등을 증대시킬 것이며, 경제적 측면에서도 빈부의 격차가 증대되어 사회적 비용이 증가하고 대중소기업 및 협력관계의 기업들이 만들어내는 기업생태계의 건전성을 본질적으로 파괴할 것이다. 종국적으로 책임의식과 윤리의식의 부재는 우리나라의 기업경쟁력 및 국가경쟁력을 저하시키는 핵심적 요인으로 작용할 것이다.

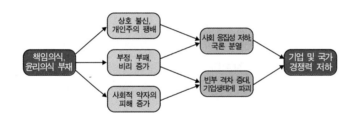

■ 책임의 원리의 개념과 세부 유형

책임의 원리란 '하나님의 청지기로서 법적 책임과 사회적 책임을 다하고 지속가능경영을 실천하여 이해관계자 전체의 기대에 부응하는 원리'를 말한다. 하나님께서 자신의 형상을 따라 인간을 창조하시고 바다의 고기와 공중의 새와 땅에 움직이는 모든 생물을 다스리라고 하셨다. 이로써 인간은 하나님으로부터 위임을 받아 이 세상을 다스리는 책임을 맡게 되었는데 이를 기독경영에서는 '책임의 원리'로 정의했다. 즉 책임의 원리는 하나님의 청지기로서 주어진 책임과 소명을 다하여 우리 조직의 이해관계자의 기대에 부응하는 원리로 볼 수 있으며, 따라서 인간은 하나님께 위임받은 자로서 책임을 다하는 자세를 보여야 한다. 달란트의 비유에서도 주인이 여행을 떠나면서 종들에게 맡긴 달란트와 주인이 돌아와서 종들과 회계하는 행위 속에는 책임의 원리가 기본적으로 내포되어 있다.

서비스마스터의 전 CEO였던 윌리엄 폴라드(C. William Pollard)는 "하나님이 주인이시며 우리는 청지기일 뿐이다. 예수님을 따르기로 한 날부터 내 목표는 내 삶을 잘 투자해 주인이신 하나님께 이윤을 남겨 드리는 것이다. 하나님은 내가 잠시 맡은 재능과 재물의 충성스럽고 생산적인 청지기가 되기를 원하신다."고 고백하였다.

크리스천 경영자의 기본자세는 하나님께 위임받은 자로서 책임을 다하는 것이다. 기업의 소유와 주권과 목적은 책임의식에 근거해야 비로소 방향이 올바르게 설정될 수 있다. 기업은 좁게는 주주, 넓게는 사회 전체로부터 일정한 자산을 수탁 받았으며 이를 건전하게 활용하여 이익을 남길 근본적인 책임이 있다. 즉 기업은 책임성 있는 경영을 해야 하는 존재이며 이는 성경에서 말하는 청지기 정신과도 정확히 부합한다. 우리는 하나님께로부터 권한과 재능을 부여받았기 때문에 세상의 자원을 다스리고 개발할 책임이 있다.

> ❝
> 책임의 원리란 '하나님의 청지기로서 법적 책임과 사회적 책임을 다하고 지속가능경영을 실천하여 이해관계자 전체의 기대에 부응하는 원리'를 말한다.
> ❞

그런데 기업의 사회적 책임[59] 개념의 정립에 크게 공헌한 미국의 카롤 교수(Carroll A.)는 기업의 사회적 책임을 경제적 책임, 법적 책임, 윤리적 책임, 그리고 자선적 책임으로 정의한 바 있다. 따라서 본서에서는 카롤의 법적 책임과 윤리적 책임을 Compliance로, 경제적 책임을 Sustainability로, 자선적 책임을 Social Responsibility로 각각 정의하였다. 이는 각각 법적 측면, 경제적 측면, 그리고 사회적 측면의 세 가지 측면으로 이해할 수 있다.

첫째, 법적 측면은 제반관련 법을 준수함으로써 사회와 국가가 정한 테두리 내에서 합법적으로 경영하는 것을 말한다. 기업은 관련 법규 준수, 세금 납부, 회계 투명성 등에서 정확하고 철저해야 한다. 이는 한마디로 컴플라이언스(Compliance)로 표현할 수 있다. 하나님께서 우리에게 기업과 사람을 맡기셨기 때문에 누구보다도 윤리적이고 합법적으로 기업을 경영하고 돌볼 책임이 우리에게 있다. 최근의 경영환경은 단순한 수동적 법규 준수에서 벗어나 보다 능동적이고 적극적인 법규 준수와 윤리 경영을 요구하고 있다.

둘째, 경제적 측면은 종업원을 고용하고, 좋은 상품을 생산 판매하며, 이를 통해 이익을 창출하고 세금을 내는 등 경제주체로서의 기업의 역할을 충실히 하는 것을 말한다. 이를 통해 기업은 지속성장을 도모할 수 있다. 기업은 자원을 사용할 때 세상의 자원을 낭비하지 않고 효율적으로 관리하며, 고객과 사회로부터 기대되는 바람직한 목표를 성취할 수 있도록 노력해야 한다. 효율성이 목표를 달성하기 위해 자원사용을 절감하는 데 중점을 둔다면, 효과성은 올바르게 설정된 목표에 얼마나 근접했는가에 관한 개념이다. 특히 효과성을 위해서는 고객니즈 변화나 기술혁신 그리고 사회트렌드에 적절하게 대응함으로써 진정한 고객가치를 실현할 수 있는 역량을 키워야 한다.

셋째, 사회적 측면은 기업윤리, 사회봉사활동, 기부와 같은 행위를 통해서 기업이 사회에 적절한 이윤의 환원활동을 함으로써 대사회적인 지지와 인정을 받는 것을 말한다. 경영학에서 기업의 사회적 책임(social responsibility)은 기업의 이해관계자(stakeholder)인 주주, 종업원, 고객, 협력사, 정부, 지역사회 등에 대한 기업의 책임 있는 자세와 행동을 의미한다. 즉 기업을 둘러싼 이해관계자들의 기대에 부응하는 기업의 행위를 말한다. 기업은 법적 책임을 다하고 전략적 경영을 통해서 수익을 창출함과 동시에 기업을 둘러싼 이해관계자들에게 책임성 있는 자세를 보일 수 있어야 한다.

최근에는 CSR, CSV 등 새로운 개념들이 등장하는 등 사회적 책임에 대한 관심과 활동이 점점 증가하고 있다.

책임의 원리 정의	하나님의 청지기로서 법적 책임과 사회적 책임을 다하고 지속가능경영을 실천하여 이해관계자 전체의 기대에 부응하는 원리		
책임의 원리 구성요소	법적/윤리적 책임 (컴플라이언스)	경제적 책임 (지속가능성)	사회적 책임
구성요소에 대한 정의	기업행위를 함에 있어 관련 법규를 철저히 지키며 윤리적으로도 올바른 방향으로 운영하는 것	고객가치 제공을 통한 지속적 이윤창출로 지속가능경영을 실천하는 것. 핵심 원리는 효율성과 효과성	사회에 긍정적 영향을 미치는 책임 있는 활동들을 통해서 기업 전체의 이해 관계자 요구에 능동적이고 적절히 대응하는 것

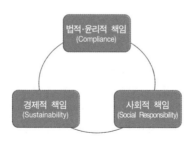

[그림 4-1] 책임의 원리

■ 법적 · 윤리적 책임, 컴플라이언스(Compliance)

2008년 말 전 세계를 위기로 몰아넣은 서브프라임 모기지 사태로 인한 글로벌 금융위기는 그야말로 금융인들의 탐욕이 만들어

낸 결과였다. 창세기 11장의 바벨탑 사건에서도 인간은 자신들만의 제국을 만들기 위해 탑을 쌓다가 심판을 받았듯이, 서브프라임 사건에서도 최고의 금융엘리트들이 재물에 대한 탐욕에 눈이 어두워 현대판 바벨탑을 쌓았다. 결국 문제의 핵심은 바로 인간의 탐욕과 비윤리성이라 할 수 있다. 또한 최근 국내외적으로 분식회계를 둘러싼 회계부정 스캔들이 계속적으로 사회문제로 대두되고 있다. 갈수록 투명하고 정직한 회계정보의 필요성은 증대되고 있는데도 불구하고 분식회계 내지 탈세의 유혹은 여전히 끊이지 않고 있다. 특히 기업생존의 긴급성과 절박함이 강한 중소기업의 경우 이러한 비윤리적 유혹에 더욱 강하게 노출될 수밖에 없을 것이다.

미국의 대규모 분식회계사건으로 유명한 엔론 사건이 있다. 엔론(Enron)은 미국 텍사스주 휴스턴에 본사를 둔 에너지회사로 미국 7대기업에 들어갈 정도로 큰 회사였다. 2001년 12월 2일 파산 전까지 엔론은 약 2만 명의 직원을 보유하고 2000년 매출 1,110억 달러를 달성하였으며, 포춘지는 엔론을 6년 연속 '미국에서 가장 혁신적인 기업'으로 선정했다. 하지만 2001년 말, 엔론의 부실한 재정상태가 일상적이며 체계적이고도 치밀하게 계획된 방식의 회계부정으로 은폐되어 왔다는 사실이 밝혀졌다. 기업은 국가와 사회가 정해놓은 테두리 내에서 합법적인 경영을 하면서 경쟁자들과의 공정한 경쟁을 통해서 차별화된 성과를 내야 하는 존재임에도 불구하고, 엔론은 정해진 규칙과 절차를 지키지 않고 부당한 방법을 사용함으로써 부실기업을 우량기업으로 장기간 속여 왔던 것이다. 이때부터 엔론은 계획적인 기업사기 및 비리의 대표적인 사례로 꼽히게 되었으며, 이로 인해 관련 규제 법안이 우후죽순 만들어지고 담당 회계법인은 해체되는 등 미국 경제에 엄청난 후폭풍을 불러왔다.

엔론 사건과 같은 대규모 회계부정 사건은 이후 기업세계에 준법 감시와 윤리경영이 더욱 중시되는 결과를 가져왔으며 이는 오늘날 컴플라이언스 제도로 발전하고 있다.

컴플라이언스(Compliance)의 사전적 의미는 '준수', '따름'이며, 일반적으로 '규제와 규칙의 준수'라는 의미로 사용되고 있다. 그리고 기업경영에서 컴플라이언스의 의미는 기업들이 기업 행위를 함에 있어 각종 관련 법령과 규정 등을 준수하는 것을 뜻한다. 즉 컴플라이언스는 일반적으로 고객 재산의 선량한 관리자로서 회사의 임직원 모두가 제반 법규를 철저하게 지키도록 사전 또는 상시적으로 통제 감독하는 것을 의미하는 용어이다.[60]

이처럼 컴플라이언스는 기본적으로 법규 준수를 의미하지만, 단순히 법규에서 정하는 최소 요건을 충족하는데서 그치지 않고, 적극적이고 윤리적으로 행동하며 옳은 행동을 하는 것까지를 포함하는 개념이다. 컴플라이언스를 윤리 및 준법 경영이라고도 하는 이유가 바로 여기에 있다. 최근 전 세계적으로 발생한 금융위기의 본질도 결국은 도덕적인 문제로 볼 수 있다. 대부분의 기업위기도 자세히 살펴보면 출발은 윤리적 문제에서 시작되는 경우가 많다. 우리나라에서 종종 발생하는 대기업 문제도 결국은 대기업 자체의 문제라기보다는 재벌 총수를 비롯한 대기업 임직원들의 윤리 문제가 핵심에 있음을 알 수 있다. 요약하면 컴플라이언스는 '기업행위를 함에 있어 관련 법규를 철저히 지키며 윤리적으로도 올바른 방향으로 운영하는 것'으로 정의할 수 있다.

그런데 '컴플라이언스'의 저자 마틴 비겔만[61]은 컴플라이언스에 높은 가치를 두는 윤리적 기업을 운영하는 것은 단순히 좋은 생각에 그치는 것이 아니라 비즈니스 측면에서도 타당성이 있다고 주장하였다. 즉 윤리는 이익을 증가시키며, 윤리에 대한 기업 경영진의 공개적 서약과 회사의 재무실적 간에는 강한 상관관계가 있다는 연구 결과가 많다고 주장한 것이다. 이는 윤리 경영이 단순히 기업의 책임 관점에서 뿐만 아니라 실질적으로 기업 이익을 증가시킴을 의미한다. 대부분의 경영자들이 윤리와 이익이 조화될 수 있다는 사실을 납득하지 못하지만, 윤리적 행동에 대한 명성이 경쟁사와의 차별화에 도움을 주기 때문에 윤리는 경쟁이 치열한 기업 세계에서 기업이미지와 성과에 긍정적 영향을 줄 수 있다.

코카콜라와 펩시의 콜라 전쟁은 가장 유명한 기업사례이다. 특히 두 회사의 청량음료 제조 기법은 무엇보다 중요한 기업의 핵심 비밀로 인식되고 있다. 만약 한 회사가 다른 회사의 제조 기법을 알아낸다면 이는 기업의 운명을 바꿀 수 있을 만큼 중요한 문제이다. 그런데 2006년

굿 비즈니스 플러스

5월 19일 펩시는 조지아 주 아틀란타에 위치한 코카콜라 본사에 연락하여 뉴욕 주에 소재한 자사의 구매 본부에서 받은 편지를 전달했다. 이 편지는 코카콜라의 고위직 임원으로서 코카콜라 신상품에 대한 아주 상세한 비밀 정보를 가지고 있다고 주장한 사람에게서 온 것이었다. 펩시는 즉각적으로 기업 비밀 절도에 대해 코카콜라에 통보한 것이다. 코카콜라는 재빨리 아틀란타시 FBI와 접촉해 조사에 착수하였으며 결국 범인을 체포하였다. 펩시는 생존경쟁이 벌어지는 기업세계에서 내부의 컴플라이언스 규정에 따라 이러한 조치를 취했던 것이다. 시장 1위로 올라설 수도 있는 기회를 포기하고 컴플라이언스의 준수를 선택한 펩시는 지금도 강력한 2인자로서의 자리를 지키고 있다.

■ 컴플라이언스의 실천을 위한 가이드라인

컴플라이언스의 중요성은 이미 선진국뿐만 아니라 대부분의 국가에서 널리 인식되고 있으며, 이는 존경받는 몇몇 대기업에만 해당되는 것이 아니라 모든 기업의 필수 요건이 되고 있다. 이에 따라 미국을 비롯한 유럽 여러 국가에서는 기업의 윤리 문제에 대해 많은 연구와 법안 마련을 통해 투명한 기업 경영의 토대를 만들어 왔다. 그런데 기업의 윤리 문제는 철학적이고 이론적인 접근 못지않게 실천적 관점에서의 접근이 필요하다. 법규준수, 준법감시[62], 내부감시 등을 목적으로 하는 컴플라이언스 프로그램은 기업이 자발적으로 법규를 준수하도록 하는 일련의 시스템을 말한다. 대기업, 중소기업, 검찰, 경찰, 법원, 언론, 지자체, 시민단체, 대형 종교단체 등 모든 기관 및 단체는 부패와 비리에 노출된 조직을 건강하게 유지할 수 있도록 강력하고도 단순한 컴플라이언스 프로그램을 도입하고 실행할 필요가 있다.

국민권익위원회[63]에서 최근 발표한 주요한 컴플라이언스 트렌드를 요약하면 다음과 같다. 첫째, 컴플라이언스 문화 만들기이다. 컴플라이언스를 확립한다는 것은 결국 단순한 법규 준수에 그치는 것이 아니라 윤리, 무결성, 책임감 등으로 구성된 문화를 구축하는 문제이다. 기업의 조직 청렴성은 생산성, 수익성, 종업원 참여도를 높이고 전반적인 리스크 감소에 도움을 준다. 청렴한 기업문화가 바로 컴플라이언스 프로그램의 최종 목표가 되어야 한다. 뉴욕 타임즈의 토마스 프리드만은 그의 칼럼에서 "인간 행동에 대한 가장 강력한 제어 장치는 경찰관이나 울타리가 아니다. 그것은 바로 공동체와 문화다."라고 설명하였다.

둘째, 변화하는 규제환경을 따라잡아야 한다. 여러 규제 제도를 모니터링해서 중요한 규제 변화에 대한 대응방안을 신속하게 마련할 수 있는 체제를 갖추어야 한다. 규제의 내용은 계속해서 변하기 때문에 변경된 부분을 적절히 그리고 신속하게 기업의 업무에 실제 적용할 수 있도록 시스템을 만들어야 한다. 또한, 내부 종업원들이 이를 잘 숙지해서 실천할 수 있도록 즉각적인 교육 및 훈련프로그램도 필요하다.

셋째 내부 고발자 활동을 장려하고 보호하며 종업원의 이해갈등을 관리하고 행동에 대한 감시감독을 잘 수행해야 한다. 컴플라이언스의 준수여부에 대한 감시와 피드백이 조직 내에서 지속

적으로 이루어질 수 있도록 건전한 감시체계를 구축하는 것이다.[64]

이와 함께 컴플라이언스에서 중요한 또 하나의 요소는 조직 내 윤리적 행위나 법규준수에 대한 최고경영자의 지속적이고 절대적인 헌신이라 할 수 있다. 이는 최고경영자의 윤리적 방향 설정과 솔선수범이 컴플라이언스의 다른 모든 요소를 위한 지침이 되기 때문이다. 즉 경영진이 윤리 및 준법경영의 가치를 신봉하고, 자신의 자발적 행동으로 이를 강화시켜 나간다면 부하 직원들도 따르게 되고, 윤리와 준법 준수는 자연스럽게 스며들게 될 것이다.

최근 청탁방지법일명 김영란법의 본격적인 시행으로 한국사회 전반에 큰 변화의 바람이 불고 있다. 핵심은 사회의 구성원들이 정해진 법규와 규칙을 준수하고 부정한 청탁과 거래를 금지하는 것으로 요약할 수 있다. 이제는 단순히 법규와 규제의 준수라는 소극적, 방어적 측면이 아니라, 적극적이고 능동적으로 컴플라이언스를 실행할 것을 시대가 요구하고 있으며, 이는 곧 기업 경쟁력의 핵심 요소로 부상하고 있다. 컴플라이언스 경영을 통해 기업의 투명성을 높이고 소비자와 종업원, 주주와 채권자, 주변 사회 등 이해관계자에 대한 건전한 책임을 다하는 것은 기업의 생존을 위한 필수요건이자 지속가능경영(sustainability)의 핵심 전제가 될 것이다.

제4장 책임의 원리
기업인의 청지기 정신, 책임

■ 경제적 책임, 지속가능성(Sustainability)

전략적 사고는 기업의 흥망성쇠를 좌우하는 핵심요소로 어느 조직의 리더를 막론하고 갖추어야 할 핵심역량이다. 여기서 전략이란 '기업이 보유하고 있는 자원을 사용하여 환경과의 적합성(fit)을 유지하기 위한 의사결정'이라고 할 수 있다. 따라서 효과적인 전략은 고객들의 니즈와 욕구를 만족시킴으로써 주주, 파트너, 공급업체, 종업원, 지역공동체를 위한 가치 창출을 할 수 있어야 한다. 만일 한 기업이 경쟁사가 할 수 있는 것에 비해 오랜 기간 지속적으로 고객에게 가치를 전달할 수 있다면 그 기업은 우월한 전략을 보유하고 있다고 볼 수 있다. 이러한 전략과 관련해서 경영학의 명저를 저술한 버나드(Chester Barnard)는 '경영자의 기능(Functions of the Executives)'이라는 책에서 조직의 흥망은 두 가지 요소, 즉 효과성(effectiveness)과 효율성(efficiency)에 달려있다고 보았다. 여기서 효과성이란 조직이 올바른 사명과 목표를 설정하고 이를 얼마나 달성했는가에 의해 평가되는 반면에, 효율성은 목표를 수행하는 과정에서 자원이 얼마나 경제적으로 사용되었는가에 의해 주로 측정된다. 드러커는 효과성을 '제대로 된 일을 하는 것'(Do right things)으로, 효율성을 '일을 제대로 하는 것(Do things right)'이라고 설명하였다. 요약하면 효과성(effectiveness)은 가치 있는 목표를 달성하는 정도를 말하며, 효율성(efficiency)은 투입량에 대한 산출량의 비율을 말한다고 볼 수 있다.

효과성을 높이기 위해서는 기업이 환경변화에 민감하게 반응해야 한다. 산업 환경의 변화, 기술 혁신, 고객 욕구 등의 변화에 따른 적합한 전략을 세우고 실천에 옮겨야 한다. 효과성은 올바른 목표를 설정하고 이를 실현하는 과정에서 달성되기 때문이다. 그런데 효과성이 있으면 기업의 생존기반은 마련할 수 있지만 반드시 높은 성과가 이루어지지는 않는다. 효과성을 실현하는 과정에서 경쟁자보다 효율적이 되어야 상대적으로 높은 수익성을 실현할 수 있다. 효율성이 높은 조직이 되기 위해서는 생산이나 서비스 체제를 잘 정비하고 조직운영 프로세스의 경제성이 높아야 한다. 애플은 초창기에 창조와 혁신을 강점으로 효과성에 집중하여 성공한 뒤, 나중에 효율성을 장착하여 세계적 기업으로 발돋움하였다. 혁신의 아이콘으로 불리던 CEO 스티브 잡스는 기존의 관습과 고정관념에서 벗어나 창의적인 발상과 아이디어로 승부를 걸었다. 결국 애플은 효과성을 통해 시장개척과 급성장에 성공할 수 있었고, 최근에는 기업이 어느 정도 수준에 오르면서 효율성을 중시하면서 보다 높은 수익성을 실현하며 세계적 기업으로 성장하였다.

효과성과 효율성 두 요소는 기업의 성공에 필수적인 요소이나 현실에서는 상호배타적인 상황이 종종 발생한다. 효율성을 강조하다보면 효과성이 약화되고 반대로 효과성을 중시하다보면 효율성이 떨어지는 것이다. 실제 고객 욕구에 민감하게 대응해야 하는 마케팅부서와 생산효율성을 중시하는 생산 부서는 늘 갈등관계에 놓이곤 한다. 예를 들어 높은 효율성을 자랑하던 유명 기업

제4장 책임의 원리
기업인의 청지기 정신, 책임

이 기술 혁신 및 고객 니즈의 변화에 대응하지 못해 망한 사례가 다수 있다. 이는 기존 기술을 바탕으로 가장 효율적인 생산 방식에 몰입되어 있기 때문에 새로운 변화에 대한 대응력이 떨어졌기 때문이다.

> 1920년대 가장 효율적인 생산방식을 자랑하던 포드(Ford) 자동차가 고객지향적 마케팅 전략을 수행한 제너럴 모터스(GM)에게 시장 1위 자리를 넘겨준 사례가 있다. 자동차의 왕이라 불렸던 헨리 포드(Henry Ford)는 가격이 비싸 대중화되지 못하고 있던 자동차 산업에 컨베이어 벨트를 이용한 연속생산방식을 도입하여 모델T를 대량생산함으로써 시장 리더의 자리에 올랐다. 하지만 포드에게 자리를 뺏긴 GM은 시장과 고객의 변화를 파악하면서 새로운 전략으로 재도전한다. 효율성 측면에서는 도저히 포드를 이길 방법이 없음을 인식하고 고객의 다양한 욕구와 개성을 충족시킬 자동차 브랜드를 개발한 것이다. 결국 GM은 캐딜락, 올즈모빌, 폰티악, 시보레 등 다수 모델을 시장에 도입함으로써 포드의 모델T에 식상해있던 고객들의 마음을 다시 빼앗아 오는데 성공할 수 있었다.

결국 조직의 흥망성쇠는 효과성과 효율성의 두 가지 요소에 의해 결정된다고 볼 수 있다. 물론 기업의 유형과 상황에 따라 효과성이 중요한 경우도 있고 효율성이 중요한 경우도 있다. 보통은 효율 중심적 사고에 매몰되기가 쉬운데, 왜냐하면 효율성은 효과성에 비해 가시적이고 구체적이며 일반적으로 측정가능하기 때문이다. 하지만 목표달성도를 의미하는 효과성과 경제성을 중시하는 효율성의 두 측면은 기업경영에 있어 동시에 중요한 측면이며 현실적으로는 효율성과 효과성의 조화가 중요하다. 결국 기업의 성과는 효과성과 효율성의 합으로 결정되며 기업 목표의 최종 달성은 올바른 방향성과 속도에 의해 결정된다.

그런데 중소기업의 경우 대부분은 효율성보다는 효과성이 보다 중요한 상황이므로 효과성을 높일 수 있는 방안에 대한 고민과 역량 개발이 필요하다. 규모의 경제를 달성하지 못한 중소기업 입장에서는 일단 시장에서 고객의 선택을 받을 수 있는 차별적이고 매력적인 상품을 선보일 수 있는 역량이 확보되어야 한다. 만약 그렇지 못할 경우 늘 대기업에 납품만 하는 종속관계를 벗어나기 어렵다. 이때 필요한 것이 바로 시장의 변화와 고객의 니즈를 이해하고 시장과 고객의 기대에 부응하는 상품을 적시에 출시할 수 있는 마켓센싱 능력이라 할 수 있다.

■ 마켓센싱 역량을 통한 고객가치 창출

경영학에서는 전통적으로 기업의 목적을 '기업은 영속하는 것(going concern)'으로 인식하며, 따라서 기업이 계속적으로 존재하기 위해서는 이윤 창출이 필요하다고 본다. 달란트의 비유에서도 기업은 영속적인 존재로서 선한 사업을 통해 이윤 창출을 지속함이 옳음을 가정하고 있다. 그런데 이러한 이윤 창출은 기업의 최종 목적은 아니며, 기업은 고객가치와 고객만족의 실현을 기업의 궁극적 목표이자 가치로 삼아야 한다. 이를 통해 이윤은 자연스럽게 따라오는 것이다. 미국의 세계적 기업 서비스마스터의 4대 기업목표 중에 이윤과 성장이라는 목표가 있다. 그런데 여기서 말하는 이윤과 성장, 즉 수익을 통한 성장(to grow profitably)은 돈이 목적이 아니라 고객에게 가치를 제공함으로써 종국적으로 이윤창출을 함으로써 성장하는 것을 의미한다. 세계적인 경영학 대가인 피터 드러커도 기업의 목적을 다음과 같이 설명한 바 있다. "기업의 존재를 결정짓는 것은 고객이다. 고객이야말로 기업이 제품이나 서비스의 가치를 매기고 경제적 자원을 부로, 자원을 제품으로 바꾸는 유일한 객체이다. 고객이 구입하는 것은 제품과 서비스 자체가 아니라 그것들이 제공하는 효용이다. 이와 같이 기업의 목적은 단 하나, 고객을 창조하는 것이다."

고객가치의 중요성에 대해 윤석철 전 서울대 교수는 자신의 저서 『프린시피아 메네지멘타』에서 기업의 지속가능한 경영 모델로 '생존 부등식'을 제시한 바 있다. 생존 부등식은 소비자가 제품에서 느끼는 가치를 Value, 제품 가격을 Price, 제품 원가를 Cost라고 했을 때, 소비자는 지급한 값보다 가치가 높아야 제품을 살 것이고 기업 역시 제조원가보다 판매 가격이 높아야 이익을 낼 것이란 지극히 간단해 보이는 원리에 바탕을 두고 있다. 그런데 생존부등식의 핵심은 바로 고객 가치(Value)에 있다. 즉 생존 부등식의 출발점은 제조원가 Cost가 아니라, 소비자가 느끼는 고객가치 Value이다. 기업은 특정 제품을 소비자에게 제공하고 그에 대한 값을 받는 것이 아니라, 소비자가 느끼는 가치에서 가격을 뺀 V-

P만큼을 소비자에게 주고, 반대급부로 P-C만큼을 받아가는 것이다. 기업이 소비자에게 주는 V-P가 바로 그 제품의 경쟁력이며, 차별적인 고객 가치라 할 수 있다.

생존 부등식에 가장 부합한 성공 사례로 유니클로가 있다. 유니클로는 2000년 보온성이 좋고 가벼우면서도 51가지나 되는 다양한 색상을 지닌 플릭스의 히트로 세계적 SPA(제조·직매형 의류) 기업의 반열에 올랐다. 유니클로가 내놓은 가격은 1,900엔으로 당시 타사 제품 가격의 3분의 1수준이었다. 도저히 불가능해 보이는 제품 가격이 가능한 데는 2,000엔 아래의 가격으로 소비자에게 확실한 가치를 주겠다는 야나이 다다시 회장의 의지와 함께 공급망을 획기적으로 바꾼 시스템 개선이 있었다. 즉 고객가치를 먼저 정의하고 이를 실현하기 위해 제품기획, 납품, 물류, 판매 등 모든 시스템을 획기적으로 개선함으로써 차별적인 고객가치를 제공했던 것이다.

최근 힌터후버와 리오주(2012)가 발표한 논문에서도 기업이 가격을 책정할 때 단순히 원가에 마진을 붙여서 가격을 책정하는 원가기준 가격 책정(cost-based pricing)이 아니라 고객에게 줄 수 있는 가치를 기준으로 가격을 책정(value-based pricing)할 것을 강조하였다.[65] 즉 가격은 기업 관점에서 수익을 내기 위해서 정하는 것이 아니라 고객에게 진정한 가치를 제공하는 제품을 개발해서 그에 맞는 가격을 받는 것이다. 결국 가치가 높으면 가격도 높아지게 마련이다.

147

그렇다면 고객에게 차별화된 의미 있는 가치를 제공하기 위해서 기업은 어떠한 역량을 가져야 하는가? 가장 우선시되어야 하는 것은 바로 시장과 고객에 대한 이해, 즉 시장예측과 분석력이라 할 수 있다. 왜냐하면 기업 자신과 경쟁자를 알기 전에 무엇보다 기업의 제품과 서비스를 구매할 고객을 이해하는 것이 모든 일의 최우선이기 때문이다. 기업은 먼저 시장수요와 고객욕구에 대한 명확한 인식을 함으로써 고객욕구에 대한 감지능력을 보유해야 한다. 이러한 시장과 고객에 대한 분석 및 예측능력을 경영학에서는 마켓센싱(market sensing) 역량이라 부른다. 이는 시장트렌드 예측, 고객니즈 분석, SWOT 기법, 고객지향성 등을 포함하는 개념으로 볼 수 있다. 결론적으로 고객가치 제공을 통해 고객만족과 이윤창출을 원하는 기업은 자사의 마켓센싱 능력을 키우는 것이 가장 중요한 과제임을 명심해야겠다.

■ 기업의 사회적 책임(Social Responsibility)

오늘날의 기업의 성장과 발전 정도는 한 국가의 사회 구조나 경제 발전을 규정할 만큼 기업의 영향력과 파급효과는 실로 엄청나다. 즉 기업의 활동은 사회적으로 큰 영향을 미치며 이로 인해 기업의 사회적 위상도 점점 커지고 있어, 그만큼 기업에 요구하는 사회적 책임도 점점 더 커지고 있다.

1851년 뉴욕에서 약국으로 시작한 화장품기업 키엘(Kiehl's)은 화학성분을 배제한 친환경 제품으로 성장한 기업이다. 키엘은 마케팅과 프로모션을 자제하고 철저히 제품의 품질과 모범적인 서비스로 고객 편에 서서 기업을 운영하는 것으로 유명하다. 최상의 성분으로 정직하게 제조하고, 광고보다는 손님의 입소문을 더욱 중요하게 생각하며, 구매 전 반드시 샘플을 사용하게 한다. 특히 키엘은 사회공헌에 앞장섰는데 에이즈퇴치, 교육, 환경, 아동인권 등 활동을 적극적으로 수행함으로써 사회에 책임을 다하는 기업의 역할을 충실히 수행하였다. 이러한 키엘의 정신은 '기업의 이윤은 그 기업이 속한 사회에 환원되어야 한다'라는 기업철학에 잘 나타나있으며, 현 CEO인 크리스 살가도도 '선한 일을 하는 것이 좋은 성과를 내는 법이다'라고 말하였다. 키엘은 고객의 가치를 최상으로 생각하고 고객이 속한 사회전체의 이익을 생각하는 기업인 것이다.

한국에서도 수년 전부터 기업들이 앞 다투어 사회공헌활동에 대한 투자를 늘리고 있다. 친환경 제품을 개발하고 윤리경영을 실천하면서 이해관계자와 우호적 관계를 유지하는 것이 경영자의 중요한 책무가 되어가고 있다. 유한킴벌리는 1984년부터 '우리 강산 푸르게 푸르게' 라는 슬로건을 내걸고 생태환경의 보존을 위한 국공유림 나무 심기, 숲 가꾸기, 자연환경체험교육서비스, 숲 생태전문가 양성 등을 펼치고 있다. 유한킴벌리는 나무를 재료로 사용하는 기업이지만 CSR 활동을 통해서 친환경보호 활동에 가장 앞장서는 기업의 이미지를 확고히 함으로써 국민들의 사랑을 받으며 지속적인 성장을 하고 있다.

기업의 사회적 책임(Corporate Social Responsibility, CSR)이란, 기업이

지속적으로 존속하기 위한 이윤 추구 활동과 법령과 윤리의 준수에서 더 나아가, 사회에 긍정적 영향을 미치는 책임 있는 활동들을 통해서 기업 전체의 이해관계자 요구에 능동적이고 적절히 대응하는 것을 의미한다. 즉 CSR은 1960년대 미국을 중심으로 대두된 개념으로, 기업이 사회의 구성원으로서 지역사회 및 이해관계자들과 공생할 수 있도록 의사결정을 해야 한다는 윤리적 책임의식을 말한다.

사실 기업의 사회적 책임이 확산된 계기는 1953년 미국 뉴저지 법원의 'AP스미스사 재판' 때문이었다. 재봉틀을 만들어 파는 해당 회사가 프린스턴대에 1,500달러의 기부금을 내자, 주주 가운데한 사람이 '주주들의 몫을 경영자가 대학에 나눠주면서 주주가 손해를 입었다'고 기부금 행위 무효 소송을 냈다. 이에 법원은 '기부 행위가 직접적인 기업이익과는 상관없지만 기업의 사회적 책임으로 인정돼야한다'고 판결했다. 이는 주주자본주의를 중심으로 하는 미국의 경영가치를 무너뜨린 판결이었으며, 이를 계기로 미국에서는 기업의 사회적 책임에 대한 논의가 본격화되었다.

세계 대전 이후 기업들이 이익 극대화를 목표로 급속히 성장하는 과정에서 노동 착취와 폐유 방출 등 지역사회 문제를 일으키자, 기업들에 대한 비난 여론이 거세졌고 지역사회에 기반한 그들이 사회문제 해결에 적극 나서야 한다는 목소리가 나오기 시작했다. 한편에서는 자유주의 경제학의 대가 밀턴 프리드먼이 주장한 '기업이 최대 수익을 올리는 것이 바로 사회적 책임'이라는 목소리를 냈지만, 대세는 윤리적 의무를 담은 기업의 사회적 책임을 강조하는 방향으로 흘러갔다. 기업의 이익추구가 사회의 보편적 가치에 반하지 않아야 하고, 공익에도 기여해야 한다는 의식이 자리 잡은 것이다.

CSR은 1950년대에 기업의 사회 참여가 최고 경영자를 중심으로 이익 환원 등의 단순한 자선사업에 머물렀으나, 2000년대에 들어서며 기업 활동의 투명성과 윤리성을 강조하고, 지속가능경영을 위한 사회문제 해결 등 보다 적극적이고 광범위한 형태의 사회적 책임으로 확대되어 갔다.

한편 Flammer[66]의 연구에 따르면 기업의 사회적 책임활동(CSR)은 기업이미지 향상, 소비자 구매 증가, 노동 생산성 증가, 주가 상승과 같은 기업의 주요 성과에도 긍정적인 영향을 준다는 점이 밝혀졌다. 최근 마케팅 영역에서도 기업의 사회적 책임활동은 소비자들에게 착한 소비 내지 선한 소비의 감정을 불러일으켜 소비 측면에서도 상당한 효과와 영향력을 일으키는 것으로 다수의 연구에서 보고되고 있다.

'One For One' 기부 방식으로 유명한 탐스 슈즈는 신발이 한 컬레씩 팔릴 때 마다 신발 없이 생활하는 빈민국 아이들에게 한 컬레의 신발을 기부하는 캠페인을 벌였다. 세계 10억 명의 사람들이 흙을 통해 질병에 걸리는 위험에 쉽게 노출되어 있어 신발을 신는 것만으로도 이 질병을 거의 예방할 수 있다는 생각에서 이 캠페인을 시작한 것이다. 그런데

제4장 책임의 원리
기업인의 청지기 정신, 책임

결국 탐스 슈즈는 사회에 기여하는 기업의 이미지를 만들 수 있었고 구매하는 소비자 역시 신발을 구매함과 동시에 어려운 이웃에게 도움을 주었다는 만족감을 줌으로써 기업의 성장발전을 도모할 수 있었다.

기업의 사회적 책임(CSR)은 이제는 선택이 아닌 필수이다. 수년 전만 해도 기업의 사회적 책임은 기업의 대외적인 이미지 관리 차원 정도에서 추진되고 관리되었으나, 이제는 기업의 지속가능 경영을 위한 필수적 요소로 인식되고 있으며, 일부 기업에서는 전략적 경영 차원에서 보다 심도 깊은 방안들이 검토되고 있다. 기업의 규모가 크든 작든 기업의 상황이 어떠하든지 간에 모든 기업에게는 사회와 공동체에 대한 책임이 수반된다. 따라서 이제는 각 기업의 수준과 상황에 적합한 CSR 방식의 선택을 경영의 핵심 사안으로 인식하고 대응하며, 동시에 임직원들의 사회적 책임 의식의 공유와 실천도 중요한 과제가 될 것이다.

■ 책임을 다할 때 주님의 축복과 은혜가 임한다

경영학에서는 고전적으로 기업의 목적을 '기업은 영속하는 것 (going concern)'으로 인식하고 있다. 즉 기업은 일시적으로 존재하는 것이 아니라 계속해서 존재하는 생명을 가진 조직체로 보고 있는 것이다. 그런데 기업이 계속적인 존재로 영속하기 위해서는 반드시 기업이 감당해야할 법적, 윤리적, 사회적 책임을 모두 부담할 수 있어야 하며, 동시에 이윤창출이라는 경제적 책임도 감당할 능력이 있어야 한다. 성경에서도 인간은 하나님께 위임받은 자로서 기업경영에 있어서 책임을 다하는 자세를 보일 것을 요구하고 있으며, 특히 달란트의 비유에서는 보다 적극적인 경제적 책임의식을 주문하고 있다. 이러한 책임을 우리는 앞에서 법적, 경제적, 사회적 책임으로 구분하고 살펴보았다.

책임의 원리는 어떤 점에서 보면 대기업과 중소기업 모두에게 쉽지 않은 과제이다. 그런데 중소기업의 경우 이해관계자가 상대적으로 소수이기 때문에 결과적으로 중소기업 경영자 개인의 의지와 믿음에 크게 좌우되는 특성을 가지고 있다. 즉 대기업은 수많은 이해관계자들이 존재하는 만큼 경영자의 신념을 독단적으로 펼치기가 그만큼 힘들지만, 중소기업 경영자는 하나님이 맡겨주신 기업에 대한 분명한 목적과 경영정책의 확신만 있다면 이를 달성할 가능성은 보다 크다고 할 수 있다. 하지만 또 그만큼 중소기업은 책임의 원리를 등한시하거나 심지어 악용할 가능성도 크다. 장기적인 성장과 지속가능성을 고려하기보다 눈앞의 과실을 탐하기 쉬운 것이 인간의 속성이기 때문이다. 따라서 중소기업 경영자에게는 보다 도전적인 책임의식의 준수가 요구된다. 물론 대기업도 본질적인 이윤 추구 성향 때문에 책임을 우선시하지 않을 가능성을 항상 경계하고 살펴야 할 것이다.

책임과 다른 원리들 간의 관계를 살펴보면, 먼저 책임은 공의, 신뢰를 높이는 전제 조건이 될 수 있다. 먼저 기업이 고객을 포함한 이해관계자 모두에게 책임감 있는 모습을 보여줄 때 그 사회의 전반적 공의 수준은 보다 높아질 것이다. 특히 기업이 속한 사회 전체에 대한 사회적 책임을 다할 때 그 사회의 약자들에게는 보다 다양한 지원과 혜택이 돌아갈 것이다. 또한 책임과 신뢰와의 관계에서도 기업이 책임감 있는 태도와 모습을 보여주는 사회일수록 사회구성원 상호간의 신뢰수준은 더욱 높아질 것이고 보다 투명하고 건전한 거래관계가 이루어질 것이다. 책임과 배려, 창조와는 다소 거리감이 있어 보이나 세부적으로는 연관성이 있는 개념이다. 먼저 책임의 원리 중 사회적 책임은 고객과 이해관계자에 대한 배려를 전제로 하는 것이므로 배려와 연관성이 있다. 또한 책임의 원리 중 효과성은 사업의 방향성과 새로운 고객가치의 창출에 관한 것이므로 창조의 원리와의 연관성이 높다고 볼 수 있다.

책임의 원리를 다하는 청지기들에게 주님은 마태복음 25장 21절에서 "잘 하였도다. 착하고 충성된 종아, 네가 적은 일에 충성하였으매 내가 많은 것을 네게 맡기리니, 네 주인의 즐거움에 참여할 지어다."라고 하시면서 주인의 즐거움에 참여할 수 있는 은혜와 특권을 허락하셨다.

성경에 나오는 요셉은 누구를 섬기든지 최선을 다하여 맡은 임무를 수행한 대표적인 청지기였다. 그는 형들의 안부를 알아 오라는 아버지 야곱의 심부름을 성실히 수행하다가 애굽으로 팔려갔다. 보디발의 집에서는 종으로서 최고의 자리에 오를 만큼 성실한 청지기였다. 그것 때문에 요셉은 다시 감옥에 갇히는 어려움을 겪었다. 바로에게 발탁되어 총리가 된 후에도 요셉은 지혜로운 국정 관리를 수행한 왕국의 청지기였으며, 결국 요셉은 이스라엘이 위대한 민족으로 성장하는 토대를 만들 수 있었다. 요셉처럼 우리도 기업을 책임 있게 경영하다보면 오해를 사고 고난을 겪을 수밖에 없을 것이다. 하지만 최선을 다해 맡은 바 기업을 끝까지 책임 있게 경영하는 자들에게 주님은 큰 은혜를 내려주신다. 위대한 민족을 만들었던 요셉처럼 위대한 기업을 만들고자 하는 오늘날의 경영자들에게 주님이 요구하시는 중요한 원리는 바로 책임이다.

제4장 책임의 원리
기업인의 청지기 정신, 책임

↘ 실천방안

1. **책임을 다하는 기업의 자세 확립**: 청지기정신을 바탕으로 하나님이 우리에게 주신 기업과 재산을 최선을 다해 관리하고 경영함으로써 맡기신 분의 의도에 충실히 보답해야 할 책임이 있으며, 이는 법적 책임, 경제적 책임, 사회적 책임을 망라한다.

2. **경제적 책임과 사회적 책임을 동시에 확립**: 뛰어난 경영능력과 이를 통한 이윤창출을 통해서 기업의 지속성장을 도모해야함과 동시에 고객과 이해관계자 그리고 환경 등에 대한 사회적 책임과 헌신을 다하는 기업이 되도록 노력한다.

3. **효율성과 효과성의 조화와 균형**: 목표달성도를 의미하는 효과성과 경제성을 중시하는 효율성은 기업경영에 있어 동시에 중요하므로 효율성과 효과성의 조화와 균형이 필요하다. 기업의 성과는 효과성과 효율성의 합이며 기업 목표의 달성은 올바른 방향성과 속도에 의해 결정된다.

4. **책임의 시작은 고객가치에서 출발**: 기업은 영속적 존재로 지속가능 경영이 중요한데 이를 위해서는 반드시 지속적인 이윤창출이 전제되어야 한다. 그런데 기업의 이윤창출을 결정하는 가장 중요한 요소는 바로 고객에게 차별화된 고객가치를 제공함으로써 고객을 만족시키는 것이다.

↘ 토론할 문제

1. 컴플라이언스, 지속가능성, 사회적 책임 등의 책임의 원리를 가장 잘 실천하고 있는 기업의 최근 사례는 어떠한 것들이 있는가?

2. 책임의 세 가지 원칙들 중에서 현재 당신의 기업에서 보다 중요한 가치는 무엇이라 생각하는가?

3. 책임의 세 가지 원칙들을 확보하기 위해 당신의 기업에서 앞으로 해야 할 일은 무엇이라 생각하는가?

4. 책임의 세 가지 원칙들 간의 충돌이 발생하는 경우는 어떠한 경우가 있는가? 또한 이를 해결하기 위한 구체적 방안은 어떠한 것이 있는가?

5. 책임의 원리를 성실히 지키는 것이 기업의 구체적 재무성과와 연관성이 높다고 생각하는가? 만약 그렇다고 생각한다면 그 이유와 절차는 무엇인가?

제5장

/

배려의 원리

- 지속가능한 기업의 핵심, 배려 -

종업원, 고객, 사회, 환경을 배려하는 기업은 궁극적으로
이해관계자들의 지지를 받게 되어 지속가능하게 된다.

경쟁사를 배려한 상생의 경영: ㈜농심의 라면 우지파동 대응

1989년에 우리나라를 떠들썩하게 한 사건이 있었다. 그것
은 바로 '라면 우지파동'이었다. 라면을 공업용 쇠기름으로
튀겼다는 기사는 전 국민을 경악하게 했다. 현재도 그렇지
만 라면은 국민식품이었기 때문에 그 충격은 컸다. 대표적
인 라면 선두업체였던 삼양라면은 법적처벌을 받았고 매출
은 곤두박질 쳤다. 물론 11년 뒤 삼양라면은 현행법을 위반
하지는 않았다는 이유로 무죄판결을 얻어내어 라면의 우지
파동은 일단락되었다.

그런데 그 당시 대부분의 라면회사가 공업용 우지로 면을
튀겼으나, ㈜농심은 식물성 팜유를 사용하여 처벌대상에서
제외되었다. 농심은 이것을 기회로 대대적인 홍보마케팅을
전개할 수 있었다. 골치 아픈 경쟁사들을 쉽게 날려버릴 수
있는 기회였으나 농심은 경쟁사를 죽이고 자신만이 돋보이
는 마케팅을 하지 않았다. 갑작스런 기사로 매출액이 급락
한 경쟁사들의 고통을 이용한 것이 아니라, 이해하고 조용
히 있었다.

뿐만 아니라, 먼저 개발한 쌀라면의 시판을 연기하면서 삼
양라면이 쌀라면을 먼저 시판하도록 배려하였다. 열린 마음
으로 경쟁사를 감싸주며 관대함을 보였던 것이다. 삼양 쌀
라면은 히트를 쳤고, 삼양라면은 회생하게 되었다. 급락하
던 국내의 라면시장은 다시 회복되기 시작하였다. 환란 속
에서도 경쟁사간의 화목은 상생의 길을 걷게 해 주었다.
농심은 라면시장의 전체파이를 지키고 시장파멸을 원치 않
아 그럴 수밖에 없었다는 평가도 있었다. 즉 배려를 전략적
으로 사용하여 장기적인 유익을 추구했다고 할 수 있다. 그
러나 치열한 비즈니스 링에서 경쟁자가 휘청거릴 때 결정타
를 때리지 않기는 쉽지가 않다. 더더욱 쓰러진 경쟁자가 일
어날 수 있도록 도와주기는 쉽지 않았다는 점에서 본 사례
는 의의가 있다고 하겠다.

■ 배려는 왜 필요한가

이 시대의 성자로 추앙받는 마더 테레사 수녀는 "내가 삶에서 발견한 최대 모순은 상처 입을 각오로 사랑을 하면 상처는 없고 사랑만 깊어진다."고 하였다. 남을 먼저 배려하고 사랑하는 것이 이 사회에 치유를 가져온다고 강조하였다. 배려는 타인의 입장을 이해하고 타인의 사고방식으로 사물을 바라보고 헤아리는 사랑의 능력이자 실천이다. 기업세계에서는 경쟁자를 쓰러뜨리거나 밟고 일어서야 성공한다고 생각한다. 그러나 성공 자체만을 목표로 하고, 다른 조직과의 경쟁에만 매달리는 기업은 스스로 무너지고 만다. 나누며 베푸는 배려야말로 개인과 조직이 성공할 수 있는 길이다. 다른 사람을 배려하게 되면 그 사람의 마음을 얻게 된다. 상대방의 마음을 얻게 되면 당장은 손해를 보는 것 같지만, 더 큰 배려를 받을 수 있다.

> **"**
> 성공한 조직이나 기업들의 공통점은 타인에 대한 배려가 있었다.
> **"**

실제로 성공한 조직이나 기업들의 공통점은 타인에 대한 배려가 있었다. 장기려 박사가 세운 무료진료기관인 복음병원은 가난한 환자들을 먼저 배려하였다. 이를 위해 영세민들에게 의료복지 혜택을 주는 청십자 의료보험조합을 창설하였다. 가난한 자들에 대한 배려와 사랑의 삶은 그를 '아시아의 성자(1979년 막사이사이 상 수상)'로 우뚝 서게 해 주었다. 유한양행 창업자 유일한 박사는 우리나라에서 가장 존경받는 기업가 중의 한 사람으로 꼽힌다. 독립운동가로 이 민족을 위해 희생하고, 이윤을 이 사회와 나누는 경영자였기 때문이다.

그러나 배려가 없는 세상은 파멸로 이어진다. 남을 배려하지 못하고 나만을 생각함으로써 갖가지 사고와 부조리를 생기게 한다. 기업이 종업원과 고객을 배려하지 못해 실패한 사례들이 많다. 2015년을 떠들썩하게 했던 대한항공의 '땅콩회항'의 경우 경영자가 종업원과 고객을 배려하지 못하고 자신의 선입견과 감정대로 처신하여 회사에 막대한 손해를 끼쳤다. 남양유업의 대리점에 대한 '갑질행사'도 거래처를 배려하지 못한 사례였고, 많은 사람들의 공분을 샀다. 배려가 부족한 기업의 이미지는 하루아침에 실추되고, 고객의 외면을 받는다. 이로 인한 기업의 손실은 크다.

우리 모두는 배려를 강력히 원하고 있다. 기업에서도 성공하는 리더의 중요한 자질은 배려이다. 2015년 취업포털 커리어가 최근 직장인 378명을 대상으로 '직장인이 생각하는 이상적인 리더'에 대해 설문조사를 하였다. 그 결과 '배려심'(42.6%)이 리더의 가장 중요한 덕목으로 나왔다. 『배려: 마음을 움직이는 힘』은 2006년 밀리언셀러를 기록하며, '올해의 책'으로 선정되었다. 나누며 베푸는 것이 개인과 조직의 성공을 불러온다는 이 책의 메시지에 사람들이 열광했다는 것은 그 만큼 '배려'에 대해 목말라 있었다는 것이다.

2014년 문화체육관광부가 성인남녀 2500여명을 개별 면담하여 '한국인의 의식 가치관 조사'를 했었다. 이 조사 중 '우리사회가 더 좋은 사회가 되기 위해 필요한 가치'를 묻는 항목에 응답자들이 가장 많이 꼽은 것은 '배려'였다. 모든 사람이 원하고 있고 그것이 바른 방향이라고 생각하고 있지만, 제대로 실천되고 있지 못한 것이 '배려'이다.

■ 왜 배려가 힘든 것일까?

기본적으로 이기적인 유전자를 타고난 우리는 다른 사람을 먼저 배려하는 것이 어렵다. 배려한다는 것은 희생과 손해를 의미하기 때문이다. 배려하지 않을수록 나의 승리, 이익, 그리고 성공이 올 거라는 믿음이 널리 퍼져 있다. 고려대학교 신문사가 창간 54주년을 맞아 고대생 259명과 7개국 대학생들을 대상으로 설문조사를 하였다. 여기서 '정직하고 착하면 성공한다'라는 문항에 '아니오'라고 답한 고려대생이 80.2%나 되었다. 이렇듯 남을 먼저 배려하고 착하게 살면 성공하지 못한다는 생각이 우리를 지배하고 있다. 그러면서도 다른 사람이 배려심이 부족하다는 것에는 비판적이다. 취업사이트 사람인(www.saramin.co.kr)이 직장인 980명을 대상으로 조사한 결과, 62.6%가 배려심이 없고 공동체 의식이 부족한 동료와 일하고 있어서 힘들다고 대답하였다. 남을 배려하면 손해를 보고 성공하기 어렵다고 생각하면서도, 남에게는 배려를 받고 싶은 이율배반이 존재한다.

　시민들은 기업들도 이 사회를 배려하고 있지 못하다고 생각한다. 한겨레경제연구소가 2015년 서울시민 1000명에게 '국내 기업 사회공헌 및 사회책임경영에 대한 인식'을 설문조사한 결과, 응답자의 80.5%가 기업 사회공헌에 대해 '대체로 부족'하거나 '매우 부족'하다고 답변한 것으로 나타났다. 더욱이 경쟁사를 배려하는 기업은 드물다. 취업포털 인크루트가 중소기업 인사담당자 204명을 설문조사 한 결과, 인사담당자 77.5%가 필요하다면 경쟁사의 '에이스'급 인재를 빼와야 한다는 결과가 나왔다. 인사담당자의 59.8%는 실제로 경쟁사의 인재를 영입한 경험이 있는 것으로 조사됐다. 반면 63.7%는 자사의 인재를 경쟁사에 뺏겨본 적이 있다고 밝혔다. 무한경쟁의 시대에 경쟁사를 짓밟고 공격하면 이길 수 있다는 생각이 만연해 있다.

　특히 기업이 배려의 경영을 한다는 것은 불가능하게 들릴 수도 있다. 기업이 종업원을 배려한다고 근로시간을 감축한다고 하자. 그러면 납기를 제대로 맞추지 못할 수도 있고, 이를 메우기 위해 더 많은 종업원을 선발하면 인건비가 상승한다. 고객을 배려하는 경영을 한다고 고객보상을 과다하게 하고, 불량고객의 요구를 다 받아주다 보면, 이익이 나지 않아 기업 문을 닫을 수 있다. 약한 거래처를 배려하기 위해 우선거래, 거래대금 현금지급, 기술과 경영지도 등을 하다보면 품질저하, 현금유동성 악화, 비용 증가 등으로 이어질 수도 있다. 더 나아가 이 사회의 약자들을 위해 과다한 사회공헌비용을 지출한다든가, 사업 외적인 선행에 관심을 쓰다보면, 경영악화를 초래할 수 있다. 마음속에서는 정말 남을 배려하는 경영을 하고 싶지만, 현실적으로 너무 많은 희생을 감수해야 하기에 어렵다. 돈이 없어 못하고, 그렇게 하다가 망할 것 같아 못하고, 사회적 분위기가 안 되어 못하고, 불이익과 피해가 예상되어 못할 수도 있다.

이렇게 개인적인 의식수준에서도 '배려'는 왠지 손해 보는 것으로 인식되고 있고, 조직차원에서도 경쟁력을 떨어뜨리는 요인이다. 인간의 이기적인 본성 때문에 배려하지 않는 사회가 된다고 치부해 버린다면 해결가능성은 없다. 엄중한 현실적 무게 때문에 '좋은' 이야기로 들리는 배려는 할 수 없다고 단념해 버리면, 배려의 경영은 설 땅이 없다. 실제로 인간은 '이기적'이면서도 '이타적'인 이중성을 가지고 있다. 사회가 인간의 이타적 측면을 드러낼 수 있는 제도와 시스템을 구축함으로써 배려하는 개인과 조직을 만들어야 한다.

특히 우리나라의 기업은 그동안 빠른 시간 내에 급속한 성장을 추구했기 때문에 단기적인 이익에 초점을 맞춘 경영을 하였다. 그 결과 고객과 종업원을 목적달성을 위한 수단으로 생각하고 하고, 이 사회를 진정으로 배려하지 못하였다. 기업이념과 경영철학은 모두 사람, 고객, 사회 중심이었지만, 진정으로 조직 내에 이러한 지향점이 발현되지 못하였다. 기업의 평가지표는 언제나 매출액과 이익 증대, 생산성, 성장률이 강조되었다. 조직의 문화,

시스템, 그리고 전략은 남과 경쟁하여 이기는 것만을 강조하는 식으로 구축되고 실천되었다. 이미 저성장 시대에 돌입한 지금은 지나친 경쟁의 패러다임을 바꾸어야 지속적으로 성장할 수 있다. 고객, 종업원, 다른 조직, 그리고 이 사회를 배려하는 것이 장기적으로 이익이 되고, 조직의 지속가능성을 높인다는 경영자의 신념과 실천이 필요하다. 슬로건으로 주창만 할 것이 아니라, 이러한 배려의 정신이 조직의 문화, 시스템 그리고 전략에 정착되고, 구현되어야 한다.

[그림 5-1] 비 배려의 원인-결과

■ 배려는 기독교 정신

성경에는 타인에 대한 배려의 사례가 많이 나온다. 예를 들어 룻기에는 과부가 된 룻에 대한 보아스의 배려가 나온다(룻 2:14-17). 보아스는 그의 밭에 있는 곡식을 룻이 주워가도록 배려한다. 그 결과 보아스와 룻은 결혼하여 예수 그리스도의 족보를 잇는 영광을 누리게 된다. 하나님께서는 구약을 통틀어 과부와 고아, 그리고 나그네를 돌보고 환대하라는 배려의 정신과 실천을 명하셨다. 그리고 그렇게 남을 배려한 자들은 다 복을 받았다. 신약에서도 그리스도께서는 이웃에 대한 배려를 비유로 많이 가르쳤다. 예를 들어 포도원 품삯에 대한 비유에서도 일한 시간보다는 일꾼의 필요, 즉 가족들의 생계를 고려한 임금을 지불하는 주인의 이의 이야기를 다루었다(마 20:1~13). 선한 사마리아인의 비유(눅 10:30~37)도 강도 만난 자를 극진히 배려하는 장면으로 가득 차 있다. 진정한 이웃은 남을 배려하는 자라고 예수께서는 가르치셨다.

따라서 다른 사람들을 이해하고 포용하며, 사랑을 베풀고 섬기는 것은 기독경영의 기본이다. 배려란 기업경영에 있어서 열린 자세로 상호 협력하고 상생을 추구하되 사회전체의 필요를 채워주기 위해 노력하는 것이다[67]. 즉 기업경영을 통해 하나님의 사랑을 나타내는 것이다. 그러나 경쟁자와 고객보다는 나의 이익을 극대화하는 상황에서 과연 남을 배려한다는 것이 가능한 일일까? 매우 힘든 일이다. 힘든 일이지만 하나님께서 원하시는 일이다.

우리는 왜 배려의 경영을 해야 할까? 우리는 과연 치열한 적자생존의 전쟁터에서 자칫 경쟁력을 잃을 수 있는 사랑과 호혜의 경영을 추구해야 하는 것인가? 그것은 우리가 하나님으로 부터 엄청난 배려를 받은 자들이기 때문이다. "사랑하는 자들아 하나님이 이같이 우리를 사랑하셨은 즉 우리도 서로 사랑하는 것이 마땅하도다.(요한1서 4:11)"의 말씀과 같이 우리가 하나님의 사랑을 받은 자들이기 때문이다. 우리는 죄인 되었으나, 그리스도 십자가 구속으로 은혜를 입은 우리는 타인을 포용하고 배려해야 한다.

관용과 사랑을 경영에서 드러내지 못한다면 과연 우리가 하나님의 자녀라 할 수 있을까? 이런 기독교인들이 모인 조직에서 배려와 사랑이 드러나지 않는다면 커다란 위선덩어리가 될 것이다. "너희가 서로 사랑하면 이로써 모든 사람이 너희가 내 제자인 줄 알리라.(요한복음 13:35)"의 말씀처럼 우리가 그리스도의 제자가 되기 위해서는 서로 사랑해야 한다. 또한 '사랑은 이웃에게 악을 행하지 아니하나니 그러므로 사랑은 율법의 완성(로마서 13:10)'이라고 말씀 하셨다. 서로 돌아보아 사랑과 선행을 격려하는 것(히 10:24)은 그리스도인의 기본 생활태도이다. 그러므로 크리스천의 경영에서 사랑과 선행, 온유와 관용이라는 배려의 원리가 드러나지 않는다면 이는 기독경영이라고 할 수 없다.

> **"** 배려의 원리란 '하나님의 사랑으로 기업의 이해관계자들에게 관심을 가지고 섬기는 원리'를 말한다. **"**

사랑과 용서는 하나님의 중요한 성품이다. 기독경영은 다른 사람들을 이해하고 포용하며, 사랑을 베풀고 섬기는 것을 기본으로 해야 한다. 배려의 원리란 '하나님의 사랑으로 기업의 이해관계자들에게 관심을 가지고 섬기는 원리'를 말한다. 즉 하나님께서 우리에게 베푸신 사랑으로 고객, 주주, 종업원 거래처, 그리고 일반 공중에게 관심을 가지고 그들을 섬기는 경영원리라고 할 수 있다.

제5장 배려의 원리
지속가능한 기업의 핵심, 배려

■ 배려의 경영을 강조하는 경영학

이 세상도 사랑과 선행을 실천하는 기업을 원하고 있다. 경영학자 필립 코틀러도 지속가능한 기업이 되기 위해서는 마케팅 3.0을 실행해야 한다고 했다. 이는 영성을 가지고 인류애를 실현하는 마케팅을 의미하며, 고객들은 그렇게 하는 기업을 좋아한다는 것이다[68]. 즉 기업이 사랑 받는 기업(브랜드)이 되기 위해서는 사랑을 베푸는 기업이 되어야 한다는 것이다. 기업이 속한 공동체와 고객을 기업이 진정성을 가지고 따듯하게 배려한다면 고객은 지지를 보낸다. 다시 말하면 사랑과 선행은 그 기업으로 하여금 경쟁력의 원천이 되게 하는 것이다. 박스 사례에서 보듯이 유진크레베스와 같이 사랑을 실천하는 기업은 내부고객인 종업원도, 외부고객인 바이어도 사랑한다[69]. 이러한 사랑은 애사심과 생산성 향상, 그리고 수주실적의 향상을 가져왔다. 제품의 품질이 비슷하고 시장에서 차별화가 힘들 때, 배려의 경영이미지는 강력한 경쟁력의 원천이 될 수 있다.

■ 이웃을 내 몸과 같이 사랑 실천: 베트남의 친구 (주) 유진 크레베스

(주)유진크레베스는 베트남에 현지 공장을 두고 포크, 나이프 등 양식기를 제조하는 업체이다. 이 기업은 베트남 지역사회를 위해 양식기 1개가 생산될 때마다 1베트남동(don)을 적립하고 있다. 적립된 돈은 베트남 심장병 어린이 수술돕기 등의 사업에 사용된다. 돈을 벌기 위해 베트남 사람들을 이용하는 것이 아니라, 진정으로 베트남을 사랑하는 마음에

전 종업원들이 감동하였다. 이러한 공감은 애사심과 생산성으로 이어졌다. 심지어 2009년 베트남 현지 공장에 큰 불이 났을 때, 종업원들은 피하기 보다 자기 집에 불이 난 것처럼 불을 끄기 위해 달려들었다. 덕분에 큰 화마를 막을 수 있었다. 또한 오랜 기부 문화에 배어있는 서구의 바이어들이 이 기업의 선행을 알고, 같은 값이면 유진의 제품을 구매하려고 했다. 현지의 이웃을 내 몸처럼 사랑하고 그들의 친구가 되어 준 결과, 유진 크레베스는 베트남에서 매우 견실한 제조업체가 되었고, 매출도 계속 신장하고 있다.

또한 최근 공유가치 창출(CSV: creating shared value)을 주창한 마이클 포터 교수도 경제적 가치와 함께 사회적 가치를 창출해야 기업은 지속가능하다고 하였다[70]. 기업은 경제적 가치와 더불어 사회의 문제를 해결하고 공동의 선을 위해 노력하는 사회적 가치를 추구할 때 지속가능한 경영을 할 수 있다. 즉 경제와 사회적 가치가 교집합을 이루는 공유가치를 창출해야 한다는 것이다. 사회적 가치를 창출하기 위해서는 이기적인 수익만을 추구해서는 안 된다. 종업원, 고객, 사회, 자연환경 등 다른 사람과 조직을 이해하고 포용하며, 함께 나누는 경영을 추구해야 한다.

마르크 건서(2005)는 이윤보다는 도덕적 신념과 영적가치를 지켜야 세계 초일류 기업이 될 수 있다고 주장하였다[71]. 기업은 직원들을 진정으로 배려하여 그들을 동기부여 시키고, 즐거움과 의미를 주어야 한다. 그리고 지역사회와 가난한 자들을 배려하고, 환경을 배려해야 한다. 그래서 영적가치를 추구하는 기업이 되어야 초일류 기업이 될 수 있다고 했다. 뉴욕 근처 욘커스시에 있는 그레이스톤 베이커리는 부자들을 위한 고급 디저트를 만드는 제과점이다. 이 기업은 가난한 욘커스 주민을 우선적으로 배려하여 고용하고, 고수익의 과실은 다시 가난한 자들을 위해 쓰고 있다. 미국 켄느번크에 있는 톰스오브메인은 친환경 개인용품을 제조하는 기업이다. 이 기업은 모든 경영과정에서 자연과 환경을 우선적으로 배려한다. 그 결과 세계최고의 친환경업체가 되었다. 이렇게 세속적인 경영학 이론에서도 최근 사랑·공감·관용·배려의 정신이 있어야 기업은 지속가능하다고 주장하고 있다.

배려의 경영을 할 수 있어야 진짜 경영자이다[72]. 배려의 경영은 결국 이 사회를 아름답게 하고 기업에게도 이익이 된다. 종업원·고객·사회·환경을 배려하는 기업은 궁극적으로 이해관계자들의 지지를 받게 되어 지속가능하게 된다. 포용하고, 호혜하며 나누는 행동이 배려이다. 배려란 남을 위한 것이지만 나를 위한 것이기도 하다. 기업이 배려의 경영을 하게 되면 종업원 만족도가 증가하고, 기업 이미지가 상승하며 더 많은 고객을 확보할 수 있으며, 새로운 시장(예: BOP시장-Bottom of Pyramid 최하위소득계층으로 이루어진 시장)을 개발할 수 있게 된다. 이러한 요인은 기업생산성의 증가, 고객만족도와 브랜드 자산의 증대로 이어져 결국 경영성과를 높이고 조직의 지속가능성을 높이게 된다(그림 5-1) 참조).

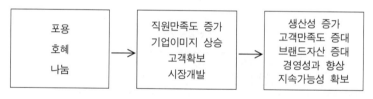

[그림 5-1] 배려경영의 성과

따라서 크리스천 경영자가 배려의 원리를 실천해야 하는 이유는
명확하다. 첫째, 이것은 하나님의 명령이며, 구원받는 자로서 마땅
히 해야 하는 것이기 때문이다. 둘째, 경영에서 배려의 원리를 실천하
는 것은 기업을 지속가능하게 하고, 성과를 향상시켜 주기 때문이다.

배려의 원리를 구성하는 요소는 포용·호혜·나눔이라고 할 수
있다. 사람은 어떤 행위를 하기 위해서 태도가 형성되며, 태도가
행위를 유발시키게 된다. 배려의 행위를 위한 태도는 '포용'이다.
포용이란 열린 마음으로 다양성을 수용하고 감싸주며, 관대함을
가지는 것이다. 포용의 태도는 '나눔'의 행위를 유발하게 된다. 나
눔이란 기업의 자원이나 수익을 사회의 필요를 위해 기꺼이 내어
놓는 것을 말한다. 그리고 이러한 과정이 작동되도록 하는 메카
니즘이 필요한데, 그것은 서로 유익이 된다는 '호혜'이다. 그러므
로 배려의 경영은 크게 포용·호혜·나눔이라는 세 가지 요소를
포함한다(그림 5-2 참조).

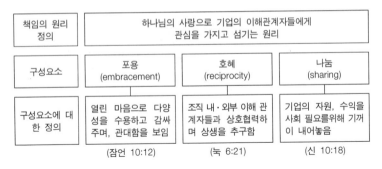

책임의 원리 정의	하나님의 사랑으로 기업의 이해관계자들에게 관심을 가지고 섬기는 원리		
구성요소	포용 (embracement)	호혜 (reciprocity)	나눔 (sharing)
구성요소에 대한 정의	열린 마음으로 다양성을 수용하고 감싸주며, 관대함을 보임	조직 내·외부 이해 관계자들과 상호협력하며 상생을 추구함	기업의 자원, 수익을 사회 필요를위해 기꺼이 내어놓음
	(잠언 10:12)	(눅 6:21)	(신 10:18)

[그림 5-2] 배려의 원리

■ 포용(embracement)의 태도가 배려를 만든다

포용이란, 열린 마음으로 다양성을 수용하고 감싸주며, 관대함을 보이는 것을 말한다. 사랑은 모든 허물을 가린다고 하였고(잠언 10:12), 사랑 가운데서 서로 용납하라고(엡 4:2) 성경은 이야기 한다. 기독교인은 폐쇄적이고 배타적인 경영을 해서는 안 되며, 열린 마음으로 다양성을 받아들일 수 있어야 한다. 또한 구성원들의 실수에 대해서 냉혹한 배제보다는 한번 더 기회를 주고 관용을 베푸는 것이 필요하다. 영국의 문호 셰익스피어는 "남의 잘못에 대해 관용하라. 오늘 저지른 남의 잘못은 어제의 내 잘못이었던 것을 기억하라. 우리가 언제까지나 정의를 받아들여야 하지만 정의로만 재판을 한다면 우리들 중에 단 한사람도 구함을 받지 못할 것이다."라는 명언을 남겼다. 예수께서도 형제 용서하기를 일곱 번을 일흔 번까지라도 하라며(마 18:21-22), 관용할 것을 가르치셨다.

포용의 경영이란 나와 다른 자를 이해하고, 약점을 가지고 있는 사람을 감싸주고 관대함을 보이는 경영이다. 종업원을 평가함에 있어서도 단 한가지의 기준만이 아닌 여러 측면을 고려하는 다면적 평가, 한 번의 실수나 실패를 용납하지 않는 냉혹한 평가보다는 '패자부활전'과 같은 기회를 주는 것이다. 기업이 힘든 가운데서도 직원을 품는 경영도 필요하다. 세계적인 소프트웨어 강소기업인 우리나라의 마이다스아이티는 직원을 절대 해고하지 않는 기업으로 유명하다. 무해고로 포용하는 경영이 얼핏 비효율적인 것 같지만, 직무안정성이 생산성과 개발력 향상에 도움을 주고 있다고 한다.

보상에 있어서도 관대함이 필요한데, 능력이나 성과보다는 필요에 의한 보상이 여기에 해당된다. 예를 들어 '가족수당'의 경우 능력이나 성과에 관계없이 그 사람의 필요, 즉 많은 가족을 부양해야 하는 자에게 더 많은 보상을 하는 것이다. 침구류 판매기업인 리디아R&C는 같은 직급이라도 필요가 더 많은 직원에게 임금을 조금 더 준다. 미리 다른 사원에게 이 사실을 알리고 양해를 받는다. 종업원이 26명에 불과하지만, 이러한 관용과 양보의 문화는 연 120억 원이 넘는 매출을 올리는 기업을 만들었다.

고용에서 불이익을 받는 사회적 약자(장애인 등)들에게 일자리를 할애하는 것도 포용의 사례이다. 장애우를 일정부분 고용하는 것은 법 규정이기도 하지만, 사회적 약자를 배려하는 기업은 존경을 받는다. 그런 기업의 직원들은 자존감은 높아지고 애사심도 증가한다. 직원 100명 모두를 장애인으로 고용한 '베어베터'는 창업 2년 만에 흑자를 기록하고 있다. 발달장애인을 고용하여 명함 출력, 제본, 인쇄, 배달 등의 사업을 하고 있는데, 이는 단순한 일을 반복해도 잘 싫증 내지 않는 그들의 특성을 감안한 선택이었다. 높은 품질과 신뢰관리로 네이버, 대림, IBM, 다음카카오, 이베이 등 100여개 업체와 거래관계를 맺고 있다. 배려하는 기업에게 기회는 생기고 있다.

최근 광범위하게 전파되고 있는 공정무역(fair trade) 또한 약자를 포용하는 모습을 보여주고 있다. 공정무역이란 취약한 생산자가 손실을 보지 않도록 매입가격을 결정해서 거래하는 것을 말한다. 예를 들어 생산품이 과잉 공급되어 시장가격이 떨어지더라도 생산자자 최소한의 생활을 할 수 있는 범위에서 가격을 좀 더 올려서 거래한다. 당연히 소비자들에게는 다소 부담이 따르지만, 연약한 생산자들을 배려함으로써 장기적으로 지속가능한 공동체를 만들어 간다는 의미가 있다. 공정무역에 의해 수입된 제3세계의 커피, 공예품, 식품, 의류 등을 이미 착한 소비자들이 많이 찾고 있으며 해마다 그 규모가 증가하고 있다.

또한 기업은 취약한 고객들을 배려할 수 있어야 한다. 비록 수익이 많이 나지 않더라도 그들을 품을 수 있는 상품·비즈니스 개발이 필요하다. 고객층 중에서도 약자들의 문제를 공감하고 포용하여 다음과 같은 훌륭한 비즈니스 모델을 만들어 내기도 한다.

스웨덴의 사업가 안데르 빌헬손은 케냐 빈민가를 방문하여 고질적인 위생문제를 보고 가슴이 아팠다. 그곳에서는 수백 명이 공중화장실 하나를 함께 사용하였다. 배설물로 인해 오염된 식수와 생활용수는 설사와 전염병을 확산시키고, 밤늦게 공중화장실에 가는 여성들과 아이들은 성폭력과 성희롱을 당하기 일쑤였다. 빌헬손은 그 문제를 해결하기 위해 '피푸(peepoo)'라는 일회용 변기를 개발하였다. 피푸는 이중 봉지로 되어 있어 사용자가 배설물을 직접 접촉하지 않고 간단히 배변을 해결할 수 있었다. 봉지 아래에는 요소분말이 있어 배설물 속 병균을 제거하고, 바이오플라스틱 재질이라 땅에 묻으면 배설물과 함께 분해되어 거름이 되었다. 피푸가 지급된 지역에서는 설사가 없어졌고, 성폭력 빈도가 낮아졌으며, 피푸거름으로 맛있는 채소를 수확하게 되었다. 빌헬손은 세상을 바꾸겠다는 목적으로 피푸플(Peepoople)이라는 기업을 설립하였다. 이 기업은 피푸를 판매하고 봉지를 수거하여 지역농부에게 거름으로 판매하는 등의 일자리를 창출하였다. 이러한 단순한 제품과 비즈니스가 공동체와 사회를 변혁시키는 도구가 된 것이다.

포용의 태도를 가지기 위해서는 열린 마음을 가지고 있어야 한다. 이 세상에 오셔서 누구와도 친구가 되셨던 그리스도를 본 받아 우리는 모든 사람을 관용(빌 4:5)할 수 있어야 한다. 내가 가진 편견으로 다른 사람을 대해서는 안 된다. 나와 모습이 다르고, 배경이 다르고, 생각이 다른 사람들을 만나고, 소통하기를 두려워해서는 안 된다. 때때로 기독교인은 편협하고, 비타협적이며, 배타적이라는 비판을 많이 받는다. 기독교의 진리와 사랑은 세상의 모든 것을 덮을 수 있어야 한다. 포용하지 않으면 남을 진정으로 배려할 수 없다.

제5장 배려의 원리
지속가능한 기업의 핵심, 배려

■ 호혜(reciprocity)는 배려의 작동원리이다

호혜란 조직 내·외부 이해관계자들과 상호협력하며 상생을 추구하는 것을 말한다. 이것은 '남에게 대접을 받고자 하는 대로 너희도 남을 대접하라(누가복음 6:31)'는 성경의 황금률을 실천하는 것이다. 누구와도 서로 돕고 협력하며, 서로 존중하며 베푸는 태도는 기독교인의 기본 자질이다. 원하는 것을 서로 충족시켜주고 베풂으로써 경영의 시너지 효과를 높여야 한다.

호혜란 상호이타주의에 입각하고 있다. 우리 속담 '누이 좋고, 매부 좋고'와 같이 한 사람의 이익을 위한 것이 아니라, 서로의 이익을 추구하는 것이다. 자연세계에서도 서로 돕고 살아가는 '공생(共生)'이라는 현상을 쉽게 발견할 수 있다. 예를 들어 악어와 악어새의 관계이다. 악어 이빨에 끼인 먹이찌꺼기를 악어새가 쪼아 먹고, 악어는 이빨을 청결하게 유지한다. 이러한 공생의 메카니즘은 생물의 유전자에 각인되어 대대로 이어지고 있다. 공생을 통한 호혜가 종의 생존에 서로 이익이 되기 때문이다.

앞의 도입에서 본 농심의 사례에서도 경쟁사를 배려했더니 결국 라면시장의 파이가 지켜졌고, 나에게도 이익이 됨을 볼 수 있었다. 호혜를 통한 상호이타주의는 최근 비즈니스에서 중요해 지고 있는 개념이다. 예를 들어, 사회적 경제의 중요한 축인 '협동조합'도 상호이타주의에 입각한 호혜경제 조직이다. 협동조합은 조합원들이 모두 소유주가 되어 서로 돕고 상호이익이 되도록 자발적으로 운영한다.

남을 배려하면 나에게는 수익이 없을까? 라이프스트로(Life Straw) 사례는 그렇지 않음을 보여주었다. 스위스의 사회적 기업 베스터가르드 프란드센사는 깨끗하지 않은 물로 매일 6천 명의 어린이가 사망한다는 사실에 주목하였다. 이들이 깨끗한 물을 마실 수 있도록 배려하는 방법을 찾다가 라이프스트로를 개발하였다. 더러운 물이라도 꽂아서 빨면 물이 정화되어 깨끗한 물을 마실 수 있는 휴대용 정수기였다. 첨단 기술을 적용한 제품은 아니었지만, 가나, 나이지리아, 파키스탄, 우간다 등 전 세계에서 수요가 엄청나게 일었다. 뿐만 아니라, 선진국에서도 아웃도어 활동이 증가하면서 캠핑용품으로 팔리기 시작하였다. 남의 문제를 해결하고 남을 좋게 하기 위해 제품을 개발하였는데, 결국 나에게 큰 이익으로 돌아왔다. 이는 자리이타(自利利他), 즉 남을 이롭게 하면 나에게도 이익이 된다는 동양의 사상이, 그리고 남에게 대접받고자 하는 대로 남을 대접해야 한다(눅 6:31)는 성경의 황금률을 증명한 사례이다.

고객을 먼저 배려하고 혜택을 주면, 그들은 우리 브랜드에 로열티를 구축해 준다. 로열티가 높은 고객은 지속적으로 우리제품을 구입할 뿐 아니라, 우호적인 구전을 퍼뜨려 다른 고객을 불러오게 된다. 최근 마케팅은 빅데이터 분석과 고객맞춤화(customization) 전략을 통해, 고객이 생각하지도 못한 구매제언, 혜택, 그리고 문제해결을 제시하여 고객을 감동시킨다. 감동한 고객은 충성스러운 고객이 되어 생애가치와 객단가를 증대시킬 뿐 아니라, 적극

제5장 배려의 원리
지속가능한 기업의 핵심, 배려

적인 구전전파자가 된다. 소셜미디어의 세상에서는 기업이 제공하는 메시지보다는 소비자가 퍼뜨리는 구전의 영향력이 훨씬 더 크다.

내부고객인 직원들도 먼저 배려해 주면, 그들도 기업에 보답하는 호혜적 관계가 된다. 친환경세제업체인 비엔디생활건강은 2012년 설립이래 매년 여름휴가 때 전 직원을 부부동반으로 해외여행을 보내주었다. 수고한 직원들과 가족을 배려하여 여행비 전액을 회사가 부담하고 있다. 회사가 먼저 배려하니, 종업원들도 사기가 오르고, 선진문물을 배워서 업무에 활용하는 등 기업에게도 이익으로 돌아왔다. 이러한 상호호혜의 효과는 커서 이 기업은 앞으로 1년에 두 번씩 직원들을 해외에 보낼 계획이라고 한다.

다음은 가맹점과 공급업체와 상생을 추구했더니 상호유익이 되었다는 교촌치킨의 배려 경영의 사례이다.

현재 경쟁이 치열한 우리나라 치킨업계에서 1위는 교촌치킨이다. 교촌의 가맹점당 연매출은 4억1946만 원(2014년 기준)으로 치킨업계에서 가장 높으며, 본사의 매출도 5년 만에 127% 증가하였다(2014년 2500억 원). 그 비결은 철저한 가맹점 배려에 의한 상호호혜이다. 영세한 치킨 가맹점의 초미의 관심사는 일정 매출을 유지하여 생존하는 것이다. 이를 위해서 가장 기본적인 것은 본사의 가맹점 상권보호이다. 교촌은 13년째 가맹점을 1,000개로 유지하고 있다. 교촌은 가맹점을 늘여 자신의 배를 불리기보다는 가맹점의 생존문제에 깊이 공감하고 그들에 대한 지원을 최우선적으로 하였다. 가맹점을 위한 메뉴개발, 품질관리, 서비스지도, 경영지도 뿐 만 아니라, 가맹점주 자녀들의 대학입학금지원, 아르바이트생 장학금 지원 등의 배려를 하고 있다. 또한 그들은 영세한 닭고기 납품업체 50곳에 100% 현금 결제를 고수하고 있다. 영세한 육계업체들을 경제적으로 배려해 준 것이다. 그 결과 교촌은 품질 좋은 닭고기를 납품받고 물량이 부족할 때도 우선 공급받는 상호 호혜의 선순환 구조를 만들었다.

남을 배려해 주면 나에게도 이익이 된다는 호혜, 즉 상호이타주의는 자연과 인간세계에서 증명되고 있으나 왜 어려울까? 그것은 바로 '불신' 때문이다. 상대편에게 내가 잘 해주었을 때, 상대방도 과연 나에게 잘 해줄까라는 의구심이 인간 죄성에 뿌리박혀 있다. 내가 더 손해보고 싶지 않다는 이기심이 호혜가 작동되지 못하게 한다. 그러나 나만 잘되겠다는 욕망과 이기심은 파멸의 길로 인도할 수 있다. 더욱이 우리 크리스천은 이런 세상의 안목과 정욕에 휘둘러서는 안 된다. 이 사회가, 공동체 전체가 잘되는 공동선(common good)을 추구해야 이 땅을 하나님 나라로 만들 수 있다.

호혜가 작동되기 위해서는 먼저 나만 잘되겠다는 이기적 욕망을 없애야 한다. 그리고 상대방과 더불어 공존하겠다는 신념을 가져야 한다. 때때로 상대방에게 선을 베풀고 낙심할지라도 포기하지 않으면 거둘 수 있다는(갈 6:9) 말씀을 새겨야 한다. 뿐만 아니라, 협력하고 상생할 수 있어야 한다. 이 세상에서 독불장군으로 할 수 있는 일은 점점 줄어들고 있다. 우리나라의 기업들은

'협력'에 약하다. 협력과 상생을 통해 우리 모두에게 이익이 된다는 믿음과 신뢰를 가져한다. 성경에서도 협력하면 패하지 않는다고(잠 4:12) 가르치고 있다. 크리스천 경영자들이 솔선수범하여 상대방을 믿고 협력하는 모범을 보여야 한다.

■ 배려는 나눔(sharing)의 행위로 나타난다

나눔이란 기업의 자원이나 수익을 사회의 필요를 위해 기꺼이 내어놓는 것을 말한다. '고아와 과부를 위하여 정의를 행하시며 나그네를 사랑하여 그에게 떡과 옷을 주시나니(신명기 10:18)'의 말씀과 같이 그리스도인은 사회적 약자와 기꺼이 나누어야 한다. 자신의 소유를 주장하지 않는 청지기적 경영자는 결국 자신의 소유를 나누는 자이다. 자신이 가진 자원이나 수익을 이 사회가 필요로 하는 곳에 기꺼이 베푸는 경영은 결국 사랑받는 브랜드기업을 만들 것이다.

미국 29~30대 대통령 캘빈 쿨리지는 '누구도 자신이 받은 것으로 존경받지 않는다. 존경은 자신이 베푼 것에 대한 보답'이라고 했다. 철학자 에릭 프롬은 '사랑한다는 것은 관심을 갖는 것이며, 책임감을 느끼고, 아낌없이 주는 것'이라고 했다. 대림산업의 이준용 명예회장은 '통일과 나눔' 재단에 사재 2000억 원을 기부하여 기업이나 자신의 이익과 관계없는 베풂의 원리를 실천하였다.

인정을 베푸는 회사는 모든 사람들에게 존경을 받는다. 하형록 회장은 성경 잠언 31장에 나오는 현숙한 여인과 같이 주차빌딩 건축 설계회사를 운영하였는데 특히 〈 잠언 31:15절 〉에서 여인이 집안사람들을 챙기듯이 직원들을 먼저 섬기고 배려하며, 수익을 나누니 직원들의 사기와 능률이 올라가는 것을 경험했다고 한다[73].

최근 식품회사 오뚜기는 옥(玉)뚜기로 회자되고 있다. 오뚜기는 1,800명의 비정규직 직원들을 정규직으로 전환시켜 단 한명의 비정규직도 없다. 1992년부터 4,000명의 어린이 심장병 환자의 수술을 해 주었고, 창업자인 함태호 회장은 밀알복지재단에 사재 주식 3만 주(375억 원 상당)를 기부했다. 나눔의 기업인 오뚜기의 주식은 1주당 777,000원(2017.10.18 기준)에 이른다. 카레를 비롯한 소스류에서 1등을 지키는 우량기업이며, 라면부분에서도 농심에 이어 2위의 기업이 되었다. 나누고 배려하는 경영은 결코 손해를 보는 것이 아니며, 결국 성공으로 이끈다는 것을 보여주고 있다.

많은 기업들이 사회적 책임(CSR: corporate social responsibility)을 다하기 위해 다양한 형태의 사회공헌 활동을 하고 있다. 물질적인 기부, 재능기부, 사회봉사 활동을 통해서 기업이 가진 것을 나누고 있다. 여름이면 '우리하천 청결작업,' 겨울이면 '연탄나르기 봉사', '독거노인 도시락 배달', '소년소녀가장 장학금 전달', 등등 수많은 사회공헌 활동들을 하고 있다. 실제로 대기업들은 엄청난 돈을 기부하여 재단을 설립하기도 한다. 그러나 일반 시민들은 이러한 기업의 기부행위를 잘 알지도 못하고, 알아도 감동하지 않는다. 그 이유는 기업이 일회성이나 이벤트성으로 기부하거나,

제5장 배려의 원리
지속가능한 기업의 핵심, 배려

기업의 잘못을 덮기 위해 하는 경우가 많기 때문이다. 사회공헌 활동에 있어서도 진성성이 중요한데, 이를 확보하기 위해서는 무엇보다도 기부의 지속성과 일관성이 필요하다. 나에게 남아도는 것이라서 시혜성으로 주기보다는, 진정으로 배려하는 마음을 가지고 꾸준히 일관되게 하는 것이 좋다.

뿐 만 아니라, '나눔'을 아예 비즈니스 모델 속에 구현하는 것도 바람직하다. 내일을 위한 신발로 알려진 탐스슈즈(Toms Shoes)도 기부, 즉 나누는 비즈니스의 좋은 예이다.

탐스슈즈의 설립자인 블레이크 마이코스키는 아르헨티나를 여행하던 중 많은 아이들이 신발이 없어 발에 상처와 질병에 시달리고 있는 것을 보고 가슴이 아팠다. 그는 이를 해결하기 위해 신발의 기부 형태인 one for one, 즉 신발을 한 켤레 사면 그 안에 아이들의 신발 기부가 포함된 비즈니스를 구상하였다. 오늘 신발 한 켤레를 구매하면 내일은 한 켤레를 기부할 수 있다는 단순한 슬로건으로 소비자의 마음을 파고들었다. 착하고 진정성 있는 비즈니스에는 착한 소비자들이 호응하게 되어 있다. 그리고 이 호응은 최근 소셜미디어의 발달로 매우 빠르게 전파되어 간다. 이런 가치를 창출하는 것은 기업에게 강력한 경쟁력의 원천이 된다. 탐스슈즈의 경우에도 나눔의 뜻에 동조한 착한소비자들이 그 신발을 구매하여 신고 다니며 소셜미디어를 통해 퍼뜨렸다. 셀러브리티들인 연예인들이 신고 다니며 자신의 선행 이미지도 형성하고, 매스컴에 노출시키면서 모방구매를 일으켰다. 그 결과, 아프리카, 중남미, 아시아 등 30개국이 넘는 국가에 어린이 신발을 기부하였고, 300억 원이 넘는 매출을 올리고 있다. 더 나아가 탐스슈즈는 신발을 기부하는 국가에서 신발을 생산하고 있다. 이는 단순한 기부를 넘어 가난한 나라 사람들의 일자리를 제공하기 위한 배려이다.

그리고 부의 결과를 나눔에 있어 가난한 자와 약자를 배려하는 것도 중요하지만, 부의 생성과정에서 그들에게 고통을 주어서는 안 된다. 아무리 천문학적인 금액을 기부하는 기업이라도 경영활동 가운데서 다른 사람, 경쟁사, 사회, 자연에 해를 끼치고 고통을 주는 비즈니스를 하고 있다면 바람직하지 못하다. 결과도 중요하지만 과정도 중요하다.

나누는 행위를 위해서 우선되는 것은 진정성 있는 실천이다. 배려해야 할 대상에 대한 일관되고도 지속적인 나눔이 필요하다. 그저 받았으니 그저 주어라(마 10:8)는 성경말씀처럼 우리가 가진 것은 다 하나님께서 은혜로 주신 것이므로, 우리도 남에게 내어줄 수 있어야 한다. 뿐 만 아니라, 남에게 나누어 줄 것을 생성하는 과정에서도 악하거나 해를 끼치는 것이 없어야 한다.

■ 배려의 경영을 위하여

우리나라는 원래 서로를 배려하여 상부상조하는 문화를 가지고 있었다. 그러나 고도성장기의 경쟁사회가 되면서 배려의 미덕을 많이 상실하였다. 긍정적인 집단주의 문화는 집단 속에 있는 '우리'에 대해서는 지나칠 정도의 배려를 해주고(팔은 안으로 굽는다), 집단 밖의 '남'에 대해서는 전혀 배려하지 않는 패거리 집단주의 문화로 변질되었다. 우리 그리스도인들은 이러한 세상풍조를 바꾸어야 한다.

배려를 위해서는 타인과의 공감능력이 필요하다. 공감이란 기업이 고객과 사회의 감정, 의견, 사정 등에 대해 같이 느끼고 함께 하는 것을 말한다. 크리스천 경영자는 종업원과 고객의 감정, 의견, 사정에 대해서 같이 느끼고 함께 할 때 그들을 진정 배려할 수 있다. 이 사회의 아픔이나 문제에 대해서도 공감하고, 이를 해결하기 위해 배려하는 모습을 보인다면 '사랑받는 기업'이 될 수 있다. 공감능력을 키우기 위해서는 우리는 먼저 관심을 가져야 한다. 형제의 아픔과 곤란을 못본체 하지 말고(신 22:1) 관심을 가지고 보아야 한다. 관심을 가져야 이웃과 공감할 수 있다. 그리고 경청해야 한다. 하나님께서도 우리에게 귀를 기울이시고 우리의 이야기를 들어주신다(시 77:1). 이웃의 문제와 아픔을 잘 듣고 소통해야 그들을 진정으로 배려할 수 있게 된다.

배려를 경영에 적용하기 위해서 경영자는 강한 신념이 있어야 한다. 배려를 실천하려면 몸에 배지 않아 어색하거나 귀찮다. 당장은 손해 볼 것 같은 마음에 쉽게 포기하거나 회피하고 싶기 때문이다. 그러므로 마음속에 배려의 다양한 힘을 항상 생각해야 한다. 무엇이 진정한 성공인지 되새겨보고, 당장의 이익보다는 인생을 장기적인 안목으로 바라봐야 한다. 특히 크리스천은 하나님께서 우리를 사랑하시고, 그리스도께서 우리를 위해 십자가에서 희생했다는 것을 항상 명심해야 한다. 우리도 다른 사람을 위해 더 희생하고 사랑하는 배려의 삶을 살고, 경영을 하기 위해 노력해야 한다.

굿 비즈니스 플러스

여기에 여러 가지 고민과 딜레마가 존재한다. 종업원을 배려하기 위해 더 많은 임금과 복지비용을 지불하면, 비용이 상승하여 경영에 압박을 줄 수 있다. 약자고객을 배려하기 위해 그들을 위한 제품을 개발하여 제공하다보면, 기업의 수익성이 악화될 수 있다. 경쟁사를 배려한다고 머뭇거리다간 시장 기회를 상실하거나 경쟁력이 약화될 수 있다. 착한기업이 되기 위해 사회공헌 활동을 많이 하게 되면 기업의 채산성 악화될 수 있다. 기업경영에서 사랑과 배려로 감싸다보면 공의로운 경영을 하지 못할 수도 있다. 뿐 만 아니라, 특정인이나 조직을 배려하는 것은 편애로 비칠 수도 있다. 이것은 조직에서 신뢰 상실로 이어질 수 있다. 또 상호 배려는 좋은 게 좋다는 식으로 넘어가게 하고, 경쟁을 제한할 수 있다. 그래서 조직의 창조성 저하로 이어질 수 있다. 뿐 만 아니라, 배려는 효율과 효과를 중요시 하는 책임의 원리와 상충될 수 있다.

기독경영은 경쟁자를 어떻게 해서든지 짓밟고 이익을 극대화하는 비정한 경제적 행위가 아니다. 오히려 기업경영을 통해 공감하고 관용하며 상생하여, 이 사회를 섬긴다는 것을 보여줄 수 있어야 한다. 배려란 비록 기독교 정신에 근간을 두고 있지만 실제 기업경영에서 적용하기란 쉽지 않다. 왜냐하면 배려의 원리는 효율, 효과 등을 강조하는 책임의 원리, 형평과 공평을 강조하는 공의의 원리, 투명과 진실을 강조하는 신뢰의 원리와 갈등을 빚을 수 있기 때문이다. 배려의 원리를 적용하려면 다른 원리들과의

제5장 배려의 원리
지속가능한 기업의 핵심, 배려

상호유기적인 검토 및 균형이 필요하다. 즉 배려의 원리만을 지나치게 강조하다가 기업의 생존이 어렵거나, 기업의 효율성만 강조하다가 사랑 없는 기업이 되어서는 안 되기 때문이다.

> 배려의 원리를 적용하려면 다른 원리들과의 상호유기적인 검토 및 균형이 필요하다.

예를 들어 기본생존이 힘든 초창기 취약한 상태의 기업은 어떻게 보면 배려를 받아야 할 시기이다. 이때는 가능하면 책임이나 창조의 원리가 우선시하고, 이 단계를 넘게 되면 가능하면 배려의 원리를 더 구현하는 것이 바람직하다. 또한 기능별로 인사관리, 마케팅관리 영역은 배려의 원리를 더 우선시 하나, 생산운영관리나 재무관리의 영역에서는 효율과 효과성 등 책임이 더 강조될 수 있다. 그리고 감사업무의 영역에서는 공의의 원리가, 회계에서는 신뢰의 원리가 더 우선시 될 수 있다.

ⓢ 실천방안

1. **포용의 태도 제고**: 경영자는 타인과 공감하고, 열린 마음을 가지는 것이 중요하다. 이를 위해서는 다른 사람의 이야기를 경청해야 하며, 다양성을 수용하고, 관대한 마음을 가지도록 해야 한다.

2. **장기적 안목**: 포용과 호혜의 경영을 위해서는 단기적인 성과나 당장의 이익보다는 장기적인 안목의 경영이 필요하다. 서로 이해하고 상생하는 것이 궁극적으로 도움이 된다는 신념을 가져야 한다.

3. **청지기 정신**: 나눔은 결국 청지기 정신에서 비롯된다. 우리가 가진 모든 것이 다 내 것이 아니고, 다른 사람과 나누기 위해 주어졌다는 것을 명심해야 한다. 나누고 베푸는 행위는 그저 받은 은혜로 사는 기독교인으로서 당연한 의무임을 잊어서는 안 된다.

4. **균형 잡힌 배려**: 배려의 경영은 종업원, 고객, 경쟁사, 사회, 환경 등 모든 타자(조직)에 다 적용된다. 균형 잡힌 배려를 통해 모두가 행복하고 이 세상을 아름답게 만들게 해야 한다.

5. **상호호혜의 미덕**: 배려가 작동되는 원리는 서로가 서로에게 유익이 되게 한다는 것이다. 서로를 배려하면 결국 모두의 이익이 증대되는 결과를 낳는다는 믿음을 버리지 않고 상대방을 대해야 한다.

ⓢ 토론할 문제

1. 배려와 사랑의 원리를 실천하는 경영의 사례를 제시해 보자.

2. 다른 원리들과 상충되는 배려원리의 딜레마를 어떻게 해결할 것인가?

제5장 배려의 원리
지속가능한 기업의 핵심, 배려

제6장

/

공의의 원리

- 정의와 공정성의 실현, 공의 -

겉으로 드러나는 제도와 원칙만으로는 정의가 해결될
수 없고, 모든 상황과 형편을 살펴서 실질적인 평등과
공정이 실현되도록 해야만 비로소 정의가 실현될 수
있다.

남녀고용평등을 실천한 한국화이자제약

한국화이자제약은 임직원을 회사의 핵심자산으로 생각하는 기업으로 누구에게나 동등한 기회를 준다는 철학을 바탕으로 남녀고용 평등을 적극적으로 실천하고 있다. 글로벌 제약사인 화이자는 기업 문화의 핵심 요소로 '다양성 존중'을 강조하며, 성별, 인종, 나이 등 특정 요소로 구성원을 구분 짓거나 평가하는 것을 철저히 지양하는 것으로 유명하다. 한국화이자제약도 이 같은 다양성 존중의 기업 문화를 그대로 이어받고 있으며, 특히 여성 인재 활용을 통한 남녀평등을 적극적으로 실천하고 있다.

실제 한국화이자제약의 여성고용개선 실적은 독보적이다. 연평균 여성 고용률은 50%를 상회하며, 이중 임원진과 매니저 층에서도 여성 비중이 50%에 이른다. 특히 상대적으로 남성인력이 많았던 영업직에도 여성근로자 채용을 대폭 확대하고 있다. 이렇게 관리자와 직원에서 모두 남녀 비슷한 성비를 보이다보니 개인 간의 차이를 이해하고 존중하는 것이 보다 중요해졌다. 따라서 한국화이자제약은 성희롱 예방교육과 '다양성 강연회'를 연중 온·오프라인으로 실시하고 있으며, 명예고용평등감독관 제도와 고충처리위원회를 통해 업무 현장에서 성희롱 또는 차별과 관련된 문제들이 발생하지 않도록 예방하는 것은 물론, 문제가 생겼을 경우 정해진 절차에 따라 발 빠르게 대처하고 있다. 또한 한국화이자제약은 출산휴가부터 육아휴직까지 모성관리를 위해 다양한 프로그램을 운영하고 있다. 육아 부담이 큰 여성 직원들을 위해 8년째 '근무시간 조정제'를 운영하고 있으며, '해피 맘 클럽' '패밀리 데이' 같은 여성 및 가족 배려형 직원 복지 프로그램을 가동하고 있다. '해피 맘 클럽'은 여성건강 증진 교육, 임산부 건강관리, 영양제 지급 등 임신 전·후의 여성 건강을 적극적으로 지원하는 프로그램이다. 그 결과 한국화이자제약 여성 직원들의 육아 휴직 후 복직률은 90%에 이르고 있다. 이러한 점이 인정되어 한국화이자제약은 '엄마에게 친근한 일터', '남녀고용평등 우수기업' 등에 선정되었다.

■ 정의의 재발견

하바드대 마이클 샌델 교수의 저서『정의란 무엇인가』가 2010년에 약 70만 부나 팔리면서 16주간 판매부수 1위를 차지했고, 자유주의 경제체제를 비판한 장하준의 저서『그들이 말하지 않는 23가지』도 출간된 지 40일 만에 20만 부가 팔렸나갔다. 이 두 책 모두 읽기가 쉽지 않고 평소 인기 없기로 유명한 이른바 '인문학' 책인데 이런 인기를 끈 이유는 무엇일까? 이는 아마도 정의롭지 못한 우리의 현실에 대한 인식으로 인해 우리나라 국민들의 정의 (justice)에 대한 목마름이 컸기 때문일 것이다. 최순실 게이트라 불리는 대형 부정·부패사건의 본질도 결국은 정의가 무너져 내린 한국 사회의 구조적 문제에서 기인한다.

오늘의 대한민국을 만든 기적의 압축 성장은 물질적 풍요와 번영을 우리에게 안겨주었지만 이와 동시에 폭발적인 성장의 뒤안길에서 편법이 횡행하고 반칙이 구조화되는 문제를 잉태하였다. 나라 전체가 앞만 보고 달리는 동안 정의와 공정성은 홀대받았고, 우리는 이제 그 후유증을 뼈저리게 경험하고 있다. 한 마디로 오늘의 한국사회는 정의와 공정성을 시대정신으로 요청하고 있다.[74] 그런데 사실 정의와 공정성이 가장 잘 지켜지지 않는 분야가 바로 비즈니스의 세계이다. 이윤추구와 생존경쟁이 지배하는 기업 세계에서 과연 정의로운 기업은 경쟁력을 유지하면서 장기 생존할 수 있는 것일까? 특히 사회의 전반적인 시스템과 관행이 상대적으로 낙후되고 상호 신뢰가 부족한 한국 사회에서 올바르고 정의롭게 기업을 경영하는 것이 과연 현실적으로 가능한 일일까?

■ 기울어진 운동장과 갑을관계

'기울어진 운동장'은 운동장의 높은 곳에 있는 대기업이 공을 차면 쉽게 골대 근처로 가지만 낮은 곳에 있는 중소기업은 아무리 공을 차도 상대방 골문 근처도 못 가게 되는 상황을 빗대어 설명하는 말이다[75]. 이는 출발부터 불리한 조건에서 시작하는 우리나라 중소기업의 불평등한 상황을 잘 나타내고 있다. 현재 우리나라의 중소기업 사업체 수는 약 342만 개로 이는 전체 사업체의 99.9%에 해당하며, 총 근무자 수는 전체 사업체 근로자의 약 88%인 1,342만 명에 달한다. 중소기업 내에서도 규모가 더 작은 소기업과 소상공인 비율이 압도적으로 높다. 따라서 기울어진 운동장 생태계가 정상화 내지 개선되지 않으면 우리나라 기업세계에서의 공의의 실현은 근본적으로 달성되기 어렵다.

기울어진 운동장의 문제를 해결하기 위해서는 한쪽으로 기울어지지 않도록 편평하게 경기장을 만들고, 심판들이 경기의 규칙에 따라 공명정대하게 경기를 진행하며, 경기의 결과를 거짓 없고 균형 있게 공식적으로 확정하고, 그 결과에서 나오는 몫을 경기 참여자들의 권리와 기여에 따라 정당하게 나누어주어야 한다. 하지만 실제 우리의 현실은 어떠한가? 경기장을 만드는 자들은 자신들의 이익을 위해서 이런저런 핑계로 경기장을 편평하게 만들지 않고도 경기장이 편평하다고 주장한다. 심판들도 중립적으로 경기를 진행하기 보다는 자신과 이해관계가 있는 쪽으로 유리하게 경기를 진행하는 경우를 종종 볼 수 있다. 또한 최종 확정된 경기의 결과를 왜곡하고 경기의 결과에서 발생한 성과를 배분하는 과정에서도 부당하게 자신의 몫을 크게 하기 위해 영향력을 행사 한다[76]. 이러한 현실에서는 겉으로 드러나는 제도와 원칙만으로는 정의가 해결될 수 없고, 모든 상황과 형편을 살펴서 실질적인 평등과 공정이 실현되도록 해야만 비로소 정의가 실현될 수 있다.

> 겉으로 드러나는 제도와 원칙만으로는 정의가 해결될 수 없고, 모든 상황과 형편을 살펴서 실질적인 평등과 공정이 실현되도록 해야만 비로소 정의가 실현될 수 있다.

한국에는 갑을관계라는 말이 있다. 갑을관계는 강자와 약자의 힘의 불균형에 의해 발생하는 거래관계를 나타내며, 이러한 갑을관계의 대표적 형태로 하도급을 들 수 있다. 대기업으로부터 위탁을 받아 납품을 하는 수탁기업인 중소기업과 대기업간 갈등 문제는 좀처럼 줄어들지 않고 있으며 이로 인해 다양한 문제들이 발생하고 있다. 예를 들어 대기업이 납품단가를 부당하게 감액하거나 원자재 가격이 상승해도 납품단가를 올려주지 않는다는 것 등이 중소기업의 주된 불만거리이다. 이와 같은 불공정 하도급거래의 근본원인은 대기업과 중소기업 간 힘(교섭력)의 불균형과 미흡한 법치(法治)에 있다고 볼 수 있다. 우월적 지위에 있는 대기업 (甲)과 그에 종속돼 있는 중소업체(乙)간 힘의 불균형으로 인해 대·중소기업 간에는 늘 불공정거래의 발생가능성이 상존한다. 또 거래관계에 적용되는 규칙의 부재 및 제제의 실효성 여부도 문제이다. 아무리 법치주의를 구현하려고 해도 실효성 있는 제제 수단을 만들지 못하고 있는 것이 또한 우리의 현실이다.

2013년 5월에 세상을 떠들썩하게 한 사건이 있었다. 본사 영업 사원이 연상인 대리점 사장에게 폭언을 퍼붓는 녹음파일이 인터 넷에 공개되면서 남양유업은 '욕설우유'라는 오명을 뒤집어쓰며 이미지 추락과 매출 하락이라는 엄청난 대가를 치렀다. 이 사태 는 결국 전국적 불매운동으로까지 확산되었고 최근에는 소위 남 양유업방지법이 국회에서 통과되기에 이르렀다. 이는 결국 약자 인 대리점의 지위를 이용해 부당한 이윤을 착취할 뿐만 아니라 약자의 인격적 존엄까지도 무시한 정의롭지 못한 행동이었다. 최 근에도 대기업 회장과 임원의 폭행 사건이 연일 언론에 보도되면 서 우리 사회에 만연한 특권의식의 심각성을 다시 한 번 확인할 수 있었다. 물론 사건의 전달과정에서 다소 감정적인 부분이 강 조된 측면도 있지만 사건의 핵심에 불공정성과 불평등이 있음은 분명하다. 법보다 주먹이 먼저라는 말처럼 법위에 군림하는 강자 들 때문에 우리 사회는 정말 힘없고 소위 빽 없는 사람들이 살기 힘든 그런 사회가 되고 있는 것은 아닐까?

■ 정의가 사라진 대한민국

2012년에 아산정책연구원과 마이클 샌델 교수가 공동으로 사회정의 인식 조사를 한국과 미국에서 동시에 실시하였다. 사회전반의 공정성에 대한 한국과 미국 국민들의 인식조사결과, 미국인의 62.3%는 미국사회를 공정하다고 인식한 반면, 한국인의 73.8%는 한국사회가 전반적으로 공정하지 않다고 인식했다. 한국인 10명중 7명은 한국사회가 공정하지 않다고 판단한 것이다. 2010년에 동아일보가 실시한 여론조사에서도 한국인의 70% 가량은 '우리 사회가 불공정하다'고 생각하는 것으로 조사됐다. 불공정한 행태가 가장 많이 벌어지는 분야로는 60% 가까이가 정치권을 꼽기도 했다. 이와 같이 한국 사람들은 우리 사회가 공정하지 못한 사회라는 전반적인 인식을 가지고 있는 것 같다.

공정성에 대한 부정적 인식은 국가와 사회 차원뿐만 아니라 기업레벨에서도 심각하게 나타나고 있다. 교육컨설팅기업 휴넷이 2015년 말 우리나라 직장인 887명을 대상으로 조사한 결과에 따르면, 직장인 10명 중 4명은 회사에서 실시하는 인사평가 방식을 믿지 못하는 것으로 나타났다. 공정한 인사평가를 위해 개선돼야 할 점에 대해서도 '명확한 평가 기준'이 51.5%로 가장 많았고, 이어 '평가 과정의 투명한 공개'(25.3%), '피드백·코칭에 대한 프로세스 확립'(13.6%), '평가자에 대한 교육'(8.0%) 순이었다. 이는 인사평가의 공정성 수준에 대한 우리나라 종업원들의 인식수준을 단적으로 보여주는 결과라 할 수 있다.

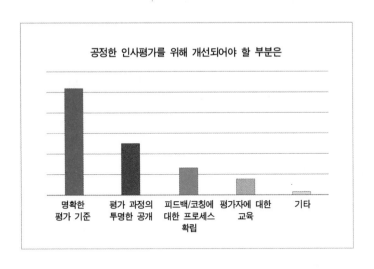

공정한 인사평가를 위해 개선되어야 할 부분은

명확한 평가 기준 / 평가 과정의 투명한 공개 / 피드백/코칭에 대한 프로세스 확립 / 평가자에 대한 교육 / 기타

한편 국제투명성기구가 발표한 2014년 한국의 부패인식지수 (CPI)는 100점 만점을 기준으로 55점에 머물러 조사 대상 175개국 중 43위, OECD 34개 회원국 중 27위를 기록했다. 2008년부터 2014년까지 7년 연속 54~56점으로 OECD 회원국 중 최하위권을 벗어나지 못하고 있다. 국제투명성기구는 그리스가 디폴트까지 이른 원인으로 '파켈라키(Fakelaki)'를 지적했는데, 이는 그리스어로 '작은 봉투' 즉 공무원에게 주는 뇌물을 의미한다. 이는 저성장에 빠진 한국 사회에 시사하는 바가 매우 크다. 국가청렴도와 경제 발전은 밀접한 관계를 가지고 있다. 이런 의미에서 최근 실시되고 있는 일명 '김영란법'은 사회의 구조적 문제를 해결하기 위한 올바른 지침이라 볼 수 있다. 아직은 현실적인 상황에 대한 고려

와 적용상의 난맥들이 있기는 하지만 저성장 늪에 빠진 한국이 국가적 위기를 극복하고 선진국 대열에 합류하기 위해서는 무엇보다 '김영란법'과 같은 제도와 이에 기반한 사회적 가치가 필요하다. 지금은 정말 우리사회 전반에 정의와 공정성의 기반이 확실히 뿌리내려야 할 시점이다.

■ 성경이 말하는 공의

하나님은 경제, 사회, 종교 등 우리의 모든 삶에 있어서 정의가 지켜질 것을 원하고 계신다. 아모스 5장 24절을 보면 '오직 정의를 물 같이, 공의를 마르지 않는 강 같이 흐르게 할 지어다'라는 말씀이 나온다. 헬몬산 밑 샘에서 솟아나 흐르는 요단강처럼 생명과 같은 정의를 넘쳐흐르게 하라는 것이다. 정의가 쪼그라들어 여름 가뭄에 말라버린 연못처럼 되어서는 안 된다. 정의가 부족하면 늘 세상은 어두워지고 혼탁해지기 때문이다.

'내가 그로 그 자식과 권속에게 명하여 여호와의 도를 지켜 공의와 정의를 행하게 하려고 그를 택하였나니(창 18:19)' 하나님께서 아브라함을 부르신 까닭은 바로 정의와 공의를 행하게 하기 위함이었다. '왕의 능력은 공의를 사랑하는 것이라 주께서 공평을 견고히 세우시고 야곱 중에서 공과 의를 행하시도다(시 99:4)' 정의와 공의는 하나님의 다스리심, 하나님 나라의 핵심이라고 할 수 있다. 하나님은 우리가 정의로운 공동체를 이루고 사는 것을 원하신다. 따라서 하나님의 성품을 본받는 자들이 많아질수록 이 땅은 부정과 부패가 그치고 정의와 공정으로 가득 차게 될 것이다.

"그들은 공의로 백성을 재판할 것이니라. 너는 굽게 판단하지 말며 사람을 외모로 보지 말며 또 뇌물을 받지 말라 뇌물은 지혜자의 눈을 어둡게 하고 의인의 말을 굽게 하느니라. 너는 마땅히 공의만 좇으라 그리하면 네가 살겠고 네 하나님 여호와께서 네게 주시는 땅을 얻으리라(신 16:18-20)" 하나님은 편견이나 선입견으로 사람을 판단하지 말고 부당한 뇌물을 받지 말라고 하셨으며, 오직 공의와 공평으로 사는 사람들에게는 땅과 재물을 유업으로 주시겠다고까지 말씀하셨다. 하나님은 정의로운 기업을 축복하시고 그 필요를 채워주시는 공의의 하나님이시다.

■ 공의 상실이 불러오는 부정적 파급효과

실제 공정성과 정의는 사회의 구성원들이 자신이 속한 사회에 대한 소속감(membership), 애착(commitment), 신뢰(trust)를 가지게 되는 근거가 된다. 공정성과 정의가 훼손된 사회에서는 불안과 불만이 가득하게 되고 결국 공정성과 정의를 회복하기 위해 구성원들은 강력한 개선 요구를 제기하게 되며 이것이 여의치 않을 경우 결국 그 사회에 대한 지지를 철회하게 된다[77]. 따라서 기독경영에서는 이와 같은 공의의 원리가 위배될 경우 많은 부작용이 발생할 수 있다고 본다. 강한 자가 약한 자를 착취하고 편익을 실현하기 위해 불공정 거래가 시도되며 불평등으로 인해 구성원 사이의 불평과 불만이 팽배해질 수 있다. 보다 근본적으로는 자신이 근무하는 기업에 대한 소속감과 애착, 신뢰 등이 떨어지게 되어 대내적으로는 종업원의 불만에 따른 생산성 저하가 일어나고 대외적으로는 부정적인 기업 이미지를 생성하게 되어 결국 기업 존속에도 영향을 미치게 된다.

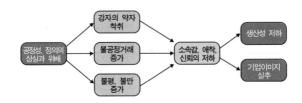

[그림 6-1] 공의 상실이 불러오는 부정적 결과와 그 과정

■ 공의의 원리의 개념과 세부 유형

공의의 원리는 '하나님의 의에 따라 공정하게 판단하고 행동하는 원리'를 말한다. 기독경영이 공의의 원리를 지켜야 하는 이유는 불의를 미워하고 정의를 펼치시는 하나님의 속성 때문이다(사 30:18). 하나님은 공의로우신 분이시다. 그런데 성경에서 말하는 공의는 주로 두 가지 의미로 사용되고 있다. 첫째는 선한 일에 대해 상을 주시고 죄에 대해서는 철저히 징벌하신다는 재판의 의미이고, 둘째는 빈부나 지식의 격차와 상관없이 모두에게 공평하게 은혜와

복을 내려주신다는 공평의 의미이다. 구원받을 수 있는 기회는 선한사람이나 악한사람에게나 공평하게 주어지는 놀라운 은총이다. 이에 본서에서는 공의를 주로 두 번째 의미로 파악하고 접근하였다. 기업은 여러 이해관계자에 의해 구성되고 운영되는 조직이다. 따라서 어느 한 이해관계자의 이익을 부당하게 대변하거나 특정인을 정당한 근거 없이 차별대우하여 결과적으로 다른 개인 혹은 집단이 손해를 입게 된다면 이는 공의의 원리에 위배되는 것이다.

그런데 공의는 사회학·심리학·경영학 등에서 말하는 정의(justice) 및 공정성(fairness)과 유사한 개념으로 볼 수 있다. 실제 공평과 공의는 정의 개념의 핵심적 구성 요소이기도 하다. 국어사전에서는 정의를 '진리에 맞는 올바른 도리, 올바른 의미, 또는 사회를 구성하고 유지하는 공정한 도리'로 설명하며, 영어사전에서는 정의를 올바름(righteousness), 공정성(fairness), 정당성 또는 적법성(rightfulness), 공평(impartiality), 형평(equity) 등으로 설명한다. 또한 공정의 사전적 의미도 공평하고 올바름을 나타낸다. 특히 정의는 원래 공정성보다 훨씬 넓은 개념이지만, 존 롤즈가 '공정성으로서의 정의'를 주장한 이래 정의와 공정은 거의 동의어로도 사용되고 있다. 따라서 본서에서는 공의를 정의, 공정성과 동일한 의미로 사용하였다.

공의의 원리의 구성 요소로는 형평·평등·공평이 있다. 첫째 형평(equity)은 '능력과 수고에 상응하여 성과를 배분'하는 것을 말한다. 즉 '심은 대로 거둔다'는 표현처럼 열심히 일한 사람에게는

제6장 공의의 원리
정의와 공정성의 실현, 공의

그 수고에 따라 보응하고 게으른 자에게는 그에 상응하는 불이익이 주어지는 원칙이다. 둘째 평등(equality)은 '개개인이 가진 동등한 기본적 권리를 인정함'을 의미한다. 인간은 하나님의 형상을 입은 동등한 권리를 가지고 태어난 존재이기에 성별, 나이, 인종, 출신지역 등으로 차별대우를 받아서는 안 된다는 개념이다. 셋째 공평(impartiality)은 '편견과 치우침이 없는 태도와 행동을 취함'을 의미한다. 예를 들어 성경에서 '공의로 사람을 재판할지며'(레 19:15)라고 말씀하신 것은 사회 및 개인의 편견에서 떠나 객관적이고 중립적 입장에서 판단하고 행동해야 함을 의미한다.

공의(justice)를 사이더스(seiders)[78]와 배리(berry)(1998)는 세 가지 차원으로 분류하였다. 분배적 정의(distributive justice), 절차적 정의(procedural justice), 상호작용적 정의(interactional justice)이다. 먼저 분배적 정의와 관련해서는 마이클 샌델은 그의 저서에서 정의를 주로 '분배적 정의'의 관점에서 분석하면서, "사회가 정의로운지 묻는 것은, 우리가 소중히 여기는 것들, 이를테면, 소득과 부, 의무와 권리, 권력과 기회, 공직과 영광 등을 어떻게 분배하는지 묻는 것이다"라고 설명하였다. 이에는 모든 것을 동등하고 평등하게 나누는 것과 기여도에 따라 차별되게 나누는 것의 2가지가 포함될 수 있다. 다음으로 절차적 정의와 관련해서는 결과 내지 성과로서의 분배만 공평하고 형평성이 있다고 해서 정의로운 것이 아니라 그 과정과 절차도 동시에 공평해야함을 의미한다. 이것은 존 롤스가 주장한 바와 같이 과정 없이 결과가 있을 수 없으며, 따라서 정의로운 과정은 결국 정의로운 결과를 낳는다는 가정에 기인하고 있다. 따라서 본서에서 제시한 공의(justice)의 원리를 사이더스(seiders)와 배리(berry)(1998)의 정의의 차원으로 분류해보면, 결국 형평(equity)과 평등(equality)은 분배적 정의에 해당되고, 공평(impartiality)은 절차적 정의에 해당하는 것으로 볼 수 있을 것이다.

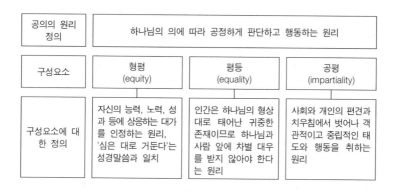

공의의 원리 정의	하나님의 의에 따라 공정하게 판단하고 행동하는 원리		
구성요소	형평 (equity)	평등 (equality)	공평 (impartiality)
구성요소에 대한 정의	자신의 능력, 노력, 성과 등에 상응하는 대가를 인정하는 원리, '심은 대로 거둔다'는 성경말씀과 일치	인간은 하나님의 형상대로 태어난 귀중한 존재이므로 하나님과 사람 앞에 차별 대우를 받지 않아야 한다는 원리	사회와 개인의 편견과 치우침에서 벗어나 객관적이고 중립적인 태도와 행동을 취하는 원리

[그림 6-2] 공의의 원리의 세부 구성요소

■ 심은 대로 거둔다, 형평(equity)

로마의 격언에 '각자의 몫은 각자에게로(suum cuique)'라는 말이 있다. 이는 아리스토텔레스가 분배적 정의의 측면에서 각자에게 그의 몫을 찾아주는 것이 정의라고 처음 주장한 내용이다. 갈라디아서 6장 7절에도 '사람이 무엇으로 심든지 그대로 거두리라'라는 말씀을 통해서, 자신이 노력한 만큼 수확하는 것이 옳음을 설명하고 있다. 또 '무릇 있는 자는 받아 풍족하게 되고 없는 자는 그 있는 것까지 빼앗기리라(마 25:29)'는 달란트 비유에서도 주님은 농부가 수고한 만큼 보상해주시는 것을 볼 수 있다. 주님은 다섯 달란트와 두 달란트를 받아 배나 남긴 농부들은 칭찬하고 격려하신 반면, 한 달란트를 그대로 가져온 농부에게는 책망하시면서 그 한 달란트마저도 빼앗으셨다.

형평(equity)은 동일한 것은 동일하게 취급하고, 서로 다른 것은 서로 다르게 취급하는 것으로써, 결국 동등한 것을 동등한 자에게, 동등하지 않는 것을 동등하지 않은 자에게 처방하는 것을 의미한다. 즉 형평의 원리는 '자신의 능력, 노력, 성과 등에 상응하는 대가를 인정하는 원리'로 요약할 수 있다. 아리스토텔레스는 형평을 여러 개인들 간의 관계에서 사물의 적절하고 마땅한 분배로 이루어진 공정한 평등이라고 하였으며, 돌바크(D'Holbach)는 형평을 각자의 재능과 업적에 따라 대우하는 것을 의미하며 정의가 곧 형평이라고 하였다. 그는 기계적 평등은 사회정의에 어긋날 뿐만 아니라 사회공동선과 양립하지 않는다고 하면서, 차별과 계급의 기원은 오직 개인의 덕성, 능력 또는 사회 공익에의 기여 등에 있으며, 그 결과 발생하는 불평등은 당연하다고 주장하였다. 따라서 형평의 개념 속에는 필연적으로 '정당한 불평등' 개념이 내포되어 있다. 이에 따라 형평(equity) 개념은 일반적으로 공정성 혹은 사회 정의 개념과 같은 의미로도 많이 사용되고 있다.

기업 내부에서 형평(equity)이란 개인의 직무에 대한 노력이나 수행과 이의 대가로 받는 보수 사이의 적정성 내지 일치성을 말한다(Goodman, 1977). 다시 말해서 조직에 더 많이 공헌한 사람이 조직에서 제공하는 보수를 더 많이 받아야 한다는 신념이다. Adams(1963, 1965)에 의하면, 개인은 자신의 투입(노동)에 대한 성과(보수)의 비율을 타인의 투입에 대한 성과의 비율과 비교하여 형평성을 지각한다고 한다. 즉 개인은 사회적 비교를 통해서 자신의 형평성 정도를 판단한다. 그런데 만약, 자신이 형평하지 못한 상황에 있다고 느끼는 종업원은 다음과 같은 행동을 취하게 된다. 첫째 직접 자신이나 타인의 투입과 성과를 변경시키거나, 둘째 자신이나 타인의 투입과 성과에 대한 인지적 왜곡을 하거나, 셋째 조직을 떠남으로써 이러한 불형평을 감소시키는 것이다. 따라서 개인이 자신의 직무수행에서 지각하게 되는 형평의 정도는 결국 개인이 자신의 직무에 대해 투입하는 노력과 직무수행의 수준 및 직무만족 등을 결정하는 중요한 동기가 될 수 있다.

사실 일한만큼 대가가 지불되지 않는 조직에서 신명나게 열심히 일할 직원들은 아무도 없다. 자신의 실력과 노력에 걸맞는 승진과 보수가 주어지는 기업에서 일하는 직원들은 그렇지 않은 기업에서 일하는 직원들보다 훨씬 많은 동기가 부여 되고 더 많은 성과를 창출할 것이다. 열정페이(熱情Pay)는 취업을 희망하는 취업준비생을 무급 혹은 저임금 인턴으로 고용하는 관행을 지칭하는 신조어로 2014년 유명 의류 업체와 소셜커머스 업체 등의 부당한 청년 고용 실태가 보도되면서 알려졌다. 결국 열정페이는 강자인

제6장 공의의 원리
정의와 공정성의 실현, 공의

기업이 상대적으로 약자인 청년 취준생들의 취약한 상황을 이용해 부당하게 차별 대우한 불형평 사례로 볼 수 있다. 기업이 취준생들에게 최저임금과 최소복지도 제공하지 않은 것은 분명 일한 만큼 받아야 한다는 형평의 원리에 어긋나는 일이다. 그런 의미에서 공정무역(Fair Trade) 사례도 형평하지 못한 대우를 받던 후진국 노동자들에게 정당한 노동의 대가를 받도록 도와 준 사례로 볼 수 있다. 공정무역 커피의 경우 커피노동자들의 임금은 3원 정도인 것에 비해 다국적기업 커피가 한 잔에 4~5천 원에 팔리는 것에서 시작되었다. 징계나 처벌도 마찬가지다. 공정한 징계는 조직의 질서를 바로 세우고 조직원들로 하여금 미래의 근무태도와 방향을 알게 하는 좋은 가이드라인이 될 수 있다. 정당하지 못한 경징계를 받은 직원들이 정당한 중징계를 받은 직원들보다 훨씬 억울하고 분노를 느끼는 것은 너무나 당연한 일이다. 직원들에게는 공정하고 형평성 있는 징계가 있는 조직이 불공정하고 형평하지 못한 승진이나 인센티브를 주는 조직보다 나은 것이다. 이와 같이 형평은 조직의 승진, 보수, 징계 등의 모든 제도에 있어 기본이 되어야할 원칙이며, 모든 기업에는 공정한 인사평가 및 성과보상 기준이 존재해야 한다.

기업 외부에서 형평(equity)이 지켜지지 않는 대표적인 형태는 하도급으로 볼 수 있다. 대·중소기업간 힘과 정보의 불균형과 미흡한 법제도 등으로 인해 불공정한 하도급거래가 만연한 것이 현실적 상황이다. 일방적 납품단가 결정, 구두발주, 기술탈취·유용

등 불공정 하도급거래가 여전히 근절되지 않고 있으며, 이로 인해 대·중소기업 간 양극화 현상은 좁혀지기는커녕 더욱 심화되고 있다. 이에 따라 정부에서는 하도급 거래의 질서 확립을 위해서 다양한 제도와 규제책을 내놓고 있으며 많은 대기업들도 중소기업과의 거래관계 개선을 위한 자구책을 내놓고 있다. 하지만 실제적인 공정한 하도급 거래질서가 확립되지 않는 한, 오른손으로는 강도짓을 하면서 왼손으로 선행을 하는 관행은 쉽게 사라지지 않을 것이다. 기업 간 관계에서 공정한 하도급 거래질서의 확립은 바로 기업세계 위에 형평의 가치를 실현하는 조건이다.

■ 하나님과 사람 앞에 인간은 모두 평등(equality)

형평이 능력에 따른 차등을 주로 말한다면, 평등(equality)은 개개인이 가진 동등한 기본적 권리를 인정함을 의미한다. 인간은 하나님의 형상을 입어 동등한 권리를 가지고 태어난 귀중한 존재이므로 성별, 나이, 인종, 출신지역 등으로 차별대우를 받아서는 안 된다. 기업이나 조직에서 그 사람의 직급이나 출신성분 때문에 사람을 무시하거나 차별대우하는 것은 평등의 정신에서 벗어나는 행위이다. 사람은 단순한 경제인이 아니라 전인격적으로 하나님께 반응하는 인간으로 보아야 하며 따라서 사람은 가정, 교회, 사회, 직장 등 어느 곳에서나 동일한 인격체로 취급되어야 한다. 교회와 가정에서 귀중하고 소중한 존재가 기업에서는 비천한 존재로 추락해서는 안 되는 것이다. 이와 같이 조직 내에서 벌어지는 노동 착취나 직원에 대한 비인간화와 같은 휴매너티(Humanity) 문제는 하나님과 사람 앞에서 인간은 모두 평등하다고 하는 성경적 원리를 위배하는 일인 것이다.

IBM의 2대 회장 토마스 왓슨(Thomas Watson)은 1953년 모든 직원들에게 보낸 편지에서 '우리 회사 IBM은 장애, 인종, 민족, 성별에 상관없이 최고의 인재를 채용하도록 한다(IBM needs to hire the best people, regardless of their disabilities, race, ethnic origin, or gender)'라는 내용을 전달하였다. 반세기가 지난 지금 이 문구는 IBM의 다양성을 중시하고 평등을 실천하는 핵심 문화로 자리 잡았다. 특히 IBM은 장애인 고용 정책에 있어서 모범적인 사례들을 많이 보여주었다. 예를 들어 가장 유명한 프로그램인 Entry Point는 미국과학진흥회와 NASA와 함께 진행하는 장애학생 인턴쉽 프로그램이다. 1997년부터 시작해서 지금까지 200명이 넘는 장애학생들을 IBM의 인턴으로 채용했고 그 중에서 약 45명은 정규직으로 채용됐다.

미국 소매업체 달러제너럴(Dollar General)이 흑인 여성 2명의 전과 기록을 조회한 후 채용 계획을 철회한 혐의로 미 당국으로부터 고발당한 사건이 있었다. 미국에서 기업이 채용 시 지원자의 전과기록을 조회하는 것은 합법이나, 기존 근로자 중 흑인을 대상으로 하여 전과자를 해고하였다는 점에서 공정성 위반으로 많은 질타를 받았다. 미 당국은 구직자들의 전과 기록을 확인하는 과정에서 달러제너럴이 흑인 지원자들에게 더 불리한 기준을 적용했다고 하면서 이는 공정하지 못하다고 지적하였다.

■ 기회의 평등과 결과의 평등을 동시에 고려

그런데 평등을 세부적으로 살펴보면 기회의 평등과 결과의 평등으로 나눌 수 있다. 이 둘은 서로 다른 개념이지만 상호보완적 관계를 가지고 있다. 왜냐하면 기회의 평등은 결과의 평등과 밀접한 상관관계를 가지고 있기 때문이다. 예를 들어 같은 시험장에서 시험을 치루는 학생들 간에도 가정적, 경제적 환경의 차이로 실질적인 기회의 평등을 갖지 못한 상황이 존재하며, 같은 출발선에서 출발한 경기자들도 환경적 요인들에 의해 원치 않는 난관들에 봉착하게 됨으로써 어느 정도 결과의 불평등은 발생할 수 있다. 따라서 기회의 평등과 결과의 평등은 기업과 사회에서 동시에 고려되어야 할 개념이라 할 수 있다.

먼저 기회의 평등(equality of opportunity)의 의미는 사회경제적 목표를 달성하기 위한 경쟁에 있어 어느 누구도 불공정한 우위를 점해서는 안 된다는 것이다. 여기서 불공정한 우위란 경쟁에서 실질적 차별이 있는 상태를 말한다. 많은 젊은이들이 어려운 여건 속에서 열심히 공부하고 일하고 있을 때, 부유한 집안이나 사회적 네트워크 때문에 큰 노력 없이 좋은 직장에 취직하고 사회적으로 성공하는 것은 분명 기회가 평등하지 않은 상황이다. 요즘 한국에 '금수저, 흙수저'라는 말이 유행인데, 이는 부모의 재산과 계급에 따라 자식의 운명이 결정됨을 비꼬는 표현이다. 한국의 젊은이들은 과도하게 결과의 평등을 바라는 것이 아니라 기회가 불평등한 사실에 좌절하고 분노하고 있다. 성별에 따른 차별도 중요한 과제이다.

한국은 전통적으로 여성에 대한 고용과 승진 차별이 심했다. 하지만 한국화이자제약은 남녀고용 평등을 적극적으로 실천함으로써 연평균 여성고용 비중이 50%를 상회하며, 임원진과 매니저 층의 여성 비중도 50%에 이른다. 특히 상대적으로 남성인력이 많았던 영업직에도 여성근로자 채용을 확대하고 있다. 한국화이자제약은 여성고용 비중을 늘림으로써 남녀고용평등을 실천할 뿐만 아니라 경영성과에서도 우수한 실적을 지속하고 있다.

결과의 평등(equality of outcome)은 개인의 자질과 능력에 따라 결과의 차이가 필연적으로 발생할 수 있지만 이를 어느 정도 보전함으로써 결과의 평등을 추구하는 개념이다. 이는 보다 나은 자질이나 능력을 가진 사람들의 혁신 동기를 박탈하고 결과적으로 사회발전을 저해할 수 있다는 비판도 존재한다. 하지만『불평등을 넘어─정의를 위해 무엇을 할 것인가』의 앤서니 앳킨슨,『21세기 자본』의 토마 피케티,『불평등의 대가』의 조지프 스티글리츠 등은 완전한 평등을 추구하는 것이 아니라 지금의 불평등 수준이 지나치다는 믿음 하에 불평등을 현재 수준 아래로 줄이는 것이 필요함을 공통적으로 지적하였다. 실제로 결과 불평등의 원인 중 상당부분이 통제 불가능한 환경적 요인들에 의해 발생한다는 점을 고려하면 '기회의 평등' 못지않게 '결과의 평등'도 중요한 개념으로 볼 수 있다.

레위기 25장에 보면 희년사상이 나온다. 희년이 되면 노예가 해방되고 잃었던 땅과 기업이 회복되고 노동으로부터 안식과 빚이 탕감된다. 따라서 희년이 가지는 가장 중요한 의미는 바로 이스라엘 백성이 하나님 앞에서 모두가 평등하고 자유롭게 사는 것이었다. 희년사상은 결국 경제적인 측면에서 분배의 정의를 실현시키는 제도적 장치였으며, 오늘날에도 인간이 하나님 앞에서 모두 평등하다는 원칙이 살아있는 한 꼭 지켜져야 할 가치이다.

■ 편견과 치우침이 없는 공평(impartiality)

공평(impartiality)은 편견과 치우침이 없는 태도와 행동을 취함을 의미한다. 예를 들어 성경에서 '공의로 백성을 재판할 것이니라 너는 굽게 판단하지 말며 사람을 외모로 보지 말며(신 16:18-20)' '공의로 사람을 재판할지며'(레 19:15)라고 말씀하신 것은 사회 및 개인의 편견에서 떠나 객관적이고 중립적 입장에서 판단하고 행동해야 함을 의미하는 것이다. 편견 없이 공정하게 판단한다는 의미를 나타내는 '저울을 들고 눈을 가린 정의의 여신상'은 아마도 공평을 가장 잘 나타내는 상징물일 것이다. 이러한 공평은 조직 내에서 이루어지는 모든 과정에서 지켜져야 한다. 예를 들어 직원들의 인사 평가가 공평하게 이루어져야 하고, 모든 직원들에게 공평한 기회가 제공되어야 하며, 성과도 공평하게 분배되어야 한다.

제6장 공의의 원리
정의와 공정성의 실현, 공의

　종업원들이 행복을 느끼는 기업은 나이, 학력, 성별, 경력 등 다양한 차이에도 불구하고 공평한 기회를 제공한다는 특징이 있다. 특히 공평한 인사는 직원 만족도에 있어 가장 중요한 요인으로 작용한다. LED조명제조업체 소룩스는 공평한 기회를 제공하기 위해 직급을 타파했다. 마케팅 부서만 제외하면 소룩스에는 팀장과 부팀장이라는 단 2개의 직급만 있다. 신입사원도 3개월만 근무하면 부팀장이 될 수 있다고 한다. 또한 자신이 연초에 작성한 계획서에 비해 어느 정도 성과를 달성했느냐에 따라 급여와 인센티브도 결정된다.

　현대캐피탈·카드에서는 '커리어마켓(career market)' 제도를 통해 대부분의 임직원들이 자신이 원하는 업무를 할 수 있다. '커리어

마켓' 제도는 사내채용시장에 자신을 매물로 내놓을 수 있는 시스템이다. 임직원들은 사내 인트라넷에 자신이 일하고 싶은 부서를 신청할 수 있다. 이곳에 부서 이동을 지원한 경우 부서장이나 임원도 막을 수 없으며, 실제 상당수의 인사이동이 이 제도를 통해 이루어졌다고 한다.

공평은 주로 절차적 정의와 주로 관련된 개념이다. 즉 결과 내지 성과로서의 분배만 공평하고 형평성이 있다고 해서 정의로운 것이 아니라 그 과정과 절차도 동시에 공평해야한다는 것이다. 왜냐하면 정의로운 과정은 결국 정의로운 결과를 낳기 때문이다. 절차적 정의란 사람들이 일정하게 규정된 조건 아래에서 공정한 절차적 규칙에 합의했다면, 그 절차를 통해 나온 결과 또한 정의롭다고 보는 관점이다. 분배 결정의 기준이 얼마나 공정한가를 따지기 어려운 상황에서 사람들은 분배 결정의 절차가 얼마나 공정하게 지켜졌는가에 따라 공정성에 대한 판단과 평가를 내릴 수 있다. 미국에서 절차적 정의의 공평성을 가장 광범위하게 연구한 학자인 심리학자 톰 타일러(Tom Tyler)는 가난한 지역주민들의 법에 대한 태도를 연구하였는데 놀랍게도 이들이 법과 법집행에 보이는 반응은 결과보다는 과정의 공평성이었다. 사회적, 경제적인 약자들도 과정과 절차의 정의만 준수된다면 일정한 조건하에서의 결과의 불평등도 수용할 수 있었다.

존 롤즈는 정의의 원칙들을 도출하는 절차와 방식에 주목해 '공정으로서의 정의관'이라고 명명한 바 있다. 즉 절차적 정의는 외부에서 결정된 절차를 무비판적으로 수용하는 것이 아니라 구성원들이 참여하여 공정한 절차를 스스로 확립한 경우에는 주권이 구성원에게 있다는 민주주의 이념과 잘 조화된다. 이러한 장점 때문에 오늘날 정의에 관한 논의에서 가장 중요하게 부각되는 것이 절차적 정의이다.

따라서 기업은 공평과 관련해서 인사평가, 기회 제공, 성과 분배 등에서의 명확한 절차적 기준의 확립과 실천이 필요하며, 또한 절차적 과정에 대한 투명한 공개와 정기적 피드백을 통해서 대내외 구성원의 공감과 동의를 얻어야 할 것이다.

사회공헌으로 유명한 유한킴벌리는 공정한 인사평가제도로 타의모범이 되고 있다. 유한킴벌리의 성과관리는 연중 4단계 프로세스로 이루어진다. Plan(목표설정) → Coach(피드백 코칭) → Assess(성과평가) → Reward(보상) 순이다. 목표설정단계에서는 '리더와의 면담을 통한 결정'이 이루어진다. 업무목표 뿐 아니라 업무외 개인개발 목표를 수립하는데 예를 들면 금연하기, 운동하기 등이다. 피드백코칭단계는 수시로 이루어지며, give feedback과 get feedback으로 이루진다. 성과평가단계는 종합적으로는 4등급으로 평가하며 비전행동모델 평가와 개인성과 목표별 평가를 시행한다. 보상단계에서는 당해 연도 개인성과를 상여하고 차년도 연봉을 인상시키거나 승진시키는데 사용한다. 또한 유한킴벌리의 성과급은 경영성과, 부문성과, 개인성과로 구성되어있다. 이 중 개인성과가 연봉에 가장 많은 영향을 미쳐 유한킴벌리의 성과관리제도는 개인성과주의적인 성격이 강하다. 성과목표설정부터 개인성과 중심이다. 그러나 프로젝트 워크 조직이라는 협업 제도를 사용하여 개인성과 중심 제도에서 간과하기 쉬운 협업방식을 보완하고 있다. 유한킴벌리는 공정하고 공평한 인사평가제도를 통해 직원들의 만족을 극대화하고 있다.

■ 복음에 빚진 자가 가져야할 자세, 공의

경제학에서는 일반적으로 시장경제 성과를 평가하는 기준으로 '효율성(efficiency)'과 '공평성(equity)'의 두 가지 개념을 사용한다. 이 두 기준을 바탕으로 달성 가능한 가장 좋은 상태를 가져다주는 배분 및 분배 상태를 '사회적으로 바람직하다'고 표현하고, 사회적 바람직함이 달성되어 개인 이익과 공공 이익이 적절히 감안되어 사회후생이 극대화된 상태를 '사회가 가장 좋은 상태에 있다'고 말한다(안석환, 2014). 즉 책임효율성과 공의공평성는 가장 바람직한 사회를 이루는 양대 축으로 볼 수 있다. 그런데 최근 불고 있는 자본주의에 대한 비판과 수정 요구는 향후 책임효율보다 오히려 공의공평에 대한 관심과 중요성이 더욱 증가할 것을 예고하고 있다.

분배적 정의형평, 평등와 절차적 정의공평는 서로 구분되는 개념이지만 상호 밀접한 보완관계에 있다. 먼저 분배적 정의는 직원들의 동기부여와 직무 만족 등에 큰 영향을 미치는 주요인이다. 왜냐하면 직원들 입장에서는 결과적으로 자신들에게 주어지는 급여와 복리후생이 분배적 정의에 의해 최종 결정되기 때문이다. 그런데 이 과정에서 중요한 변수로 작용하는 것이 바로 절차적 정의다. 왜냐하면 분배적 정의가 최종 결과에 직접적인 영향을 미치는 과정에서 절차적 정의가 일종의 조절 역할을 수행하기 때문이다. 즉 절차적 정의의 수준에 따라 최종 분배 결과에 대한 직원들의 수용여부와 만족도 등은 달라질 수 있다. 그리고 분배적 정의와 절차적 정의의 준수 여부에 따라 여러 가지 상황이 존재할 수 있다. 먼저 분배적 정의와 절차적 정의가 모두 공정한 경우는 최선의 상황으로 바람직한 상태로 볼 수 있다. 분배적 정의와 절차적 정의 중 어느 하나만 지켜지는 경우는 겉으로 보기에는 일견 공정한 것처럼 보이나 결국은 공정하지 못하다. 따라서 해당되는 불공정한 분배나 절차에 대한 개선이 필요하다. 분배적 정의도 절차적 정의도 지켜지지 않는 경우는 대폭적인 개선이 필요한 상황이다. 특히 기업은 시스템과 제도의 대폭적 개선을 통해 신속하게 공정성을 회복해야 내부 종업원의 만족과 기업의 건강성이 회복될 것이다.

[그림 6-3] 분배적 정의와 절차적 정의의 관계도 및 상호관계에 따른 대응방안

공의와 다른 원리간의 관계를 살펴보면, 먼저 공의와 신뢰는 상호 긍정적 인과관계를 가지고 있다. 공정한 경쟁이 보장되는

공정한 사회일수록 상호간의 신뢰수준은 더욱 높아질 것이며, 반대로 상호간의 신뢰수준이 높은 사회일수록 형평과 공평 같은 공의가 더 잘 지켜질 것이다. 그리고 공의는 배려와는 상호 보완적 관계에 놓여 있다. 마이클 카츠[79] 등은 저서 『정의와 배려』에서 "배려와 정의는 종종 서로 다른 도덕적 사례에 적용된다. 정의로운 결정을 하거나 정의로운 정책을 수립하는 것만으로는 충분하지 않다. 본래의 징책이 그 목적을 달성했는지, 새로운 불평등이나 해악을 발생했는가를 보기 위해서는 배려적인 실행과 배려에 의한 반성을 해야 한다."고 하였다. 즉 정의의 엄격한 실행에 따라 발생 가능한 사회적 소외와 메마름을 배려에 의해 보듬을 필요가 있다. 또한 공의를 실천함에 있어 추가로 고려할 점은 공의의 수준 문제이다. 공의의 수준은 기업의 성장단계와 기업이 처한 상황에 따라 차이가 날 수 있다. 따라서 기업의 상황에 따라 공의와 책임, 공의와 배려 등의 수준을 적절히 조절할 필요가 있으며, 또한 공의의 3가지 세부 요소들인 형평·평등·공평 간에 있어서도 적절한 균형과 공존이 가능해야 한다.

'우리는 모두 복음에 빚진 자들이다(로마서 11:14~15)' 서로가 서로에게 빚을 지고 있다는 생각을 가지고 빚을 갚아야 할 상대로 바라본다면 많은 문제를 다르게 볼 수 있고 해결할 수 있다. 사실 갑을 관계도 매우 상대적인 것이다. 강자와 약자의 지위는 늘 바뀌게 마련이기 때문이다. 한 기업이 다른 기업과의 관계에서 항상 갑의 입장에만 있는 것은 아니며 어떤 상황에서는 을의 지위

217

제6장 공의의 원리
정의와 공정성의 실현, 공의

에 놓이기도 한다. 또 영원한 갑은 존재하지 않으며 오르막이 있으면 내리막이 있는 법이다. 따라서 우리는 늘 상대방의 입장에서 한번 더 생각하고 오늘의 성공에 자만해 약자를 무시하지 말아야겠다. 서로가 서로에게 매우 귀중한 존재라는 생각으로 조금씩만 양보하고 이해한다면 공의와 관련된 많은 문제들이 해결될 수 있을 것이다.

굿 비즈니스 플러스

↘ 실천방안

1. **기업세계에 공의의 확립**: 하나님의 공의(정의)는 기업의 효율성 즉 수익극 대화만큼 중요한 원칙이며, 미래에는 공의에 대한 요구와 기준이 더욱 증가할 것이다.

2. **소원칙간 적절한 균형**: 기업세계에 하나님의 공의가 세워지기 위해서는 형평, 평등, 공평의 3가지 소원칙들이 유기적으로 연결되고 적절하게 지켜져야 한다.

3. **과정과 결과의 공정**: 분배적 정의와 절차적 정의는 서로 독립적이면서 동시에 상호보완적 관계에 있는 개념으로 상호간의 균형 있는 연계가 중요하다.

4. **공의 위에 회복과 사랑을 더함**: 공정하고 공평하게 모든 원칙들이 준수되는 것과 함께 궁극적으로는 사람과 하나님에 대한 빚진 자 정신을 통해 상대방을 포용하고 사랑함으로써 공동체의 행복과 평화를 가져오는 것도 중요하다.

↘ 토론할 문제

1. 본 절에서 제시한 형평, 평등, 공평이 잘 지켜진 경영의 사례를 한번 제시해 보자.

2. 공의의 원리가 다른 원리들(신뢰, 배려, 책임 등)과 충돌하는 상황은 어떠한 경우가 있을 수 있으며, 이 경우에 기업은 어떻게 해결할 수 있는가?

3. 공의의 세 가지 세부 원칙들 간에 상호 충돌이 일어나는 상황은 어떠한 경우가 있을 수 있으며, 이 경우에 기업은 어떻게 해결할 수 있는가?

4. 공의의 세 가지 세부 원칙들 중에서 당신의 기업에서 보다 중요한 가치는 무엇인가?

5. 공의의 세 가지 세부 원칙들을 지켜내기 위해 당신의 기업에서 어떻게 해야 할 것인가?

제6장 공의의 원리
정의와 공정성의 실현, 공의

제7장

/

신뢰의 원리

- 경쟁력의 기반, 신뢰 -

우리는 서로를 신뢰할 수 있고, 신뢰의 삶을 살아야
마땅하다는 하나님 나라의 가치가 충분히 세상을 이길
힘이 있다는 것을 보여주어야 한다.

도 입

유한양행 사례

유한양행은 1926년에 설립된 한국의 장수기업이며 정직과 성실과 나눔의 기업문화, 윤리경영 실천이라는 회사의 일관된 이미지를 국민들에게 각인시켜 왔다. 금계납이 첫 약품이었는데 당시 약품 광고들이 대부분 어떤 질환에 효능이 있는지에 대한 언급 없이 '만병통치약'이라는 식이었던 데 반해 유한양행은 구체적인 질환과 효능을 명시했다. 또한 버들표 마크와 부인인 의사 호미리, 약사 나찬수의 이름을 적어 넣었다. 제품의 신뢰성뿐 아니라 국민의 건강을 챙긴다는 회사의 사명을 분명히 하기 위한 조치였다. 이로 인해 많은 사람들은 버들표는 믿어도 된다고 생각했다.

유한양행의 기업 이념은 '우수 의약품 생산, 성실한 납세, 기업이윤의 사회환원'이다. 홈페이지에는 성실한 납세에 대한 설명이 있다. "기업의 사회적 책임에 있어 가장 기본이 납세에 있으며, 기업활동을 통하여 이루어지는 부의 축적은 반드시 성실한 납세를 통하여 국가에 되돌려져야 한다는… (중략)… 성실한 납세는 유한양행의 애국의 표현이며 기업 이념입니다." 유한양행이 능률협회 주관 제약부문에서 한국에서 존경받는 기업 1위의 자리를 12년간이나 연속 차지한 것이나 2009년 신뢰기업 대상을 수상한 것은 이러한 올바른 기업 이념을 실천한 덕분이다.

유한양행은 신의, 성실, 정직의 경영원칙 아래 '유한인의 윤리강령' 제정·준수 등으로 윤리경영을, 내부 감사 기능 강화와 회계기준 준수 등으로 투명경영을 실시하고 있다. 분기마다 있는 사업 실적 보고회 및 연말 경영 계획 심의 시 노조 대표들까지 자리를 함께하고 그 결과를 전 사원들과 공유하고 있다. 잘 되든 잘못 되든지 간에 전사적인 이해가 있어야 한다는 것이 경영진의 의지다. 이러한 노사 문화를 바탕으로 노사 문화 우수 기업으로 선정, 2010년 노사 문화 대상(국무총리상)을 수상하는 등 대외적으로도 높은 평가를 받고 있다.

■ 신뢰수준이 낮다

한국사회는 전반적으로 서로를 신뢰하지 않는다. OECD 조사 자료(2010~2014 기준)에 의하면, 한국은 '보편적으로 다른 사람을 믿을 수 있다.'에 32.2%만이, '이웃을 얼마나 신뢰하는가'에 대해서는 56.5%만이 그렇다고 응답했다. OECD 조사 국가 32개국 중 신뢰로 대변되는 사회적 자본 지수의 크기는 29위로 최하위권이다.[80]

보건사회연구원의 사회신뢰관계 분석에 의하면, '우리 사회가 어느 정도 믿을 수 있는 사회라고 생각하는가?'에 대해 '전혀 믿을 수 없다(0)~매우 믿을 수 있다(10)'로 측정할 때 전체 평균 4.59점으로 중간 이하이다.[81]

기업에 대한 신뢰수준도 마찬가지이다. 한국직업능력개발원의 〈한국인의 직업의식 및 직업윤리(2014)〉 조사에 의하면, 우리 국민들은 고용주 및 사용자의 직업윤리에 대해 7점 만점에 3.87로 윤리의식이 평균 이하라고 평가하고 있다.[82] 회사에 직접 몸담고 있는 직원들도 자기 회사를 신뢰하는 정도가 낮다. 세계적인 커뮤니케이션 기업인 에델만(Edelman)이 2015년 조사한 바에 의하면, '내가 일하는 회사를 신뢰한다.'에 한국 임직원은 55%만이 그렇다고 응답했고 이는 조사 대상 국가 28개국 중 23위를 기록했다.[83] 신뢰도에 영향을 미치는 요인 중 진실성(integrity)을 의미하는 위기 시에 책임 있는 행동은 15%(글로벌 평균 50%), 투명한 경영 12%(글로벌 평균 46%), 윤리경영은 13%(글로벌 평균 43%)로 매우 낮고, 글로벌 평균에 비해 30% 이상 차이가 났다.[84]

■ 그만큼 비용을 지불하고 있다

회사를 운영하기 위해서는 거래비용[85)]이 반드시 발생하는데 이것이 크면 그만큼 이익이 감소한다는 것은 누구나 아는 이야기이다. 거래비용은 신뢰수준과는 반비례 관계여서 신뢰수준이 낮으면 그만큼 비용 지불을 많이 해야 한다. 좀 더 구체적으로 살펴보자.

첫째는 회사가 거래를 성사시키기 위한 여러 활동을 하는 가운데 상호 간에 신뢰가 낮아 비용이 많이 들어간다. 협상 비용, 상대방에 대한 정보 수집 비용, 계약서를 제대로 작성했는지 확인하는 비용, 계약을 제대로 준수하는 지 감시하는 비용, 문제가 생겨서 재계약을 하는 비용 등 이루 말할 수 없다. 서로를 속이지 않는다면 여러 번의 협상이나 수십 장의 계약서도, 그것이 제대로인지를 확인하기 위한 변호사도 필요 없는데 믿지 못하기 때문에 군이 쓰지 않아도 될 비용이 들어가는 것이다.

둘째는 회사 내부에서도 신뢰로 인한 비용 문제가 발생한다. 사장은 부품을 구매하는 직원이 혹시 물건을 빼 돌리지는 않을지, 월급만큼 열심히 일하지 않는 직원은 없는지 걱정한다. 그런 걱정을 덜기 위해서는 종업원을 관리하고 철저하게 감독해야 한다. 그만큼 관리할 사람이 필요하고, 규칙을 만드는 일이 생기면서 비용은 늘어난다. 게다가 사장이 걱정한 대로 누군가 실제로 잘못을 저지르는 일이 발생하면 이를 방지하고자 더욱 감독을 철저히 하고 여러 장치를 마련한다. 당연히 추가적인 비용이 들어간다. 종업원의 입장에서도 마찬가지이다. 종업원들이 사장을 온전히 믿고 따를 수 없는 상황을 만날 수 있다. 사장의 능력이 부족하든지, 종업원을 존중하지 않던지, 혹은 사장이 자기 이익을 챙기거나 정직하지 못하면 종업원은 사장이 볼 때와 보지 않을 때 다른 행동을 하게 된다. 종업원이 회사 생활에 만족할 수 없으면 생산성이 떨어진다. 회사는 그만큼 비용을 더 지불해야 한다.

셋째, 기업과 연결된 사회에서도 비용이 발생한다. 우리 사회는 기업을 믿지 못하기 때문에 많은 비용을 들여 감시하고 감독한다. 예를 들어, 혹시 기업들이 탈세하지 않을까, 오염된 폐수를 남몰래 버리지 않을까 염려하게 되고 이를 감시할 공무원, 기관이 더 필요하게 된다. 그 비용은 고스란히 국민의 세금으로 충당해야 한다. 기업 입장에서 보면, 정부가 기업을 믿지 못해 세무조사나 감독하는 일을 자꾸 하게 되면 이에 대응하느라 비생산적인 일에 신경을 많이 쓰게 된다. 기업과 기업들이 서로를 믿지 못하면 변호사 비용이 많이 들어간다. 납품업체와 원청업체가 서로를 믿지 못하면 품질을 꼼꼼히 살피는데 비용을 써야 한다. 회사가 제품의 품질을 속이면 고객들은 그만큼 손해를 보고 제품을 제때 사용하지 못하는 비용, 신경을 쓰는 비용, 시간을 내는 비용 등 유형, 무형의 비용을 더 내게 된다.

■ 왜 신뢰하기 어려운가

한국사회에는 다른 사람을 너무 믿거나, 정직하면 손해라는 믿음이 있다. 정보통신정책연구원이 15~59세 2,500명을 대상으로 실시 한 'IT를 통한 사회적 자본 축적방안 연구(2008)'에 의하면, '정직하면 손해 본다.'라는 주장에 대해 57.0%가 동의한다고 응답했다.[86] 실제 인터넷을 검색해 보면, '착하면 손해, 정직하면 손해'와 관린된 칼럼이나 관린 이야기들을 무수히 발건할 수 있다. 한국사회에서는 법을 잘 준수하지 않을 뿐 더러(15.2% 만 '그렇다'고 응답), 법을 준수하면 손해 보는 경우가 많다고 생각하는 사람들이 70.1%가 될 정도이다.[87] 안타깝게도 한국사회에서 이러한 생각은 사회적 믿음인 것처럼 보인다.

신뢰하면 안 된다는 사회적 믿음이 생기는 이유에 대해 어떤 심리학자는 기억의 오류 때문이라고 한다.[88] 정직한 수많은 사람이 아무런 피해를 보지 않고 성공하면 사람들은 그러려니 하면서 신경을 쓰지 않는다. 하지만 정직하게 살아온 사람이 실패를 하는 경우가 한 번이라도 발생하면 사람들은 그것을 두고두고 기억에 담는다. 그리고는 '정직하면 손해 본다.'는 믿음을 강화시킨다.

자신에게만 유리한 태도를 취하려는 인간의 이기적인 행동도 서로를 신뢰하지 못하게 하는 원인이다. 경제학에 죄수의 딜레마라는 이론이 있다. 두 명의 공범자가 있는데 함께 범죄 사실을 숨기면 두 사람 모두 증거불충분으로 형량이 낮아지는 최선의 결과를 누릴 수 있다. 그러나 상대방을 믿지 못하고 자신에게만 유리

제7장 신뢰의 원리
경쟁력의 기반, 신뢰

한 태도를 취하고 상대의 죄를 고발함으로써 결국은 둘 다 무거운 형벌을 선고 받게 된다. 이런 현상을 일컬어 '죄수의 딜레마'라고 하는데 왜 죄수들은 최선이 아닌 최악의 선택을 하는 것일까? 상대방을 믿지 않고 이기적으로 행동하는 것이 오히려 합리적이고 자신에게 유리할 것이라고 생각하는 어리석음이 우리 인간에게 있기 때문이다. 우리 사회도 죄수의 딜레마에 빠져 있다. '자신에게 유리하면 타인에게 피해는 어쩔 수 없다.'고 생각하는 사람들이 62.3%에 달하는 것을 보아도 알 수 있다.[89]

일반적으로 사회적 믿음은 반복되고 증폭되는 자기실현적 예언(self-fulfillment prophecy)이 되는 성격을 가진다. 자기실현적 예언이란 상대방에 대해 어떤 믿음을 갖고 있으면 그 믿는 바에 따라 행동하게 되고 상대방은 그것에 영향을 받아 실제로 그 믿는 바를 보여준다는 것이다. 기업 경영을 예로 들면, 우리가 상대방을 믿지 못하면 관리, 감독을 많이 하게 되고 상대방은 그것에 익숙해져 감독할 때는 성실하게, 그렇지 않을 때는 대충 하는 모습을 보인다. 감독하는 입장에서는 역시 사람은 믿을 수 없다는 자기 신념을 확고히 하게 되고 더욱 감독을 강화하는 악순환이 된다. 이런 자기실현적 예언이 점점 증폭되면 사회 전반이 서로에 대해 믿지 못하고 이를 감시 감독하는 비용은 더욱 늘어난다.

정리하자면 아래의 그림과 같다. 인간은 자기에게만 유리하기 위해 스스럼없이 이기적인 행동을 하고, 착한 사람들이 오히려 잘못되는 것을 보면서 세상은 믿을 바 못 된다는 기억의 오류를

굿 비즈니스 플러스

강화시킨다. 이것은 사회적 믿음이 되고 불신의 자기실현적 예언을 거듭한다. 이로 인해 더욱 신뢰가 낮은 사회문화가 되고, 낮은 신뢰 속에서 정직하지 못한 것을 감시하고 관리하기 위한 제도와 기관들이 만들어진다. 급기야 서로가 서로에게 비용부담을 안기는 악순환이 거듭된다.

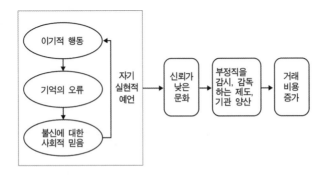

[그림 7-1] 낮은 신뢰과정의 원인-결과

■ 신뢰의 길을 가야 한다

기업의 규모가 크던 작던, 한국이든 다른 나라든 수많은 기업들은 신뢰(trust)를 핵심가치(core value)로 갖고 있다. 글로벌 일류기업을 분석한 연구와 책들은 신뢰가 기업 경쟁력의 원천이라고 주장한다. 신뢰가 높으면 거래비용이 줄고 그만큼 이익이 된다는 것은 상식에 속한다. 이쯤에서 기독경영의 원리로서 신뢰를 강조해야 할 것인가 고민이 생긴다. 세상의 경영 원리에서 이미 신뢰의 중요성을 언급하고 있는데 기독경영원리로서 차별화할 것이 없어 보인다. 그런데 가만히 보면 누구나 신뢰를 중요하게 생각하는 것은 사실이지만 모든 기업들이 높은 신뢰 수준을 갖고 있지 않다. 오히려 너무 낮은 신뢰 수준을 보인다. 이유는 무엇일까? 신뢰를 얻기 위해서는 상당히 위험을 감수해야 하므로 신뢰를 실천한다는 게 말처럼 쉽지 않기 때문이다. 기업을 하면서 세금을 정직하게 내고 나면 남는 게 없고, 거래처를 순진하게 믿다가 상대방이 남몰래 부도를 내서 큰 타격을 받을 수 있고, 직원들을 믿고 자율 경영을 하다가 직원의 실수나 부정으로 회사가 휘청거릴 가능성은 얼마든지 있다. 기억의 오류, 불신을 조장하는 사회적 믿음이 편만한 세상에서는 다른 사람을 믿지 않는 것이 더 지혜로울지 모른다.

우리가 신뢰를 기독경영원리로 삼자는 것은 바로 이 점 때문이다. 세상이 신뢰를 중요하게 생각지만 실천은 별개로 여기는 현실에서 기독경영을 하는 사람들은 신뢰를 제대로 이해하고, 제대로 실천하는 모습을 보여 주어야 한다. 한 걸음 더 나아가 신뢰를 하면 성공하지 못할 수도 있고, 심지어 회사가 심각한 어려움이 처할 수도 있지만 '그리 아니하실지라도(다니엘 3:18)'의 신앙으로 담대하게 신뢰의 길을 가야 한다. 비록 세상은 서로를 믿을 수 없다고 하고, 세상의 흐름에 맞게 살아야 한다고 속삭이고 미혹하는 어두움의 영에 대해 과감히 그렇지 않다고 이야기할 수 있어야 한다. 우리는 서로를 신뢰할 수 있고 신뢰의 삶을 살아야 마땅하다는 하나님 나라의 가치가 충분히 세상을 이길 힘이 있다는 것을 보여주어야 한다. '너의 선한 일을 보고 하나님께 영광을 돌리게 하려 함이라(벧전 2: 12)'는 말씀처럼 우리가 하나님 나라의 가치대로 행하면 세상 사람들은 하나님께 영광을 돌릴 수 있다. 구체적인 신뢰의 실천으로 나가기 위한 첫 걸음으로 신뢰의 속뜻이 무엇인지를 알아보자.

■ 신뢰란 무엇인가

신뢰는 '다른 사람의 행동이나 의도에 대해 긍정적인 기대에 근거하여 상대방이 신뢰를 저버려 손해 볼지도 모르는 위험을 기꺼이 받아들이는 상태(Rousseau et. al., 1998)[90]', 또는 '사회의 구성원들이 함께 공유하는 상식적 규범에 근거하여 협력하고 정직한 행동을 할 것이라는 기대(Fukuyama, 1995)[91]'를 의미한다. 신뢰라는 말 속에는 사람들 서로가 주고받는 상호 관계성이 포함되어 있다. 그래서 신뢰를 얻으려면 내가 상대방에게 믿음을 주어야 하고 다른 사람도 나를 믿어주어야 한다. 기독경영인은 단지 사람에게만 믿음을 주는 것이어서는 안 된다. '사람의 행위가 자기 보기에는 모두 정직하여도 여호와는 마음을 감찰하시느니라.(잠 21:2)'는 말씀처럼 사람의 속마음까지 아시는, 그래서 기독경영에서는 하나님과 사람 앞에서 신뢰를 얻어야 한다. 기독경영에서 신뢰의 원리는 '하나님과 사람 앞에서 거짓 없이 행하여 이해관계 자들에게 믿음을 주는 원리'이다. 신뢰의 원리가 충족되기 위해서는 세 가지 구성요소, 즉 진실성(trustfulness), 투명성(transparency), 일관성(consistency)이 있어야 한다.

'진실성'은 하나님으로부터 부르심을 받은 일에 합당하게 행하는(엡 4:1) 것을 의미한다. 기업경영과 직장에서 올바르고 진정한 목적을 가지고 실천하는 것을 말한다. 또한 그대로의 사실 혹은 가치를 정직하고 정확하게 나타내는 것이다. '속이는 저울을 하나님 이 미워하신다(잠 11:1)'는 것을 항상 마음에 두는 것을 말한다.

'투명성'은 하나님 앞에서처럼 사람과 이해관계자에 대해 어떤 것도 숨기지 않고 드러내는 것을 말한다. 장차 심판대 앞에서 '선행도 밝히 드러나고 그렇지 아니한 것도 숨길 수 없다(딤전 5:25)'는 말씀을 기억하며 살아가는 것을 의미한다. 기업을 경영하는 자에게 투명성은 사회로부터 요구되는 경영정보를 솔직하게 드러내는 것이다.

'일관성'은 이해관계자를 대함에 있어서 어제나 오늘이나 변함 없이 동일한 태도를 유지하는 것이다. 예수님도 어제나 오늘이나 영원토록 동일하신 분(히 13:8)이고, 그 분의 제자인 우리에게도 '동일한 부지런함을 나타내어 끝까지 소망의 풍성함에 이르라(히 6:11)'고 말씀하신다.

아래는 신뢰의 원리를 이루는 구성요소를 정리한 것이다.

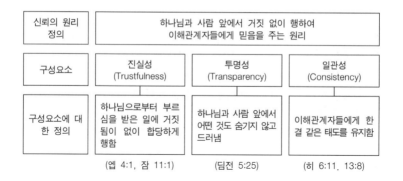

[그림 7-2] 신뢰의 원리

■ 진실성, 올바른 목적과 수단

　진실성은 기업의 거래활동에서 모든 이해관계자들에게 올바른 목적과 진심어린 태도를 갖는 것을 의미한다. 진실한 기업은 직원, 거래업체, 고객 모두에게 진심으로 가치 있는 것을 제공하겠다는 생각을 갖는다. 다른 사람을 이용해서 나의 유익만을 취하겠다는 생각을 하지 않는다. 올바른 목적뿐 아니라 올바른 수단을 중요하게 여긴다. 올바른 목적을 갖고 있어도 결과가 원하는 대로 나오지 않으면 옳지 않은 수단을 사용하고 싶은 유혹을 물리친다. 단기적으로 효과가 있는 듯이 보이나 장기적으로는 해로운 결과를 불러오는 것을 과감히 배척한다. 이런 신념은 때로는 회사에 단기적인 어려움이나 위기를 초래할 수도 있다. 하지만 인내하다 보면 결국에는 회사의 진정성 있는 목적에 대해 박수를 받는다. 또한 올바른 목적과 함께 올바른 수단을 사용한다.

■ **톰스오브메인(Toms of Maine)의 결단**

톰스오브메인은 자연과 인체에 무해한 순수 천연 원료만으로 제품을 만드는 친환경기업이다. 이 회사에는 30년 이상 일관된 가치관이 있다. '사람들에게 도움이 되는 일을 하라. 환경에 득이 되는 일을 하라. 그리고 그런 일을 하기 위해 돈을 벌어라. 이것이 우리가 가장 우선적으로 생각하고 있는 목표이다. 이것은 앞으로도 결코 바뀌지 않을 것이다.' 옳은 일을 하다 보면 그것이 이익 목표와 대치되는 일이 종종 발생한다. 1993년 천년 항균제인 이끼가 함유된 방취제를 시장에 내놓았는데 냄새가 좋지 않아 소비자 불만이 폭주했다. 그렇다고 굳이 리콜까지는 하지 않아도 되었다. 이에 대해 창업자 채플은 "우리는 이윤이냐 가치관이냐 하는 도덕적 딜레마에 빠졌다."고 고백했지만, 결국은 고객들을 위해 그 해 수익의 30%에 달하는 40만 달러의 손해를 보고도 리콜 조치를 취했다.

- 위대한 기업을 넘어 영적 기업으로(HANEON.COM)

많은 기업들은 고객들이 만족할만한 제품과 서비스를 제공하고 수익을 창출하여 직원들과 투자자, 지역사회에 기여할 것으로 목적으로 삼는다. 그런데 실상은 그렇지 못하다. 기업이 지속 가능한 생존을 위해서 반드시 확보해야 할 수익 창출에 집중하다 보면 목적과 수단이 헷갈리는 경우가 많다. 시장점유율, 이익률, 주당 순이익 등의 목표로 관리자들을 압박하다 보면 그 목표치를 달성하기 위해 장기적으로는 주주를 비롯한 이해관계자들에게 해가 된다는 것을 알면서도 부적절한 행동을 하기도 한다. 도요타는 엄격한 품질관리, 원가관리로 소비자들에게 합리적인 가격에 높은 품질을 제공하자는 올바른 목표로 일관해 세계적인 자동차 명망기업이 되었다. 하지만 세계 경제가 어려워지면서 회사의 수익도 기대한 만큼 얻지 못하자 옳지 못한 수단의 유혹을 받게 되었다. 경영진은 수익을 위한 비용 절감을 과도하게 요구하였고 관리자들은 그로 인한 품질의 심각한 문제에 대해 감히 윗사람들에게 노(No)라고 하지 못한 끝에 2010년 대규모 리콜이라는 사대를 초래하였다.

> **"**
>
> 진실성은 있는 그대로의 사실 혹은 가치를 정확하게 나타내는 것을 의미한다.
>
> **"**

진실성은 있는 그대로의 사실 혹은 가치를 정확하게 나타내는 것을 의미한다. 성경은 상거래를 할 때에 물건의 양을 정확히 하지 않으며 '속이는 저울은 여호와께서 미워하신다.(잠 11:1)'고 분명하게 말씀한다. '진실한 입술은 영원히 보존되거니와 거짓 혀는 잠시 동안만 있을 뿐이니라.(잠언 12:19)'는 말씀은 현실의 기업세계에서도 사실이다. 2015년 독일 폭스바겐의 배출가스 조작 사건이 그 예이다. 오랜 기간 배출가스를 남몰래 조작했던 일로 인해 폭스바겐은 전 세계적으로 소송을 당하고 고객들에게 배상하고 유럽연합(EU)으로부터는 37조원에 달하는 천문학적인 벌금이 부과

되는 등 생존 자체가 위협을 받았다. 회사 내에 극소수의 사람들만 알고 영원히 묻어둘 것 같았지만 그것은 착각이었다는 사실은 온 세상에 밝혀진 바이다.

진실하기가 왜 어려울까? 세상에서 사업을 하는 관행과 탐욕 때문이다. 세상은 '품질이나 원가를 속일 수 있는 만큼 돈을 더 벌 수 있다. 매출이나 이익을 약간 감추면 그만큼 세금을 적게 낸다.'고 말한다. '나는 이익을 좀 적게 내더라도 정직하게 할래!'라는 게 마음만큼 쉽지 않다. 생존 경쟁 속에서 한 푼이라도 더 버는 것이 아쉬운 입장에서는 조금만 눈을 감아 버리면 몇 배의 매출과 이익을 더 올릴 수 있다는 유혹을 떨쳐 버리기가 쉽지 않다. 세상에서 가장 믿을 만한 제품은 독일산이라는 명성을 일거에 무색하게 한 폭스바겐의 배출가스 조작사건은 눈앞의 이익이라는 유혹의 벽 앞에서 너무나 쉽게 무너진 결과이다.

어떻게 진실할 수 있을까? 땀을 흘린 분량만큼만 거두어야 한다. 이것은 기업경영에서 품질이나 원가를 속이지 않고 있는 그대로의 가치를 따라 제품가격을 매기는 것, 과장하여 광고하지 않는 것, 세금을 정직하게 내는 것을 모두 포함한다. 이런 점에서 우리는 하나님이 은혜를 베푸셔서 넘치게 채워 주셨다고 간증하는 것의 속뜻을 잘 살펴야 한다. 잠언 31장을 경영원칙으로 삼고 있는 주차빌딩 설계회사 팀하스(TimHaahs)의 하형록 회장은 거래를 하면서 상대방으로부터 땀을 흘린 것보다 더 많이 받은 것이 과연 하나님의 은혜라고 말할 수 있는가에 대해 '게을리 얻은 양식

(잠 31:27)'이라고 하면서 옳지 않다고 단언한다.

■ 게을리 얻은 양식을 거부한 팀하스

팀하스(TimHaahs) 하형록 회장은 회사 설립 2년쯤에 지역 공무원으로부터 불이 난 건물의 벽을 당분간 그대로 둬도 되는지에 대한 정밀진단을 요청 받았다. 비교적 간단한 일이기에 신참 엔지니어가 담당하기로 하고 시간당 75달러가 든다고 말하고 일을 시작하기로 했다. 그런데 신참 엔지니어에게 사정이 생겨 고참 엔지니어가 그 일을 했고 회사의 회계 담당자는 고참 엔지니어가 일한 것에 따라 시간당 100달러가 넘는 금액을 청구해 돈을 받았다. 두 달쯤 뒤에 이런 사실을 알게 된 하형록 회장은 시간당 75달러짜리 일을 과도하게 청구했다면서 더 받은 돈을 돌려주었다. 비록 비싼 고참 엔지니어가 일을 했더라도 그 일은 신참 엔지니어가 충분히 할 수 있는 일이고 고객과 그렇게 약속을 했으니 그게 옳다는 생각에서였다. 시간당 100달러 이상의 돈을 받은 것은 정직하게 땀 흘리지 않고 '게을리 얻은 양식(잠31:27)'과 같다고 보았기 때문이다. 지역 공무원은 팀하스의 이런 경영에 감동했고 다른 회사와 다른 '특별한 회사'라는 신뢰를 보내게 되었다.[92]

- 『성경대로 비즈니스하기』 P31 중에서

■ 적극적이고 능동적인 투명성

2014년 12월 대한항공 '땅콩 회항' 사건으로 온 나라가 떠들썩한 일이 있었는데 그 진원지는 블라인드라는 익명게시판 앱이었다. 벤처기업 팀블라인드가 만든 블라인드에는 현대자동차, SK, LG, CJ, 포스코 등 국내 주요 그룹 계열사를 포함한 100여 개 회사의 익명게시판이 개설돼 있다. 직장인들은 자신의 직장 이메일 아이디로 가입해 해당 회사 직원임을 인증받은 뒤 익명으로 자유롭게 글을 올린다.[93]

수많은 전문가, 인터넷, SNS 등이 발달한 지금은 어떤 것도 숨길 수도 없고 언젠가는 드러나기 마련이다. '숨은 것이 장차 드러나지 아니할 것이 없고 감추인 것이 장차 알려지고 나타나지 않을 것이 없느니라(눅 8:17)'는 성경말씀처럼 말이다. 인터넷으로 인해 열린 세상은 "우리는 모든 것을 알고 싶다. 만일 당신 회사가 우리에게 말해주지 않는다면 우리는 스스로 알아낼 것이다."고 말한다. 기업이 고객 또는 종업원에게 정보를 제공하지 않는다고 해도 사람들은 인터넷을 통해 그것을 찾아내고 다른 사람들에게 널리 알린다. 제품이 건강에 허용하는 기준을 제대로 지켰는지, 환경과 사회에 어떤 영향을 끼치는지, 고용 정책과 근무 환경은 어떤지를 모두 밝혀낸다.[94]

투명성이란 회사의 회계정보, 주요 의사결정을 이해관계자들에게 제대로 공개하는 것을 의미한다. 단지 공개하는 것뿐 아니라 이해관계자들이 원한다면 그 정보에 접근할 수 있어야 하고, 이해하기 쉽도록 만들어 주어야 한다. 투명성은 회계 정보 등 주로 법적인 요구 사항을 만족시키면 충분한 것 아닌가라고 생각할 수 있지만, 이마저도 투명하지 않은 사례가 넘쳐나는 것이 현실이기도 하지만, 기독경영인이라면 이런 소극적인 것을 훨씬 뛰어넘는 투명성을 갖추어야 한다. 왜냐하면 기업은 직원, 고객, 협력업체,

주주, 지역사회 등 수많은 이해관계자에게 둘러싸여 있고, 기업의 의사결정과 행동 하나하나가 수많은 이해관계자에게 영향을 주기 때문이다. 이런 점에서는 법적인 요구를 소극적으로 지키는 것 이상으로 적극적이고 능동적인 투명성을 확보해야 한다. 나아가 회사 내부뿐 아니라 외부이해관계자 모두에게 정보를 공유하는 것이 필요하다.

> 투명성이란 회사의 회계정보, 주요 의사결정을 이해관계자들에게 제대로 공개하는 것을 의미한다.

투명한 경영정보, 품질내역, 업무처리 프로세스는 기업의 이해관계자를 우호적인 지지자로 만든다. 본 장의 도입에서 소개했지만 유한양행은 창업 이후 단 한차례의 노사분규를 겪지 않았는데 그 이유는 경영진과 종업원 간에 기업 경영에 대한 정보 공유와 참여라는 열린 경영을 실천한 덕분이다. P&G는 여러 번 공장문을 닫고, 직원을 구조조정하고, 지역사회 경제에 어려움을 끼친 일이 있지만 그때마다 관련 정보를 미리, 진정성 있게 공개함으로써 고객과 지역사회, 직원들이 오히려 지지자들이 되어 주면서 위기를 극복했다.

■ 교보생명의 투명경영

2000년 교보생명은 자산 손실 2조4000억원, 보험 계약서의 30%가 가짜였던 난파선이었다. 교보생명 신창재 회장은 선친인 신용호 창립자의 `세상에는 거저와 비밀은 없다`는 가르침을 받아 "우리의 이 보람과 의미가 있는 직업을 가짜 계약서로 부끄럽게 만들지 맙시다."고 외쳤다. 직원들의 큰 호응을 얻으며 회사에서 가짜 계약서를 추방해 버렸고 그 과정에서 직원들이 느끼는 보람과 의미를 활용해 난파 직전의 회사를 10여년 만에 국내 최고 보험사 중 하나로 변화시켰다. "금융회사는 고객의 소중한 재산을 선량하게 관리해야 할 의무가 있는 만큼 어느 산업보다 높은 투명성과 윤리성이 요구 된다"는 것을 실천하기 위해 이사회의 3분의 2 이상을 사외이사로 구성하고, 경영의 주요 의사결정에 실제적으로 참여시키고 있다. 비상장기업임에도 불구하고 홈페이지 등에 공시사항과 재무정보를 적시에 공시해 회사에 대한 이해도를 높이고, 분기 1회 이상 감사위원회를 개최하고 3년마다 외부감사인을 신규 선임하는 등 회계 투명성 확보에 힘쓰고 있다. 교보생명은 2016년 경제 5단체가 뽑은 금융사 첫 투명경영 최고기업으로 선정되었다.

- 중앙일보기사(http://news.joins.com/article/19590249),
  이투데이기사(http://www.etoday.co.kr/news/section/newsview.php?idxno=1290271)

기업이 투명성을 가져야 한다고 할 때 고민이 없는 것은 아니다. 너무 투명하게 정보를 공개하고 공유하면 기업비밀이 외부에 알려질 위험도 있고 괜한 오해를 살 만한 일이 발생하기도 한다. 다른 기업이 노하우나 기술을 모방해서 정보를 공개하는 기업의 경쟁력을 약화시킬 수도 있다. 그러나 이는 투명성을 잘못 이해한 측면이 있다. 투명성이란 기업전략이나 노하우를 외부에 공개하라는 것이 아니다. 그보다는 회사의 의사결정이나 경영정보 등이 내부 또는 외부 이해관계자에게 좋지 않은 영향을 미칠 수 있는 것이라면 그것에 대해서는 공개하고 충분히 공유해야 한다는 것이다. 이해관계자에게 적절한 수준에서 정보를 진정성 있게 공개하는 것만으로도 신뢰를 얻고 조직내부에서도 정보공유를 통한 주인의식을 함께 가질 수 있다.

투명성은 올바르지 못한 것을 제대로 시인할 수 있는 것까지를 포함한다. A사(社)에서 정직하기 캠페인을 하면서 모집한 사례(事例) 하나를 소개한다. 품질관리 부서의 한 담당자는 불량률 통계를 오랜 기간 잘못 낸 것을 발견하였다. 담당자는 이것이 제대로 드러나면 그 동안 누적된 손실만 십 수억 원에 달한다는 것을 알고 고민에 빠졌다. 그 동안 모르고 지내 왔으니 그냥 덮어두면 넘어갈 수는 있으나 손실은 계속 누적될 것이고, 밝히자니 비록 자신의 책임은 아니지만 품질관리 부서에 큰 문책이 있을 것이 뻔했다. 고민 끝에 담당자는 솔직하기로 결심하고 회사에 이 사실을 알렸다. 그 동안 실수나 잘못에 매우 엄격했던 회사인지라 징계도 각오했다. 뜻밖에도 회사는 사실을 알린 직원에게 오히려 상을 주었다. 지금까지도 손해를 끼쳤지만 계속 그냥 두면 결국에는 엄청난 비용을 지불해야 할 일을 미리 막아 주었고, 또한 정직에 용기를 내었다는 취지에서였다. 직원들은 회사의 이런 모습에 대해 신뢰를 보내면서 정직한 회사를 만드는데 모두가 기꺼이 동참하는 계기가 되었다.

제7장 신뢰의 원리
경쟁력의 기반, 신뢰

■ 어제나 오늘이나 변함없는, 일관성

일관성 있게 기업 경영을 한다는 것은 어제나 오늘이나 변함없이 동일한 태도를 유지하는 것이다. 일관성이 있는 기업은 회사 경영이 좋을 때나 어려울 때나 올바른 길을 간다. 회사가 순조로울 때는 여유가 있기 때문에 올바른 길을 가기가 비교적 쉽다. 올바른 길을 가다가 손해를 보아도 감당할 자원이 있기 때문이다. 하지만 어려울 때는 이야기가 달라진다. 조금만 방심해도 회사가 휘청거릴 수 있는 상황에서 약간의 손해도 허용하기가 쉽지 않다. '정도를 지키다가 손해를 보아야 한다면 손해보고 말지!'라는 말을 하기 어렵다. 그럼에도 불구하고 심각한 어려움 속에서도 일관성을 유지하여 성공한 세계 일류 장수기업이 있다. 바로 존슨앤존슨이다. 1982년, 1986년 두 차례나 타이레놀 복용으로 사람이 사망하는 사건이 발생했지만 고객의 생명을 책임진다는 경영 신조인 크레도(credo)를 일관되게 실천함으로써 소비자의 신뢰를 얻어 위기를 거뜬히 극복했다.

■ 존슨앤존슨 타이레놀사건

'우리 제품과 서비스를 이용하는 의사, 환자, 부모 등 모두에게 우리는 책임이 있다.'라고 시작하는 크레도(Credo)는 1943년에 제정되어 지금까지 일관되게 존슨앤존슨의 경영나침반, 직원들의 행동지침이 되고 있다. 1982년 미국 시카고에서 타이레놀 복용으로 7명의 시민이 사망하는 사건으로 진통제 시장 점유율은 35%에서 6.5%로 떨어졌다. 조사해

보니 어떤 사람이 타이레놀병에 청산가리를 넣은 것이었고 존슨앤존슨은 아무 잘못이 없다는 사실이 밝혀졌다. 놀라운 것은 존슨앤존슨이 이 사건을 대처한 모습이었다. 사건 발생 직후 진행하고 있는 모든 조사 정보들을 투명하게 공개했다. 시카고지역의 타이레놀만 수거해도 되는데 모방범죄를 염려해 미국 전역의 타이레놀을 수거하였다. 그 비용이 자그마치 1억 달러나 들었지만 사람의 생명을 보호하고 안전하게 한다는 크레도를 지키려는 경영진의 의지를 일관되게 반영한 결과였고 사건 발생 6개월 만에 원래의 시장 점유율을 거의 회복했다. 1986년에도 유사한 사건으로 1명이 사망했지만 존슨앤존슨은 여전히 신뢰를 받았고 지금까지도 일류기업의 자리를 지키고 있다.

반대로 75년간이나 명문기업으로 이름을 날린 일본 최고의 우유회사 유키지루시(雪印)는 일관성에 실패한 전형이다. 하얀 눈송이 모양의 상표는 청결과 건강을 상징했고, 절대적인 신뢰를 받는 국민 브랜드였다. 일본인의 식생활을 서구화시킨 공로자이기도 했다. 하지만 2000년 고객이 우유를 먹고 식중독을 일으켰는데 그 사실을 은폐하고, 거짓말을 하고, 계속 말을 바꾸면서 책임회피를 하였다. 청결과 건강이라는 핵심가치를 회사가 어려울 때에는 지키지 못하는 일관성을 잃어버린 결과 소비자의 신뢰를 잃었고 급기야 회사는 파산하고 말았다.

자본주의에서도 착하게 돈을 벌 수 있다고 주장하는 홀푸드마켓의 CEO 존 매키는 "올바른 이유로 행한 올바른 행동은 대부분 시간이 지나면서 좋은 결과로 이어진다."며 단기적 이해관계에 따라 달라지는 모습은 지속가능한 경영이 될 수 없다고 단언한다.[95] 그래서 홀푸드마켓은 기업의 설립이념을 일관되게 고집한다. 사람들이 좋은 음식을 먹고, 삶의 질을 향상하며, 건강하게 오래 살도록 돕는 일에 열정을 쏟는다는 사명감을 지켜내는데 결코 흔들리지 않는다. 지금까지 유기농만 고집하고 고객에게 옳은 일이라면 회사의 매뉴얼을 무시해도 괜찮다. 푸드마켓의 일은 힘들고 고된 직장이어서 업계 평균 이직율은 연간 100%이지만 여기는 10%가 되지 않는다.

> **❝**
> 일관성은 겉과 속이 다르지 않는 경영을 의미한다.
> 또한 일관성은 경영자가 제시하는 경영철학과 경영이념이 직원들의 업무수행, 성과평가, 고객에 대한 대응 속에 일관되게 녹아 있는 것을 의미한다.
> **❞**

일관성은 겉과 속이 다르지 않는 경영을 의미한다. 많은 기업들은 자기 회사의 명성, 소비자들의 제품과 서비스 선택에 영향을 미치는 브랜드 관리에 신경을 쓴다. 그러나 브랜드는 단지 제품의 특징이나 가격, 효능을 알리는 멋있는 이름만으로는 신뢰를 얻지 못한다. 브랜드가 내세우는 가치가 소비자의 신념이나 가치관과 일치할 때 얻어진다. 특히 요즘 소비자들은 환경을 생각하는 기업, 사회적 약자에 대해 관심을 갖는 기업, 윤리를 중요하게 생각하는 기업으로 브랜드가 각인된 회사들의 제품을 선택하고 싶어 한다.

또한 일관성은 경영자가 제시하는 경영철학과 경영이념이 직원들의 업무수행, 성과평가, 고객에 대한 대응 속에 일관되게 녹아 있는 것을 의미한다. 많은 기업들은 고객에게 최고의 가치를 제공한다는 것을 경영이념으로 삼고 있다. 그러나 경영이념이 일선 직원에게까지 일관성 있게 영향을 미치는 경우는 드물다. 직원들의 고객에 대한 태도가 문제이기도 하지만 상당한 경우 제도나 시스템에서 일관성을 잃은 것이 원인이기도 하다. 예를 들면, 경영자는 고객만족을 강조하지만 업무나 성과평가는 철저하게 이익만 따진다. 고객 불만으로 상품을 교체해 주면 그만큼 회사에 비용을 발생시키므로 직원은 좋은 평가를 받을 수 없다. 결국 위에서 말하는 것 따로, 현장에서 행동하는 것 따로 일수밖에 없다. 일관성을 위해서는 경영자부터 일선 직원까지 한 마음이어야 하고 그것을 보장할 수 있는 평가와 업무시스템 등을 제대로 갖추어야 한다.

■ 신뢰 경영을 위하여

신뢰 경영을 하면 어떤 유익이 있을까? 사회적 자본, 기업의 성과 창출에 유익한 경영자원을 얻게 된다. 신뢰는 '사회적 협력을 촉진하는 공유가치 또는 규범'이라는 사회적 자본을 만들어 낸다. 사회적 자본은 인적자본, 물적 자본과 함께 기업경영에 없어서는 안 될 중요한 것이다. 아무리 돈과 설비가 있고 능력 있는 사람들이 있어도 회사 안에서 직원들이 서로를 믿지 못하면, 회사 바깥의 외부 사람과 기관들이 그 회사를 신뢰하지 못하면, 즉 사회적 자본이 취약하면 그 회사는 오래 버티지 못한다. 사회적 자본이 형성된, 즉 신뢰도가 높은 회사는 에너지가 넘치고 어떠한 역경도 극복한다. 회사와 상사에 대해 직원들은 만족도가 높고 일에 대해서는 강한 몰입을 한다. 서로를 믿기 때문에 자기가 갖고 있는 노하우, 지식을 다른 사람들과 기꺼이 공유한다. 협력을 잘 하기 때문에 상호 간에 시너지를 일으켜서 더 나은 성과를 창출한다. 이런 회사는 더 좋은 품질의 제품과 서비스를 만들어내고 고객들도 만족하고 더 큰 수익을 창출한다. 그 결과 기업의 명성은 높아져 더욱 헌신적인 직원, 고객, 공급자, 투자자들이 기업에 모여들게 하는 선순환이 구축된다.

신뢰 경영을 제대로 하기 위해 염두에 둘 것이 있다. 첫째, 신뢰를 위해서는 세 가지 구성요소 하나하나에 충실해야 한다. 그러면서도 세 가지를 동시에 갖추어야 한다. 신뢰를 이루는 진실성, 투명성, 일관성은 곱하기의 관계이다. 세 가지 중 하나라도 빠지면 신뢰는 상실된다. 예를 들어, 진정한 목적과 가치를 지향하고, 경영의 정보들을 함께 공유하고 사실 그대로 드러낸다 하더라도 여러 상황이 어렵다고 이제까지 지켜온 것들을 버리면, 즉 일관성을 유지하지 못한다면 신뢰받기가 힘들다. 그만큼이나 신뢰를 유지하기란 쉽지 않고, 그래서 높은 신뢰 수준은 남들이 결코 모방할 수 없는 경쟁력의 원천이 된다.

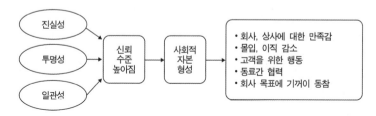

[그림 7-3] 신뢰 있는 기업의 선순환 구조

둘째, 적정한 신뢰 수준을 결정하는 지혜가 있어야 한다. 예를 들면, 투명하게 정보를 공개하고 공유해야 한다는 데 어디까지 공개해야 하는가를 결정한다는 것은 쉽지 않다. 은밀하게 해야 할 M&A, 구조조정 계획을 투명성을 지킨다고 사전에 직원이나 이해관계자에게 알릴 경우 시장가치에 악영향을 주어 일이 성사되지 않을 수도 있다. 이 경우에 대해서는 그 동안 회사와 종업원, 또는 이해관계자간에 어느 정도 신뢰가 쌓여 있는지를 제대로 파악해서 신뢰 수준에 따라 투명하게 밝히는 정도를 달리해야 한다. 충분한 신뢰 관계이면 많은 것을 밝혀도 된다. 그렇지 못하면 너무 공개하는 것은 삼가야 한다. 하지만 어떤 경우라도 회사의 의사결정에 대해 영향을 받는 사람들의 입장을 충분히 고려하고 있음을 진정성 있게 이해시키는 과정은 반드시 있어야 한다.

셋째, 신뢰가 경쟁력의 원천이지만 결코 쉽게 얻어지는 것은 아니다. 신뢰의 밑바탕에는 손해와 위험을 기꺼이 감수하고도 믿어 보겠다는 취약성(vulnerability)이 기본적으로 깔려있다. 신뢰를 하는 과정에서 상당한 위험을 감수해야 한다. 이 세상에서는 신뢰를 보내다가 속고, 어려움을 경험할 가능성도 많다. 그래서 사람들은 모두 신뢰를 이야기해도 정작 제대로 된 신뢰를 만나기는 쉽지 않다. 손해를 볼 각오로, 때로는 실제 손해를 보더라도 신뢰를 끝까지 보이는 사람은 정말 희소하다. 역설적으로 그렇기 때문에 신뢰가 경쟁력의 원천, 소중한 자산이 된다. 이런 점에서 기독경영인은 세상에서 신뢰라는 희소한 자원을 확보해야 한다. 한 걸음 더 나아가 다니엘 세 친구의 '그리 아니하실지라도' 고백처럼 실제 내가 손해를 볼지라도 신뢰 경영을 할 수 있어야 한다.

마지막으로 신뢰는 시간의 축적을 필요로 한다. 신뢰를 경영원칙이나 핵심가치로 내세우는 기업들이 많다. 하지만 신뢰받는 기업이 많지는 않다. 신뢰의 문제가 터질 때마다 회사들은 무슨 운동이나 캠페인을 벌이면서 신뢰를 회복하려고 하지만 신뢰는 그런 것으로 만들어지는 것은 아니다. 신뢰는 '서로 믿어보자. 신뢰를 회복하자.'는 구호로 이루어지지 않는다. 오늘, 지금 이 순간의 신뢰 수준은 서로에 대한 지난날의 오랜 경험과 역사성을 통해 결정된 것이기 때문이다. 믿지 못함의 간극이 크다는 것은 그만큼 해묵은 문제라는 뜻이다. 신뢰 회복을 위해서는 그 간극을 만들어낸 시간만큼이나 많은 '시간의 비용'이 필요하다. 신뢰는 결코 하루아침에 만들어지지 않는다. 서로에 대한 진정성과 지속적인 인내만이 그 시간을 단축할 수 있다.

↘ 실천방안

1. **올바른 목적의식**: 기업을 왜 하는가에 대해 올바르고 명확한 답변을 할
   수 있어야 한다. 우리 기업이 추구하는 목적에 부합하는 성과지표, 임직
   원 행동원칙이 필요하다.

2. **'게으르게 얻는 양식' 거부**: 땀을 흘린 것보다 더 많이 거두어들이려고 해
   서는 안 된다는 경영원칙을 모든 직원들이 공유하도록 하자.

3. **적극적 투명성 추구**: 기독경영인은 법과 사회가 요구하는 투명성을 넘어
   서야 한다. 우리가 하는 의사결정에 혹시라도 영향을 받을 수 있는 모든
   이해관계자를 반드시 염두에 두는 투명 경영을 해야 한다.

4. **일관성을 위한 인내**: 상황이 좋거나 나쁘거나 신뢰의 일관성을 지키기 위
   해 인내해야 한다. 기업 목표-전략- 일하는 방식-직원 평가-고객 응대가
   따로 놀지 않도록 해야 한다.

5. **신뢰경영을 위한 원칙 만들기**: 모든 임직원이 반드시 지켜내야 할 신뢰의
   행동원칙을 들고, 이를 인사고과, 성과 평가에 반영하라.

↘ 토론할 문제

1. 기업을 경영하면서 '정직하면 손해'라는 사회적 통념에 대해 어떻게 생각
   하는가?

2. 신뢰의 세 가지 요인(진실성, 투명성, 일관성)에 대해 리더십, 인사관리,
   마케팅, 재무회계, 생산, 품질관리, R&D 등에서 경험한 실패, 성공사례를
   이야기해 보라.

3. 신뢰의 세 가지 요인에 대한 당신의 기업은 몇 점(100점 만점)인가? 어떤
   요인을, 어떻게 보완할 것인가.

제8장

/

안식의 원리

- 일상에서 메누하(menuba) 누리기 -

성경적 원리로서 안식의 원리는 '하나님이 주신 영적,
정서적, 육체적 쉼과 평안을 누리는 원리'라고 정의할
수 있다.

쉼이 필요하다.

고성실 씨는 대부분의 시간을 직장에서 보낸다. 보통은 아침 8시 출근해서 저녁 7시에서 8시 사이에 퇴근하니까 점심시간을 빼더라도 10시간 이상은 일을 한다. 일주일 중 곧장 집으로 가서 저녁을 아내와 함께 하는 것은 한두 번 정도. 두 번 이상은 야근을 하고 한 번 이상은 거래처 사람 또는 직장동료들과 회식을 한다. 토요일 중 반은 집에 있고 반은 이런 저런 이유로 일과 관계된 시간을 보낸다. 매주 일요일은 교회에 가서 예배를 드리고 성가대와 주일학교 봉사도 한다. 주일날 교회에서 시간을 보내다 보면 오후 늦게 집에 오는 경우도 많다. 일주일에 제일 힘든 날은 월요일이다. 월요병이라고 하기는 좀 그렇지만 월요일에는 왠지 시간이 잘 가지 않고 집중력도 떨어지는 것은 부인할 수 없다.

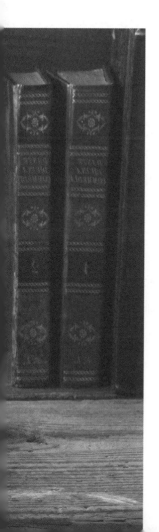

고성실 씨의 사례는 직장을 다니는 대부분의 사람들이 경험하는 일상일 것이다. 한국인이 바쁘고 일이 많다는 것은 이미 잘 알려진 사실이다. 한국인의 근로시간은 2014년 1인당 평균 2천 124시간이며 OECD국가 중 가장 많이 일하는 나라 중 두 번째에 속한다.[96] 일본이나 미국과 비교해 20%나 근로시간이 더 많다. OECD '2015 삶의 질(How's life?)'에 따르면, 한국인이 평가한 삶의 만족도는 10점 만점에 5.8점으로 34개 회원국 중 27위이다. 한국의 아빠들은 어린 자녀들과 함께 있는 시간이 하루 고작 3분으로 OECD 평균 47분과 비교하면 턱 없이 모자란다.[97] 한국은 근로시간은 가장 길지만 생산성은 낮은 국가이다. 시간당 노동생산성은 32달러로 OECD 평균인 49달러에 못 미친다.[98]

한국인은 스트레스도 많이 받는다. 우리나라 성인 10명 중 9명은 평소 스트레스를 느낀다. 스트레스를 많이 느낀다는 사람이 34.7%나 된다. 심각한 스트레스, 우울증 등 정신건강이 악화되는 등 부정적인 사회적 징후가 뚜렷해지고 있다. 정신질환 진료자 수는 2005년 170만 명에서 2010년 231만 명으로 5년 동안에 35.9%나 증가했다. 직장인을 대상으로 한 조사를 보면 나이가 들수록 더 악화되고 있다. 직장에서 중요한 위치에 있는 45~54세 근로자의 정신건강을 보면, 35~44세 대비 45~54세 근로자 정신질환 상대적 비율은 호주 0.75, 영국 1.16, 미국 1.53인데 한국은 3.52이다. 정신질환 외에도 한국 직장인은 소화기 장애(30.4%), 근골격계 질환[99](11.2%) 등 만성질병에 노출되어 있다.[100]

한국인은 다른 나라 사람들과 비교할 때 행복하지 않다. OECD 국가 중 거의 꼴찌 수준이다. 경제적으로 1953년 69달러에 불과했던 1인당 국민소득이 이제는 거의 3만 달러 시대를 바라볼 만큼 세계에서 유래 없는 초고속 성장을 했지만 행복수준은 밑바닥이다. 삼성경제연구소의 2013년 조사에서도 한국 직장인들의 행복[101] 수준은 100점 만점에 55점 정도로 보통을 살짝 넘는다.[102] 한국인은 쉬지 못하고 스트레스가 많고 정신직, 육체적 질병이 많아서인지 마음과 정신의 치유를 뜻하는 힐링에 대한 관심이 크다. 나아가 멘탈케어, 명상, 요가, 예술치료, 심리치료, 힐링음악회 등 힐링상품이 넘치고 힐링 관련 상표 출원만도 의료, 화장품, 문화 관련 산업을 중심으로 2008년 26건에서 2011년 72건으로 거의 3배 가까이 증가했다.[103] 회사도 직원의 정신건강을 위해 힐링을 중요하게 생각하고 있다. 명상이나 심리상담 프로그램을 도입하고 심리치료 전문가를 사업장에 채용하는 회사들도 늘고 있다.

> ■ LGU+ '즐거운 직장팀'
>
> LGU+는 스트레스 관리를 통해 심신의 건강을 도모하고 창의력과 집중력을 늘릴 수 있도록 명상 프로그램도 도입했다. 본사에 '마인드 스트레칭' 프로그램을 위한 명상실을 마련하고 요가 등 전문 강사를 초빙하고 있다. 이 프로그램은 매주 2회 진행된다. 프로그램 도입 당시 사내 게시판 공지 하루 만에 300여명이 몰려 9:1의 경쟁률을 기록할 만큼 큰 인기를 끌고 있다. 이를 담당하는 부서 이름도 '즐거운 직장팀'이다. LGU+는 구글 본사에서 운영하는 명상 프로그램을 그대로 재현한 것이

■ 진정한 안식

"하나님, 감사합니다. 드디어 금요일입니다!" 라는 환호성이 나
오는 영어 단어가 TGIF(Thank God, It's Friday!)이다. 한 주간을 일 속
에 파묻혀 지내다 목요일쯤 되면 쉴 수 있는 주말이 기다려지고
그런 가운데 금요일 저녁은 반갑기 그지없다. 대부분의 사람들에
게 금요일 이후 주말은 출근길의 교통 전쟁, 끝없이 밀려오는 일
거리, 스트레스 등에서 일시적으로나마 해방되는 시간이다. 일을
즐기는 사람조차도 잠시 머리도 식히고 가족들과 시간을 보내고
또 다음 한 주를 위해 에너지를 충전하고 싶어 한다. 이런 점에서
주말은 고마운 시간이다.

그런데 생각해 보자. 주말에 잠시 쉬고 난 후 힘을 보충하면
월요일이 TGIM((Thank God, It's Monday!)이 되는가? 대부분은 그 반
대이다. 월요병이라고 할 만큼 일주일 중 가장 힘든 날 중 하나가
월요일이다. 왜 일까? 쉼에 초점을 둔다면 주말에도 회사 일 또는
가족사로 바쁘게 보내서 그럴 수도 있고, 쉬긴 했는데 제대로 쉬
지 못해서 그럴 수도 있다. 쉬어도 쉰 게 아니라는 말처럼 말이

다. 이제 우리 모두에게 쉼과 휴식이 필요하다. 쉬지 않고 일만 할 수 있는 사람은 없다. 회사도 마찬가지이다. 직원들이 지치고 스트레스가 많으면 회사의 생산성도 떨어지고 만족감이 낮은 직장이 된다.

개인이든 회사든 일하다 지친 몸과 마음, 정신을 잠시 쉬게 하고 다음의 활동을 하기 위해, 새롭게 쓸 힘을 얻기 위해 휴식을 필요로 한다. 그런데 진정한 휴식과 쉼은 무엇일까? 또 그런 휴식과 쉼은 어떻게 얻어질까? 이런 문제를 해결하기 위해 기독경영원리에서는 '안식'의 개념으로 접근해보고자 한다. 안식은 휴식과는 다르다. 안식은 일하기를 멈추고 쉬면서 다음 날을 위해 에너지를 충전하는 휴식을 훨씬 넘어선다. 안식을 생각할 때, 기독교인은 자연스럽게 '하나님이 그 일곱째 날을 복되게 하사 거룩하게 하셨으니 이는 하나님이 그 창조하시며 만드시던 모든 일을 마치시고 그 날에 안식하셨음이니라'(창 2:3)라는 창세기의 안식일을 떠올린다. 여기서 안식일은 어떤 의미일까? 안식에 관한 최고의 학자이자 저술가인 아브라헴 헤셀에 의하면,[104] 안식일은 단지 열심히 일하고 쉬는 날, 다음의 엿새를 위해 충전하는 날이 아니다. 다음 한 주간을 위해 잠시 쉬고 충전하는 중간 다리가 아니다. 안식일은 시간이라는 영적 실재와 만나는 날이고 자신의 시간을 영으로 채우는 날이다. 안식일은 생명을 위해 있는 날이고 하나님이 창조하신 것 가운데 가장 마지막 작품이고 거룩하게 하신 날이다.

안식은 히브리 원어로 '메누하(menuba)'이다. 메누하는 충만한 휴식, 몸과 마음이 평안을 이룬 상태를 의미한다. 메누하에는 노동과 수고를 그만두는 것 이상인 '완성'의 의미가 들어 있다. 유대의 고대 랍비들에 의하면, 메누하가 특별한 창조 행위를 낳았고 그것은 '평안, 고요, 평화, 그리고 휴식'이며 이로 인해 비로소 우주가 완성되었다고 한다.

> "엿새 동안 창조가 이루어진 뒤에 우주에 무엇이 없었는가? 메누하가 없었다. 안식일이 되자 메누하가 왔다. 그리하여 우주가 완전해 졌다."[105]

우리가 가장 평화스럽고 평온한 상태로 떠올리는 시편23편의 '그가 나를 푸른 풀밭에 누이시며 쉴 만한 물가로 인도하시도다.'에서 쉴만한 물가(the waters of menuba)가 진정한 안식의 그림 중 하나이다.

마르바 던은 좀 더 실제적인 측면에서 안식일을 접근한다.[106] 안식일은 그침, 쉼, 받아들임, 향연(饗宴)이다. 그침은 일, 생산과 성취, 근심과 걱정, 단조로움과 무의미함을 그치는 것이다. 쉼은 우리의 존재를 은혜에 기초한 믿음 안에서 새롭게 하기이며, 영적, 육체적, 정서적, 지적인 쉼을 가지는 것이다. 받아들임은 기독교 공동체의 가치, 공간 대신 시간, 소명, 샬롬을 받아들이는 것이다. 마지막으로 향연은 종말론적인 관점에서 현재의 기쁨에 대한 경험과 미래의 영원한 기쁨과 완성됨에 대해 기대하는 것을 의미한다.

대부분의 안식에 관한 저서들은 안식일을 강조하지만 본 책에서는 안식일이라는 한 날(日)의 개념보다는 일터의 일상과 경영현장에서 '안식'을 어떻게 이해하고 적용할 것인가에 초점을 두고자한다. 다행히 아브라함 헤셸, 미르다 던, 그 외 많은 저자들이 제시한 안식일의 의미를 일상에서도 충분히 적용해 볼 수 있다.

> " 기독경영의 성경적 원리로서 안식의 원리는 '하나님이 주신 영적, 정서적, 육체적 쉼과 평안을 누리는 원리'라고 정의할 수 있다. "

기독경영의 성경적 원리로서 안식의 원리는 '하나님이 주신 영적, 정서적, 육체적 쉼과 평안을 누리는 원리'라고 정의할 수 있다. 안식의 원리를 구성하는 요소는 '영혼의 풍요', '그침과 쉼', '관계의 누림'이라는 세 가지이다. '영혼의 풍요(Fullness of Soul)'는 모든 욕심을 내려놓는 것, 염려와 근심으로부터 자유로움을 얻는 것, 하나님의 임재를 경험하고 영적 평안을 누리는 것을 의미한다. 이사야 58장 11절의 말씀인 '여호와가 너를 항상 인도하여 메마른 곳에서도 네 영혼을 만족하게 하며 네 뼈를 견고하게 하리니 너는 물 댄 동산 같겠고 물이 끊어지지 아니하는 샘 같을 것이라.'를 경험하는 것이다. '그침과 쉼(Finish & Rest)'은 일과 성취를 위해 무작정 달려가는 것으로부터 그치고 쉬는 것이다. 육체적인 피곤함을 털어내고 성취를 위해 정서적 스트레스를 받는 것으로 부터 쉼을 누리는 것을 의미한다. 생산성과 목표달성을 위해서만 달리는 것이 아니라 하나님께서 주시는 달콤한 잠과 쉼을 누리는 것이다. '너희가 일찍이 일어나고 늦게 누우며 수고의 떡을 먹음이 헛되도다 그러므로 여호와께서 그의 사랑하시는 자에게는 잠을 주 시는도다(시 127:2)'을 믿는 것이다. '관계의 누림(Enjoyment in Relationships)' 은 단지 나 자신의 쉼과 영혼의 평안을 넘어 가족, 친구와 이웃, 교회 공동체 속에서 교제와 영혼의 나눔을 통해 삶 전체에서 만 족감을 얻고, 이를 통해 일과 삶의 통합이 이루는 것을 말한다. '보라 형제가 연합하여 동거함이 어찌 그리 선하고 아름다운고(시 133:1).'라는 말씀처럼 형제, 이웃과의 관계에서 연합의 누림을 갖 는 것이다. 안식의 원리에 대한 개념을 정리하면 다음과 같다.

[그림 8-1] 안식의 원리

■ 영혼의 풍요: 평안과 영원의 맛 누리기

안식이란 단어를 이 세상에서 처음으로 사용한 창세기의 안식일을 보자. 안식에 관한 최고의 명저 '안식'의 저자인 아브라함 헤셸은 안식일에 대한 잘못된 인식을 언급한다. 안식일은 수고를 접고 잃어버린 기력을 회복하기 위해 잠시 쉬는 중간다리가 아니며, 앞으로 해야 할 일을 제대로 할 수 있는 상태를 만드는 날도 아니다. 안락함과 휴식만을 받아들이는 날도 아니다. 안식일은 시간이라는 영적 실재와 만나는 날이고 자신의 시간을 영으로 채우는 날이며 몸과 마음이 진정한 쉼, 평안을 얻는 메누하를 누리는 날이다.

우리에게는 두 개의 시간이 있다. 하나는 자연스럽게 흘러가는 물리적 시간, 누구에게나 있는 객관적인 시간인 크로노스(chronos)이고, 다른 하나는 유일하게 하나밖에 없는 특별한 의미가 부여된 시간, 나에게만 있는 주관적인 시간인 카이로스(kairos)가 있다. 우리가 하루 중 아침이나 저녁시간, 또는 일과 중 잠시라도 조용한 시간(quiet time)을 내어 하나님의 임재와 영혼의 풍요로움을 채울 수 있다면 그게 카이로스이다. 우리는 카이로스 의미를 제대로 새긴다면 크로노스라는 일상(日常) 속에서도 얼마든지 안식을 누릴 수 있다.

카이로스를 적극적으로 적용한다면 안식일에 메누하를 누리는 것이다. 아브라함 헤셸에 의하면, 안식일은 천국의 근원이며 내세에서 이루어지는 삶의 뿌리, 땅에서 씨름하던 것들, 물질에 대한 노력을 그치고 물질적인 소유로부터 자신을 분리시키고, 영혼의 씨앗을 보살펴 자신의 시간을 영으로 채우는 시간이다.

'이 세상에 있는 동안 안식일의 맛을 음미할 줄 모르는 사람, 영생의 진가를 인정하지 않는 사람이 내세에서 영원의 맛을 즐길 수는 없다. 안식일의 아름다움을 경험하지 못한 사람이 천국에 이르거나, 안식일의 아름다움을 느끼지 못한 사람이 천국으로 인도되는 것만큼 슬픈 운명도 없을 것이다.'[107]

> 영혼의 풍요, 즉 진정한 메누하를 누린다는 것은 소유하고자 하는 욕심을 내려놓고 시간을 영으로 채우는 것을 의미한다.

영혼의 풍요, 즉 진정한 메누하를 누린다는 것은 소유하고자 하는 욕심을 내려놓고 시간을 영으로 채우는 것을 의미한다. 우리는 예외 없이 세상에서 원하는 것을 얻어내는 일에 모든 것을 걸고 있다. 주중 엿새 동안은 사고팔기라는 것에 온통 마음이 빼앗겨 있다. 일요일 혹은 공휴일에는 겉으로, 육체적으로 활동을 잠시 멈춘 것일 뿐 마음과 정신은 쉬지 않는다. 내가 얻어내야 할 것에 대해 끊임없이 걱정하고 생각한다. 우리의 온 신경과 마음의 밑바닥에는 더 많이 갖고, 더 많이 누리고 싶은 탐욕과 욕구가 있다. 아브라함 헤셸은 이렇게 소유하고 움켜쥐는 것을 '공간'에 집착하는 것이라고 한다. 물질적인 세계를 대표하는 공간 속에서 우리는 공간을 더 차지하기 위해 이윤을 짜내며 씨름하며 끊임없이 경쟁한다. 공간 속에 갇혀 있으면 쉬어도 전혀 쉬는 것이 아니다. 공간을 소유하기 위해서는 시간을 효율적으로 짜낸다. 시간을 오직 크로노스로만 생각한다. 하나님의 임재를 맛보기 위한 시간인 카이로스는 생각조차 하지 않는다.

진정한 안식을 위해서는 공간을 벗어나 카이로스 시간 속으로 들어가야 한다. 주중 엿새 동안에 사고팔기라는 것에 온통 마음을 빼앗겼지만 시끌시끌한 흥정과 수고의 멍에를 내려놓고 안식일이라는 시간의 거룩함에 들어가야 한다. 시간의 거룩함 속으로 들어가면 진정한 안식, '메누하'를 누릴 수 있다. 메누하는 노동과 작업을 중단하고, 힘든 일이나 긴장이나 모든 종류의 활동으로부터 자유를 얻는 것, 고요, 평온, 평화라는 선물을 누리는 것이다. 매일 저녁 잠자리 들기 전, 또는 토요일 저녁에 아주 적은 시간이라도 모든 것을 내려놓고 깊은 묵상을 해 보는 것도 한 방법이다. 주일 예배를 드릴 때 온전히 하나님만 생각하고 그 분의 임재를 경험하는 것도 그렇다.

또한, 영혼의 풍요는 염려로부터 자유롭게 되는 것이다. 안식은 '나의 힘으로 얻어내야 한다.'는 것을 내려놓을 때 얻어진다. 이 점이 소유하고 쟁취해야 하는 공간 속에서 잠시 쉬는 휴식과 다른 점이다. 휴식은 나를 잠시 쉬게 하여 내가 이루고자 하는 바를 위해 재충전하는 것이다. 그러나 내가 해야 한다는 것을 전제로 하기 때문에 진정한 쉼도 없고 자유로움을 얻을 수도 없다. 안식은 나의 힘이 아니라 하나님이 하신다는 것을 인정하는 것이

제8장 안식의 원리
일상에서 메누하(menuba) 누리기

다. '수고하고 무거운 짐 진 자들아 내게로 오라 내가 너희를 쉬게 하리라(마 11:28)'처럼 예수님께 모든 것을 맡기는 것을 의미한다. 이스라엘 백성이 광야 생활에서 양식으로 삼은 '만나'는 하나님이 하신다는 것을 생생하게 보여주는 장면이다. 이스라엘 백성은 만나를 통해 하나님이 자기 백성의 필요를 공급해 주심을 믿게 되었다. 하나님께 전적으로 의지할 때 내일 일에 대한 걱정과 염려로부터 해방되고 자유를 누릴 수 있다는 교훈을 배웠다.

우리는 안식일에 모든 노력과 수고와 내일에 대한 염려를 내려놓음으로써 하나님이 우리를 책임지신다는 것을 배운다. 그 결과 우리는 하나님이 우리의 삶에서 진정 하나님이 되신다는 것을 경험하게 되고 그로부터 오는 진정한 쉼과 여유와 자유를 얻는다. 이에 대해서는 마틴 루터가 정확하게 언급했다. '하나님이 안식일을 거룩하게 지키라에서 특별히 의도하신 영적인 쉼은 노동과 거래를 그치는 것뿐만 아니라 훨씬 더 많은 것을 의미한다. 이것은 우리가 하나님만이 우리 안에서 일하시게 하며, 우리의 모든 능력을 다해 우리 자신의 일을 전혀 하지 않는 것을 의미한다.'[108] 루터의 언급 속에는 눈에 보이지 않는 하나님을 전적으로 의지한다는 것이 생각보다 쉽지 않다는 의미가 숨겨져 있다. 그래서 그는 그냥 하나님께 의지하는 것이 아니라 온 힘과 신경을 다 써서 하나님께 맡겨야 한다는 것을 강조한다. 우리가 날마다 하나님이 앞장서시고 공급해 주시는 것을 경험하면서 자유함을 누린다면 진정한 안식의 세계로 들어갈 수 있다.

굿 비즈니스 플러스

■ 그침과 쉼: 삶의 지배가치를 달리 생각하자

안식은 그침과 쉼으로부터 온다. 우리는 쉬어도 쉰 것 같지 않다는 말을 자주 한다. 쉬어도 회사 일이 자꾸 생각나고, 기한 내에 달성해야 하는 실적 때문에 압박을 받고, 동료와의 경쟁 관계를 생각하면 머리가 무거워진 경험을 누구나 하고 있다. '그침과 쉼'이라는 것은 이 모든 것을 제대로 내려놓자는 의미이다.

마르바 던은 적어도 칠일 가운데 하루인 주일은 일과 생산과 성취를 '그치라'고 말한다. 우리는 생산성을 올리고 다른 사람과 경쟁하고 정해진 기한 내에 성취를 이루는 것에 너무 익숙해져 있다. 이런 것을 제대로 해 내는 사람을 가치 있게 여기는 것이 우리 사회의 문화이다. 생산성과 성취는 너무나 중요하기 때문에 직장생활을 하는 사람은 누구나 이것에 탁월해야 한다. 예수 믿는 사람은 더할 나위 없이 모범을 보여야 한다. 그러나 이것이 우리 삶에서 지배가치가 되어서는 안 된다. 생산성과 성취하는 것으로 자신을 평가하고 다른 사람의 가치를 결정하는 잣대로 삼아서는 안 된다는 말이다. 우리는 자주 생산성과 성취가 원하는 대로 되지 않으면 쉽게 좌절하면서 나의 능력이 형편없다고 생각한다. 다른 사람에 대해서도 마찬가지이다. 생산과 성취를 그치는 것은 내가 모든 것을 이루어내야만 한다는 것을 넘어 하나님의 은혜, 하나님이 주관하심을 인정하라는 의미이다. 나의 존재가치가 생산성과 성취를 이루는 것에 있는 것이 아니라는 것을 의지적으로 인식하는 것이다.

그치는 것에 대한 구체적인 실천 중 하나는 주일, 또는 하루 일과를 마치고 집에 와서는 일정한 시간 동안은 일에 대한 생각을 완전히 끊어버리는 것이다. 기도할 때 한 번씩은 일과 관련된 것이나 일용할 양식, 먹고 입을 것으로 대표되는 어떤 필요도 기도 제목에 넣지 않고 오직 성령님과의 영적인 교통, 나의 영을 깊이 돌보는 것만을 위해 기도하는 것이다. 일이나 필요를 위해 활동하는 것을 그치는 것뿐 아니다. 온갖 문명의 기기를 사용하는 것을 그치는 것도 필요하다. 한국 사람들이 스마트폰을 사용하는 평균 시간은 2시간 23분이다. 식사나 간식시간(1시간 56분)보다 훨씬 길다.[109] 디지털로 대표되는 스마트폰 사용을 잠시 그치는 것은 이 세상의 시끄럽고 재미있는 문화를 그치고 영적인, 정서적인 안식을 잠시 맛볼 수 있는 일 중 하나이다.

> **쉼에는 영적인 쉼, 정서적인 쉼, 육체적인 쉼을 모두 의미한다.**

쉼에는 영적인 쉼, 정서적인 쉼, 육체적인 쉼을 모두 의미한다. 영적으로는 일주일의 하루를 주일로 지키며 예배하는 것을 통해, 아침 조용한 시간을 떼어 하나님의 말씀을 묵상하고 기도하는 것을 통해 쉼을 얻을 수 있다. 마음과 영이 이 세상의 것으로부터 벗어나 하늘의 것에 고정시키고 일상의 일들을 한쪽으로 제쳐 놓음으로써 쉼을 얻게 된다.

로뎀나무 아래서 엘리야가 쉬었던 쉼이 좋은 예이다(왕상 19:1-12). 엘리야는 바알 선지자들과 격렬한 영적 전투를 치르고 삼 년 동안 가물었던 땅에 비를 내리는 일을 위해 기도에 목숨을 걸고 아합왕의 마차 앞에서 달리는 일들을 쉬지 않았던 결과 육체적인 피곤은 극에 달했다. 또한 영적 전투에서 승리하고 하나님께 기도해 가뭄을 해결하는 일을 했지만 이세벨에게 생명의 위협을 당하면서 정신적으로 심각한 타격을 받았다. 그는 생명을 위해 광야로 도망한 후, 한 로뎀 나무 아래에서 급기야 "여호와여 넉넉하오니 지금 내 생명을 거두시옵소서."라면서 쓰러지고 만다. 요즘으로 보면, 성취 이후 극심한 허탈감, 우울증에 걸린 것처럼 보인다. 이런 엘리야에게 하나님은 로뎀 나무 아래서 단잠을 주시고 떡과 물을 공급하시면서 육체적인 쉼을, 천사를 보내 어루만져 주시면서 위로와 정서적인 회복을 시켜주신다. 육체적, 정서적 쉼을 실천하는 방법 중 하나는 한 번씩은 일상에서 벗어나 적극적으로 여가를 즐기는 것이다. 삼성경제연구소의 직장인 행복 조사를 보면, 행복한 직장인은 그렇지 않은 직장인보다 여가를 적극적으로 사용하는 것으로 나타났다. 산책, 운동 등의 신체활동, 취미생활, 여행 등 적극적인 여가활동 등이 그 예이다.[110]

회사 내 일상적인 공간에서도 쉼은 필요하다. 한국 직장인들은 수면시간이 많을수록 더 행복해 한다. 5시간 미만을 자는 사람은 행복도가 100점 만점에 51점, 7~8시간을 자는 사람은 60점이었다. 현실적으로 충분히 잠을 잘 수 있는 한국 직장인이 그리 많지 않은 상황을 감안하면 회사에서 쉴 수 있는 휴식공간을 제공함으로써 행복도를 높일 수 있다. 실제 자기 회사에 휴식 공간이 있을 때 행복도가 훨씬 높은 것으로 조사되었다.[111] 그래서 요즘 회사들은 미니 휴식제도를 운영하면서 10분, 또는 20분씩 잠시 낮잠을 자거나 운동하는 것을 장려한다. 간장, 된장 등으로 유명한 샘표는 가위바위보 게임을 하면서 직원들의 머리를 식힌 적이 있다. 본사와 전 사업장 직원들이 직급과 관계없이 가위 바위 보를 토너먼트로 해서 우승한 사람에게 깜짝 선물을 주는 것이다. 짧은 시간이지만 서로 웃고 허물없이 즐기는 가운데 상사와 부하간, 부서간 벽이 허물어지고 소통하고 쉼을 얻는 문화를 만드는 기회를 얻었다고 평가한다.[112]

■ 넥스트점프(nextjump)

넥스트점프(미)는 기업구매를 대행하는 전자상거래업체이면서 기업문화와 경영을 개선하는 플랫폼을 제공하는 사업도 한다. '옥수수박사' 김순권박사의 아들인 찰리 김(한국명 김용철)은 100년 이상 지속되는 기업을 목표로 하면서 기업문화를 바꾸는 일이 매우 중요하다고 주장한다. 특히 체력적으로나 정서적으로 건강한 직원들이 결국 회사는 물론 주주가치를 끌어올릴 수 있다는 신념을 갖고 있다. 넥스트점프는 사내 곳곳에 간단한 음식과 음료를 제공하고 실내 체육관을 설치했다. 직원들이 근무시간 중 언제라도 체육관에서 땀을 흘리며 운동하도록 했는데 생산성은 훨씬 높아지고, 직원들의 건강도 좋아졌다. 존스홉킨스대는 넥스트점프 안식은 일을 그치고 쉬는 것이라고 할 때 직장인의 현실을 모르는 소리라고 생각할 수 있다. 실제 한국기업의 직장인들은 쉴 수 있는 여유가 거의 없다. 대한상공회의소가 한국 직장인을 대상으로 심층 조사한 결과에 의하면, 한국의 직장인들은 주 5일 평균 2~3일을 야근하고, 3일 이상 야근하는 사람이 43%에 달했다.[113] 기독경영인은 그저 안식을 누려야 한다고 말만 하면 안 된다. 안식을 누릴 수 있도록 회사의 근무 분위기를 바꾸려고 노력해야 한다. 실제 일을 그치고 쉴 수 있는 여유 시간을 만들어내야 한다. 안식을 위한 여유시간을 어떻게 만들 수 있을까? 직장인의 야근 실태를 좀 더 들여다보면 쉽게 답을 찾을 수 있다.

대한상공회의소의 조사를 보면, 8개 회사 45명의 직원들을 관찰한 결과 평균 9시간 50분을 일했는데 생산적인 업무시간은 5시간 36분이었다. 생산성이 57%(=5시간 36분/9시간 50분)에 불과하다는 의미이다. 과다하게 일하는 원인은 비효율적인 업무처리 방식, 쓸데없는 회의, 명확하지 않은 지시로 반복해야만 하는 업무, 위에서 시키면 이상해도 아무런 토를 달지 못하고 무조건 해야 하는 직장 분위기 때문이다. 비효율적이고 쓸데없는 일만 줄인다면 하루 8시간만 일해도 하루에 해야 할 일을 충분히 처리할 수 있고 정규근무시간을 마치고 가정으로 돌아가 쉴 수 있다. 이런 점에서 기독 직장인, 경영자들은 현실적으로 쉬고 안식할 수 있는 시간을 벌기 위해서라도 불필요하고 비효율적인 업무관행을 개선하는 노력이 필요하다.

> "그침과 쉴 시간을 위해서는 비효율적이고 낭비적인 업무를 제거해야 한다."

불필요한 일을 어떻게 없앨 수 있을까? 업무의 본질에 집중하는 것이다. 세계적인 호텔 체인을 운영하는 W호텔에는 서비스 매뉴얼이 없다. 대신 친근함, 미리 예측하기, 신속함, 신뢰라는 4가지 행동원칙만 있다. 세세한 행동규칙을 정하면 종업원들이 경직되고 고객 중심의 서비스를 할 수 없다는 생각에서이다. 서비스를 제대로 할 수 있는 본질적인 원칙만 제시하고 나머지는 종업원이 알아서 하면 된다. 그만큼 종업원은 불필요하거나 쓸데 없는 일을 하지 않아도 되기 때문에 쉼과 여유를 확보할 수 있다. 계획성 없는 업무관행을 하지 않도록 노력하는 것도 필요하다. 또한 그 동안의 관행 때문에 습관적으로 수행하는 업무는 없는가? 보고서 형식을 중요하게 생각하지는 않는가? 결재나 보고라인이 너무 다단계이거나 길지는 않는가? 등의 질문을 해 보고 지속적인 개선을 해야 한다.

■ 안식을 함께 누리기: 관계의 만족

안식은 개인과 가정생활에도 시간을 충분히 할애하는 것을 포함하는 개념이다. 하나님께서 이 세상을 창조하신 후에 안식하시며 인간에게도 안식, '메누하(menuba)'를 주신 이유는 노동과 수고를 그만 두는 것뿐 아니라 하나님께서 우리에게 주신 만족을 온전히 누리라는 것이다. 메누하가 제대로 되려면 정신적, 육체적으로 단지 쉬는 차원을 넘어 내가 하는 일, 가정 생활, 이웃과의 관계 등 우리가 일상에서 만나는 모든 관계에서 만족과 행복감을 누려야 한다. 안식은 나 자신을 포함해 직장생활과 가정, 이웃과의 공동체 생활 속에서 함께 누릴 때 진정한 안식을 얻을 수 있다.

최근 일과 생활의 균형(work-life balance)에 대한 관심이 높다. 회사에서 장시간 일하는 것을 당연하게 여기고, 개인생활보다는 직장의 일이 우선이라고 여기던 가치관에 변화가 생기면서 '생활'의 중요성이 강조되고 있다. 가족과 더 많은 시간을 보내고 싶고, 여가활동에 더 많은 시간을 사용하고 싶다는 바램 속에서 나온 것이 바로 일과 생활의 균형이다. 그런데 일과 생활의 균형에 대한 오해가 좀 있다. 일과 생활의 균형을 시간의 문제로 여겨 일하는 시간을 어떻게든 줄여야 균형을 찾을 수 있다고 생각한다. 혹은 유연근무제 등으로 일하는 시간을 자유롭게 사용하여 개인의 생활을 더 많이 확보하는 데만 관심을 둔다. 그러나 일과 생활의 균형은 단지 시간을 균형적으로 잘 배분한다고 얻어지는 것이 아니다. 일과 생활의 균형은 일과 생활을 모두를 잘 해내고 있다고 느끼는 데서 온다. 이를 위해서는 일과 생활 각각에서 필요한 시간과 여유를 확보하는 것만으로 부족하다. 일, 가정과 여러 사회생활에서 만족과 행복감을 느껴야 한다.

우리의 생활은 대부분 회사(일), 공동체, 자기 자신, 가정 등에 걸쳐있다. 그런데 이들 간의 관계를 보면 가지각색이다. 아래 [그림 8-2]의 왼쪽 그림처럼 어떤 사람은 일과 가정은 따로 이다. 일은 단지 생계수단이므로 자기 자신의 삶과는 별개라고 생각한다. 사용하는 시간 비중도 일이 가장 크다. 회사(일), 공동체, 자기 자신, 가정은 서로 관련성이 없고 통합되어 있지 않다.

> "안식은 나 자신을 포함해 직장생활과 가정, 이웃과의 공동체 생활 속에서 함께 누릴 때 진정한 안식을 얻을 수 있다."

한편, 오른쪽은 일, 자신, 가정, 공동체가 겹치는 부분이 많고 공통의 영역을 가진다. 시간 사용 비중에서 일이 여전히 제일 크지만 가정, 공동체, 자기 자신에게 사용하는 시간도 왼쪽 보다 많아졌다. 이런 모습은 단지 일과 생활의 균형이라는 차원을 넘어선다. 이렇게 생활의 여러 영역들이 사용하는 시간 비중들이 나름 충실하고, 영역들 간에 상호 연계되고 공유하는 부문이 많은 것을 '일과 생활의 통합(work-life integration)'이라고 한다.[114] 일을 하면서 보람과 의미를 느낀다면 자기 자신의 영역과 통합된다. 일을 예배하듯이 한다면 교회생활과도 통합된다. 일이 지역사회 공동체에 유익함을 준다면 일과 공동체가 겹친다. 일이 자녀나 배우자에게 돈을 많이 벌어 주기 위한 것이 아니라 보람되고 가족들이 함께 기도하고 관심을 갖게 되는 것이라면 일과 가정은 겹칠 수 있다.

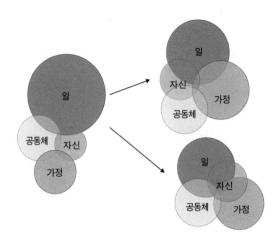

[그림 8-2] 일과 생활의 통합

관계의 누림은 자기 자신을 돌보는 것부터 시작한다. 애덤그랜트가 쓴 『기브앤 테이크(Give and Take)』라는 책을 보면 이기적 이타주의가 되라고 한다.[115] 마냥 이타주의자는 오래가지 못한다. 자기 자신이 소진되고 더 이상 버틸 수 없는 피로감에 녹초가 되어 버리기 때문이다. 이타주의를 제대로, 오랜 기간 지속하려면 자기 자신을 돌보는 이기적인 시간을 가져야 한다. 홀로 모든 것을 잊어버리는 여행을 가거나, 일정 기간 휴가를 얻거나 독서, 깊은 묵상을 통해 소진된 것을 회복하고, 나아가 한 번씩은 자신을 깊이 돌아보면서 힘을 얻으라고 권한다. 최근 일정 근무기간이 지나면 1개월, 혹은 그 이상 장기 휴가를 제공하는 회사들이 많이 생겨나고 있는데 이런 점에서 바람직한 일이다.

관계의 누림은 또한 '자신이 하는 일에 자부심과 의미'를 느끼는 것부터 시작한다. 2005년 43개국에서 공동으로 실시한 조사에 의하면 한국 직장인의 대부분은 직장을 생계수단으로 여기고 있다.[116] 직장을 생계를 위해 어쩔 수 없이 다니는 곳이라고 생각한다면 내가 하는 일이 의미가 없을 터이고 동료와도 계산적인 관계를 유지할 것이며 열심히 해야 한다는 의지도 생기지 않을 것이다. 당연하게 회사에서 마음이 즐겁거나 자부심이 높지도 않을 것이다. 또 갤럽조사에 의하면, 업무에 몰입하는 한국 직장인 비율은 전체의 11%에 불과한 것으로 나타났는데[117] 이를 해석하면서, 갤럽은 "돈 같은 인센티브보다는 업무 성취감과 회사 내 교감에 더 큰 가치를 두어야 한다."고 조언한다. 한국의 직장인들을 대상으로 한 연구 결과를 보면, 자신이 하고 있는 일이 의미와 가치가 있다고 느끼면, 그 일에서 보다 더 많은 가치를 경험하기 위하여 도전을 하게 되고, 이를 통해 성장하며, 일을 통해 즐거움을 경험하고 성과도 향상되면서 결과적으로 행복감을 느낀다.[118] 관계의 누림은 회사가 종업원들이 발전하는 것을 기꺼이 돕고 가족의 안위까지도 생각해주는 곳에서 나온다. 회사와 종업원간의 관계가 거래적 관계를 넘어 상호호혜적인 관계를 누리는 것을 의미한다.

■ 베케트(Beckett), '관계누림'을 만드는 회사

베케트(Beckett)는 난방과 에너지 관련 장비를 제조하는 미국 회사로 직원 수가 600명이 넘고 매출이 1천억이 넘는다. 이 회사가 가장 소중하게 여기는 신념 중에 종업원 한 사람 한 사람을 귀하게 여기고 존중한다는 것이 있다. 어떤 여직원은 일찍 남편을 여의고 심하게 병들어서 1년간을 쉬어야 했는데 회사와 직원들이 가족처럼 돌보고 생활비를 제공해주었다. 현재 하고 있는 일에서 디자인 직무로 바꾸고 싶어하는 어떤 종업원에게는 회사에서 디자인공부를 하도록 대학 등록금을 지원해주고 자신의 재능을 발휘할 기회를 제공해 주기도 한다. 회사와 관련이 없는 것들도 종업원의 삶에 꼭 필요한 것이면 가능한 지원하려고 애쓴다. 모든 직원들이 회사에 나오는 것을 행복해 하고 월요일이 즐거운 회사이다.
- Beckett 회사 홈페이지(http://www.beckettcorp.com/corporatevalues.asp).
유튜브(Loving Monday)(http://youtu.be/el7Z3cf2rQw)

심리학의 파급이론에 의하면, 직장과 가정생활이 서로 영향을 준다고 한다.[119] 직장에서 좌절감이나 불만을 느낀 사람은 가정생활에도 부정적인 영향을 주고 그 반대도 마찬가지란 이야기이다. 직장에서 행복한 사람은 그렇지 못한 사람에 비해 자기가 하는

275

제8장 안식의 원리
일상에서 메누하(menuba) 누리기

일에서 자신감과 의미를 느끼고, 가족관계에서도 만족스럽고, 동호회 등 사회활동도 더욱 활발하게 한다.[120] 직원들은 업무의 의미와 자신감을 느낄수록 더 행복해 하고, 소명의식(calling)을 가질 때, 업무에 대한 몰입을 훨씬 더 잘 하게 된다. 일에 대한 이런 태도를 그리스도인의 입장에서 표현하면 일이 예배가 되는 것을 의미한다. 회사에서 하는 일을 가족들과 나누는 것도 일에서 자부심을 얻는 방법이다. 예를 들어 제약회사에 다니는 사람이라면 자신의 일이 사회에 미치는 영향에 대해 집에서 두 딸과 대화를 나눌 수 있다. 회사에서 만드는 약이 어떻게 사람들의 생명을 구하는지 설명한다면 아이들은 일에 대한 아빠의 열정에 자부심을 느끼고 그 일을 이해할 수 있다.

회사에서 배우게 되는 인간관계, 섬기는 리더십, 소통하는 방법, 상사가 부하를 칭찬하는 방법 등을 회사에서만 써먹지 말고 가족이나 공동체에서 활용하면서 직장생활의 의미를 느낄 수 있다. 다른 한편으로 가정이나 교회 생활을 회사 생활에 연결시켜 볼 수도 있다. 심리학에 '긍정 정서 확장 — 구축이론'이 있다. 사람이 즐겁고 행복한 긍정 정서를 갖고 있으면 지적, 신체적, 사회적 자산을 지속적으로 형성하고 확장하며 위기에 처할 때는 그 자산을 활용한다는 것이다. 그래서 행복한 사람이 폭넓은 대인관계와 사회생활을 통해 자아실현을 하고 그로 인해 더 행복해 한다는 것이다. 진정한 그리스도인이라면 '긍정 정서 확장 — 구축'을 적용해 볼 수 있다. 주일의 안식으로 인한 평안한 마음, 행복감은 직장생활에서 다른 사람을 행복하게 하는데 확장될 수 있기 때문이다.

■ 안식을 확장하자

창세기 2장에서 하나님께서 일곱째 날을 복되게, 거룩하게 하시고 안식하게 하신 것은 모든 창조가 완성된, 창조사역이 절정에 이르렀다는 것을 뜻한다. 이런 점에서 안식은 축복이고 하나님께서 인간에게 주시는 최고의 선물이다. 안식은 활동을 멈추는 무활동의 이미지가 아니라 오히려 어떤 것에도 방해받지 않고 창조를 즐기고 감사하며, 하나님의 임재를 경험하는 적극적인 활동이어야 한다.[121] 경영에서 창조하는 것을 통해 하나님의 솜씨를 찬양하고, 창조의 과정에서 하나님의 임재를 경험하기 위해서는 안식이 필요하다. 이런 점에서 안식은 창조와 매우 밀접하게 연결되어 있고 경영의 중요한 요소가 된다.

안식을 적극적으로 해석하고 확장하자면 놀이와 재미있는 직장생활도 안식을 준다. 안식은 그냥 쉬고 평안함을 누리는 것으로만 생각하면 너무 정적이라는 느낌을 준다. 안식이 필요한 이유 중 하나가 육체적, 정신적 피로에서 회복하고 나아가 행복감을 누리기 위한 것이라면 유쾌하고 즐거운 직장생활은 안식을 줄 수 있다. 미국에서 일하기 좋은 직장의 선두에 있는 사우스웨스트 항공의 '펀(fun) 경영'이 좋은 사례이다. 이 회사는 유머와 다양하고 재미있는 이벤트를 통해 승무원, 항공사, 기장 등 직원들을 피곤과 스트레스에서 벗어나게 하는 것으로 유명하다. 직원들은 매일 반복되는 일상에서 벗어나 회사에 나가는 즐거움을 얻는다. 또한 자연스럽게 회사에 대한 애사심이 생겨나고, 나아가 직원들의 집중력, 업무능력, 창의력을 향상시키는 효과를 내고 있다. 회사 내 딱딱한 분위기와 상하관계, 고정관념을 없애고 상사와 부하직원 간에 친근감을 만들어 준다. 이런 점에서 동적이고 적극적인 안식의 의미도 생각해 봄직하다.

안식은 개인뿐 아니라 회사에 몸담고 있는 모든 구성원들, 기계, 설비 등에도 적용되어야 한다. '일곱째 날은 네 하나님 여호와의 안식일인즉 너나 네 아들이나 네 딸이나 네 남종이나 네 여종이나 네 가축이나 네 문안에 머무는 객이라도 아무 일도 하지 말라(출 20:10)'는 말씀을 오늘에 적용하면, 가축은 노동을 돕는 각종 기계나 설비 장치로 생각해 볼 수 있다. 또한 안식년, 희년 등의 개념도 회사 경영에서 적용할 수 있다. 최근 회사들이 일정기간 이상 근무한 종업원들에게 1개월, 혹은 3개월씩 안식 휴가를 주는 제도를 운영하는 것을 참고할 만하다.

> " 안식은 개인뿐 아니라 회사에 몸담고 있는 모든 구성원들, 기계, 설비 등에도 적용되어야 한다. "

경영자는 안식을 단지 개념적인 차원에서 받아들이지 말고 실제적인 안식을 누릴 수 있도록 기업문화를 구축하고 제도화하는 것도 필요하다. 눈치 보지 않고 퇴근하기, 스마트워크 운동 및 캠페인, IT를 활용한 유연근무, 안식월, 이웃공동체와 함께 하기, 한 주간 가정의 날 지키기 등이 한 예이다.

안식을 조직 차원에서 제도화하는 것에 대해 조심할 것은 안식을 너무 실용적으로 접근하지 말아야 한다는 것이다. 휴식이 아닌 진정한 안식은 하나님과의 관계에서만 가능하다. 이미 앞에서 언급했지만 안식은 하나님의 임재를 경험하는 것이고 자신의 시간을 영으로 채우는 것이다. 아브라함 헤셸은 안식은 시간을 거룩하게 하는 것이라고 하면서 기차 타는 것을 예로 든다. 기차 안에서 창밖을 내다보면, 풍경이 움직이고 있다는 인상을 받는다. 우리의 영혼이 공간의 사물을 타고 가면서 실재를 바라보면 시간이 끊임없이 움직이는 것처럼 보인다. 하지만 끊임없이 움직이는 것은 시간이 아니라 공간이다. 물질로 대표되는 공간은 끊임없이 변하며 지나가고 결국에는 없어진다. 시간만이 영원하다. 이런 점에서 메누하를 누리는 사람은 안식을 더 많이 노동할 수 있는 힘과 시간을 축적하여 물질을 얻기 위한 수단으로 생각하지 않는다. 대신 안식을 통해 영감을 얻고 노동의 존엄성을 회복하며 그로 인해 엿새 동안의 창조 사역에 동참하게 된다.

제8장 안식의 원리
일상에서 메누하(menuba) 누리기

⬛ 실천방안

1. **영혼의 풍요**: 일상에서 쉴만한 물가로 인도함을 받는(시 23편) 메누하의 경험을 누려보자. 소유로부터 자족함과 염려로부터의 자유함이 필요한 항목을 적어보고, 하나님과의 관계만 생각하는 '별도의 시간'을 갖자.

2. **그침과 쉼**: 일을 그치고, 영적, 정서적, 육체적 쉼을 위한 시간, 공간을 마련하자. 회사에서도 휴식과 여유 공간을 만들어보자. 불필요한 일을 제거하고 효율화하는 것을 통해 쉴 여유를 만들자.

3. **일과 생활의 통합**: 일-가정-자기자신-교회와 공동체에서 사용하는 시간의 비중, 중요도 등을 정리하고 바람직한 비중으로 개선해 보자. 일이 예배가 되게 하고, 그것을 가족과 교회 공동체에서 나누어보자.

4. **안식을 확장하기**: 안식을 위해 나 자신, 종업원, 회사에서 실천항목을 만들고, 필요한 경우 제도화하자.

⬛ 토론할 문제

1. 나 자신, 또는 종업원, 회사가 안식하지 못하는 이유들은 무엇인가?

2. 안식의 세 가지 요소에 대해 당신의 기업은 몇 점(100점 만점)인가? 어떤 요인을 어떻게 보완할 것인가?

3. 안식을 개인 차원에서 조직 차원으로 어떻게 적용할 수 있을까? 필요한 경우, 제도를 어떻게 개선해야 하는가?

제9장

/

JuST—ABC 실천방안

- 굿 비즈니스를 위한 원칙과 지침 -

씨를 뿌릴 때가 있고 결실을 거둘 때가 있듯이, 시점에 따라
특히 주목해야 하는 원리를 알아야 한다.
창조의 원리는 기회의 확장, 배려는 공감의 확장, 신뢰는 관계의
확장과 관련이 있으며, 반면 공의의 원리는 질서의 회복, 안식은
건강의 회복, 책임은 의무의 회복과 관련이 있다.

실제 적용

많은 크리스천 기업가들은 기업경영의 현장에서 하나님 나라를 건설하고 하나님의 뜻과 원리에 따라 기업을 경영하기를 원한다. 그렇지만 이 세상에서 우리가 처한 여러 상황에서 무엇이 하나님의 뜻에 따라 기업을 경영하는 것인지, 어떻게 해야 크리스천으로서 올바르게 기업을 경영하는 것인지, 실제 기업현장에서 이를 판단하고 실천하는 일은 쉽지 않다. 이러한 상황에 공감하면서 기독경영연구원에서는 크리스천 기업가들이 기업현장에서 지켜야 할 사고 및 행동의 핵심원리로 창조(C), 책임(A), 배려(B), 정의(J), 신뢰(T), 안식(S) 등 JuST—ABC 6대 원리를 제시했다. 여기서는 굿비즈니스를 위한 JuST—ABC 6대 원리들을 실제 상황에 적용할 수 있는 방식과 지침에 대해 소개하고자 한다.

■ JuST—ABC 핵심원리 적용시의 원칙과 지침

JuST—ABC 6대 원리는 크리스천 기업가들이 기업경영의 현장에서 기독교적 굿비즈니스 경영을 실현하는 방식을 제공한다. 경영현장에서 기업가들이 당면하는 중요한 의사결정 이슈에 대해 6대 원리들이 함께 통합적으로 적용될 때 굿비즈니스의 원리를 지키면서 효과적으로 기업경영을 해나갈 수 있다. 그렇지만 특정한 상황별로 이 원리들이 적용될 때에는 어느 원리가 우선 적용되어야 할 것인지 판단이 어려울 경우도 있고, 이 원리들이 서로 갈등관계에 있는 것처럼 보일 수도 있다. 따라서 이들 원리들을 경영현장에 적용할 때에는 적용의 원칙이 필요하다. 여기서는 핵심원리의 적용 원칙으로 통합적 적용의 원칙과 보완적 적용의 원칙을 제시하고자 한다.

■ 통합적 적용의 원칙

핵심원리 적용의 첫째 원칙은 JuST—ABC 6대 원리를 통합적으로 이해하고 적용해야 한다는 통합적 적용의 원칙 것이다. 성경 말씀을 이해하고 적용할 때에도 그러해야 하듯이 6대 원리의 18개 구성요소 소원리 들을 기계적으로 적용하는 것이 아니라 굿비즈니스가 지향하는 킹덤 컴퍼니를 향해 이 원리들을 전체적으로 이해하고 통합적으로 적용되어야 한다. 6대 원리들의 상호관계를 도표로 표현하면 [그림 9-1]과 같다.

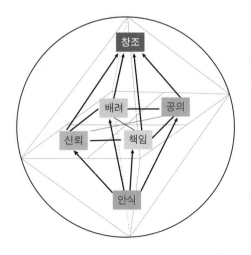

[그림 9-1] JuST–ABC 6대 원리들의 통합적 관계

핵심원리의 통합적 적용이란 각 원리가 요구하는 최소한의 기본요건을 충족시키면서 각 원리를 함께 적용함으로서 시너지를 극대화하는 것이다. 즉 '기본요건 충족' 세부원칙(지침)이 필요조건이라면, '시너지 극대화' 세부원칙(지침)은 충분조건이 된다.

- **기본요건 충족**: 어떤 경우에도 지켜야할 각 원리의 최소 기본요건은 우선적으로 지킨다.
- **시너지 극대화**: 각 원리를 다각적·통합적으로 적용하여 시너지와 균형을 극대화한다.
- **갈등 사전조정**: 각 원리 간 갈등의 소지를 사전에 없애고 조정하는 노력을 강화한다.

[기본요건 충족] 6대 원리를 경영현장에 적용할 때에 어떠한 경우에도 언제라도 반드시 지켜져야 할 최소한의 기본요건은 우선적으로 충족되어야 한다. 일방적으로 한 가지 원리가 적용되고 다른 원리는 무시되어서는 안 된다. 각 원리가 견지하는 최소한의 요건은 어떠한 경우에도 적용되어야 한다. 예를 들면 책임의 원리에 담겨 있는 법적 책임 등은 어떤 경우에도 지켜져야 한다. 우리가 반드시 견지해야할 선을 넘어서는 안 된다. 이처럼 각 원리가 요구하는 최소한의 수준은 어떤 경우에도 적용되어야 한다는 것이 '기본요건 충족 지침'이다. 이러한 경우의 예로는 직원들의 인격을 존중하는 것, 법에 정해진 내용을 지키는 것, 최저임금 이상을 유지하는 것 등이 있다.

[시너지 극대화] 시너지 극대화 세부원칙이란 당면한 이슈에 대해 각 원리를 다각적·통합적으로 적용하여 시너지를 극대화하는 해결방안을 모색하는 것이다. 예를 들어 기업경영의 여러 측면인 사업의 기획과 수행에 관한 일, 사람에 관한 일, 시스템에 관한 일, 프로세스에 관한 일, 고객에 관한 일, 이해관계자에 관한 일, 사회에 관한 일 등에 대해, 기독교적 굿 비즈니스가 추구하는 영성과 방향성을 이해하면서, 각 부문에 가장 잘 적용될 수 있는 6대 원리들을 각각 적용하면 전체적으로 더 나은 의사결정을 하게 되고, 나아가 더 나은 기업으로 발전할 수 있다. 여러 원리들을 동시에 적용하고 만족 시키려면 전략적 유연성과 인내도 필요하다. 원리의 통합 적용이 모순과 갈등을 야기하지 않을 경우에는 시너지 효과가 극대화 된다.

[갈등 사전조정] 갈등 사전조정 세부원칙이란 6대 핵심원리들이 충돌할 수 있는 상황을 사전에 방지하는 노력을 강화하는 것이다. 예를 들면 인력을 충원해 놓고 우리 조직과 맞지 않은 인력을 어떻게 할 것인가 고민하고 갈등하는 상황은, 인력 충원과정에서 우리 조직에 적합한 인력을 선발하려는 집중 노력을 통해 사전에 상당부분 방지할 수 있다. 특히 기업의 경영과정에서 사업기획, 인사조직 등 상류부문(upstream)에서 생길 수 있는 문제들을 사전에 줄이려는 노력을 강화하면 사업수행, 통제관리 등 하류부문 (downstream)에서 갈등이 생길 가능성을 줄일 수 있다. 이는 위험관리의 기본 접근방법(유비무환)이기도 하다. 미리 필요한 제도를 마련하여 실행하는 것도 사전에 갈등을 줄일 수 있는 좋은 방안이다.

■ 보완적 적용의 원칙

핵심원리 적용의 둘째 원칙은 기업경영의 흐름에서 상황에 따라 더 강조되어야 할 원리가 있고 보완적으로 적용되어야 할 원리가 있으며, 이러한 선택은 크리스천 경영자의 분별력에 바탕을 두어야 한다는_{보완적 적용의 원칙} 것이다. JuST—ABC의 원리들을 실천할 때, 6대 원리들이 다양한 측면들을 반영하기 때문에 때로는 충돌이 일어날 수도 있다. [그림 9-2]와 같이, 6대 경영원리 중에서 창조, 배려, 신뢰의 원리는 변화와 창조의 방향을 더 강조하고, 공의, 안식, 책임의 원리는 안정과 회복의 방향을 더 추구한다. 이러한 다양성을 이해하고, 원리를 보완적으로 적용할 필요가 있다.

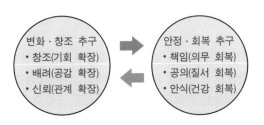

[그림 9-2] JuST—ABC 6대 원리들의 다양성

　기업현장에서 제기되는 문제들을 해결하기 위해서는 [그림 9-2]
에 나타난 것처럼 변화와 창조에 집중해야 할 때가 있고, 안정과
회복을 추구해야 할 때가 있다. 씨를 뿌릴 때가 있고 결실을 거둘
때가 있듯이, 시점에 따라 크리스천 기업가들이 특히 주목해야
하는 원리를 살펴볼 수 있어야 한다. 창조의 원리는 기회 확장,
배려의 원리는 공감 확장, 신뢰의 원리는 관계 확장과 관련이 있
으며, 이 원리들은 원심력의 원리들이다. 반면 공의의 원리는 질
서의 회복, 안식의 원리는 건강 회복, 책임의 원리는 의무 회복과
관련이 있으며, 이 원리들은 현재 상황을 견고히 하는 구심력의
원리들이다.

　JuST—ABC의 원리들은 크리스천 기업가들이 경영원칙과 경
영방침을 결정하고 실행하는 데 나침반의 역할을 할 수 있다. 그
렇지만 이 원리들이 매일의 모든 크고 작은 의사결정에 대해 기
계적으로 제시해주는 것은 아니다. 따라서 각 원리들에 대한 실

천방안에 대한 검토가 필요하다. 통합적용의 원칙과 보완적용의 원칙을 바탕으로 크리스천 CEO의 '선견력'_{미션, 비전}과 '분별력'_{영성, 지성}에 따라 실제 의사결정과 실행이 이루어지게 된다.

JuST−ABC 원리들을 통합적용의 원칙과 보완적용의 원칙을 바탕으로 적용하되, 각 원리들의 충돌이 있을 때는 원리적용의 충돌 완화를 위해 다음 지침들이 도움이 될 수 있다.

• **시간적 선별적용**: 기업 발전과정과 시간에 따라 우선 적용·강조되는 원리가 달라진다.
• **공간적 선별적용**: 기업 활동공간과 부문에 따라 우선 적용·강조되는 원리가 달라진다.
• **상황별 선별적용**: 기업이 당면한 문제의 특성에 따라 원리의 우선순위 적용이 달라진다.

[시간별 선별적용] 기업의 성장과정을 보면 큰 변화가 필요한 (revolutionary) 시점이 있고, 현 상태를 유지하면서 조금씩 개선을 해야 할 (evolutionary) 시점이 있다. 원리들간의 충돌이 있을 때 변화가 필요한 시점에서는 창조와 신뢰의 원칙이 더 부각되어야 하고, 현 상황 유지가 중요한 시점에서는 책임과 공의의 원칙이 더 강조될 수 있다. 예를 들어 쇠퇴기에 들어선 일부 기존 사업을 중단하고 아직 불확실성이 큰 신규 사업을 새로 시작할 때에, 변화가 꼭 필요한 시점이라면 기존 사업 중단에 따라 수반되는 도덕적 책임의 문제보다 혁신성을 강조하는 창조의 원리가 더 중시될 수밖에 없고, 다른 상황에서는 또 반대의 경우도 있을 것이다.

제9장 JuST−ABC 실천방안
굿 비즈니스를 위한 원칙과 지침

이처럼 시간에 따라 6대 원리가 선별적으로 적용되는 '시간적 선별적용 지침'이 충돌이슈 해결에 도움이 될 수 있다.

[공간별 선별적용] 기업 내에는 영업, 생산, 재무, 인사, R&D, 정보, 전략, 총무/법무 등 다양한 부서들이 각 영역의 주어진 역할을 수행하면서 전체적으로 서로 협력하여 목표를 향해 나아간다. 그렇지만 각 부서의 활동은 각기 다른 업무 문화를 지닌다. 예를 들어 R&D 활동이나 영업 활동에 대해서는 창조의 원리가 더 강조되고, 생산 활동이나 재무 활동에 대해서는 책임의 원리가 더 강조되어야 할 것이다. 제품 유형별로 (예: 고가제품과 저가제품) 다른 전략이 구사되어야 할 경우도 있다. 이처럼 부문이나 공간에 따라 6대 원리가 선별적으로 적용되는 '공간적 선별적용 지침'이 충돌이슈 해결에 도움이 될 수 있다.

[상황별 선별적용 (우선순위 적용)] 기업은 나름대로의 사명과 비전, 전략을 가지고 있고, CEO의 전략적 성향과 믿음도 기업마다 다르다. 따라서 이러한 여러 요인들에 따라 의사결정에서 우선순위가 영향을 받는다. 이처럼 기업의 가치나 전략, 우선순위에 따라 6대 원리가 선별적으로 적용되는 '우선순위 적용 지침'이 충돌이슈 해결에 도움이 될 수 있다.

■ 6대 핵심원리 간의 충돌 이슈 및 해결 방안

핵심원리 간의 잠재적 충돌 가능성

실제 기업경영에서 JuST—ABC의 원리(굿 비즈니스 원리)들이 시너지 효과를 발휘할 때가 많지만, 이 원리들이 서로 충돌하는 상황이 발생할 수 있다. [표 9-1]은 6대 원리들이 서로 시너지를 내거나 충돌할 수 있는 영역들을 보여준다. 예를 들어 안정성이 확보되지 않은 상태에서 신상품개발을 추진할 때, 창조의 원리와 책임의 원리가 충돌할 수 있다.

[표 9-1] 원리간의 잠재적 시너지 및 충돌 가능성 (시너지-충돌 매트릭스)

	창조	책임	배려	공의	신뢰	안식
창조						
책임				잠재적 충돌 영역		
배려						
공의						
신뢰		잠재적 시너지 영역				
안식						

[표 9-2]부터 [표 9-7]에서는 JuST—ABC의 각 원리들이 서로 충돌할 때 이를 해결하기 위한 방안들을 예시적으로 제시하였다. 이러한 해결방안들에 앞서 설명한 원리적용의 세부원칙이 어떻게 적용되었는지를 ① 기본요건 충족최소조건 배려, ② 시너지 극대화원리 동시적용, ③ 갈등 사전조정제도 사전마련, ④ 시간적 선별적용타이밍

관리, ⑤ 공간적 선별적용영역별 관리, ⑥ 상황별 선별적용우선순위 적용 등 번호로 구분하여 표시하였다.

이처럼 원리적용의 6대 세부원칙들을 상황별로 잘 적용하면 각 핵심원리들이 현장에 적용될 경우의 갈등을 줄이고 시너지를 강화하는데 기여할 수 있다. 주요 지침은 다음과 같다.

- 반드시 지켜야 할 최소한 요건은 어떤 경우에도 지켜라. 그 최소요건은 기업이 정하라.
- 원리들이 함께 지켜질 때 시너지를 통해 기업의 가치와 성과를 동시에 얻을 수 있다.
- 사후에 원리 적용에 갈등이 생기지 않도록 사전에 잘 준비하고 필요하면 제도화 하라.
- 평상시와 위기, 기업의 성장단계 등에 따라 그 시점에 적합한 원리 적용에 역점을 두라.
- 기업의 여러 부문이나 제품 유형 등에 따라 필요시 차별화된 관리방식을 적용하라.
- 기업의 미션·비전, CEO의 철학 등에 따라 그 기업이 강조하는 영역에 우선순위를 두라.

[표 9-2] 창조의 원리와 타 원리의 충돌 가능성

충돌 원리	상황 (충돌/시너지)	해결방안 (적용된 세부원칙 번호)
책임	기업의 지속성장을 위해 장기 R&D 투자를 할 것인가 (창조) 또는 기업의 당면한 생존을 위해 단기 수익을 추구할 것인가 (책임) 갈등이 있음	② 적정한 R&D 투자 Portfolio 구성이 필요하며, 장기적으로는 창조원리가 책임 원리를 강화함
배려	창의적 우수인력을 높은 성과급을 주고 육성할 것인가 (창조) 전 직원에 대해 보상 등에서 성과에 따른 차별 없이 함께 배려할 것인가 (배려) 갈등이 있음	① 우수인력 육성은 필요하고 해야 하나, 구성원들의 기본 생활은 보장해야 함
공의	우수인력은 선별육성하고 성과가 미흡한 인력은 도태시킬 것인가 (창조) 또는 직원들에게 공정하게 기회를 줄 것인가 (공의) 갈등이 있음	② 성과가 미흡한 사람들에게도 여러 차례에 걸친 교육 및 개선의 기회를 제공함 ③ 직원 선발 과정에서 기업의 요구 조건에 맞는 직원선발 노력을 강화해야 함
신뢰	창조와 신뢰는 충돌보다는 상호 긍정적 인과관계에 있음	② 상호 신뢰 속에서 창조적인 성과가 나올 때까지 기다려 줄 수 있으며, 신뢰는 상호작용 통해 창조활동을 촉진함
안식	창조를 위해 쉼도 없이 열정적으로 일을 추진할 것인가 (창조) 또는 일정한 범위 내에서 여유를 줄 것인가 (안식) 갈등이 있음	② 적정한 휴식이 창의성과 생산성 향상에 도움이 됨 ⑤ 기술개발 부서 등에는 3M의 15% Rule, 구글의 20% Time 제도처럼 어느 정도의 여유와 자율성을 부여해야 함

[표 9-3] 책임의 원리와 타 원리의 충돌 가능성

충돌원리	상황 (충돌/시너지)	해결방안 (적용된 세부원칙 번호)
창조	책임과 창조는 독립적 개념으로 볼 수 있으나, 기업의 경제적 책임을 다하기 위해서는 기업의 창조적 활동이 중요함.	② 창조는 기업의 경제적 책임 완수를 위해 필수적인 역량임. 특히 시장트렌드와 고객니즈를 바탕으로 한 신제품 개발, 차별화된 마케팅 등에는 기업의 창의적 활동이 매우 중요함
배려	경쟁사, 협력사, 고객들에 대한 배려를 너무 많이 할 경우 기업의 법적, 경제적 책임을 다하지 못할 우려가 있음	① 책임경영을 하는 가운데, 기본적 배려도 소홀히 하지 않아야 함 ⑥ 기업이 책임 있는 경영을 못할 경우 기본적 배려도 하기 어려우므로 책임을 우선시할 필요가 있음 (기업의 사회적 책임은 배려를 공식화/제도화한 개념으로 볼 수 있음)
공의	기업경영에 있어 형평과 평등을 너무 강조하다보면, 기업자체의 시장 경쟁력을 제고하거나 시장상황을 앞서가는 전략적 판단을 못할 가능성이 있음	① 기업이 법적·경제적 책임을 다하지 못하면 기업의 존재자체가 어려움 ⑥ 책임경영을 전제(우선순위)로 해서, 공의 수준을 점진적으로 개선해야 함
신뢰	신뢰를 바탕으로 할 때 기업의 책임을 더 잘 완수할 수 있음.	② 책임과 신뢰는 긍정적 인과관계임. 기업이 책임을 다할 때 모든 이해 관계자로부터 신뢰를 받을 수 있으며, 신뢰 있는 기업이란 모든 책임을 완수하는 기업임
안식	적은 인력으로 긴급한 목표달성을 위해 인력을 혹사하는 경우가 있음	① 어떤 경우에도 최소한의 휴식을 보장하고 인력들의 건강 유지를 위해 배려해야 함 ④ 긴급 상황에서는 한시적으로 구성원들의 이해를 구해야 함

[표 9-4] 배려의 원리와 타 원리의 충돌 및 시너지 가능성

충돌 원리	상황	해결방안
창조	상호 배려는 좋은 게 좋다는 식으로 넘어가 경쟁을 제한하며 조직의 창의성 저하로 이어질 수 있음	⑤ R&D나 신제품개발 분야에서는 배려보다는 구성원들의 창의성을 촉진함
	주인의식은 직원들에 대한 배려로 시너지 작용이 가능함	③ 주인의식을 촉진하는 보상/평가 제도 (우리 사주, 스톡옵션)가 따른다면 구성원들을 종이 아닌 주인으로 배려할 수 있음
책임	종업원을 배려하기 위해 더 많은 임금과 복지비용을 지불하면, 비용이 상승하여 수익성이 악화됨	④ 저수익시 경영정보를 공유(신뢰-투명)하여 임금 동결 등에 대해 종업원들을 설득하고, 이익이 날 땐 임금 상승, 복지지출 확대하여 내부고객 만족을 우선하여 사기/생산성 향상 (배려-호혜)을 위해 노력해야 함
	착한기업이 되기 위해 사회공헌 활동을 많이 하게 되면 기업의 채산성이 악화될 수 있음	② 사회공헌비용 지출에 유연성이 필요함. 수익 연계(책임), 기업 관련성(책임), 일관성(신뢰), 형평성(공의)을 유지하며, 비즈니스 모델에 사회공헌을 삽입함 (책임, 배려)
	곤경에 처한 경쟁사를 배려한다고 머뭇거리다간 시장 기회를 상실하거나 경쟁력이 약화될 수 있음.	④ 경쟁사가 처한 상황에 따른 대처가 필요함(예: 불가항력적 자연재해 당했을 때는 여유를 주고 배려함이 필요) ⑥ 산업전체에 미치는 파급효과를 고려하여 경쟁사도 배려(호혜, 책임)해야 함
	약자고객을 배려하기 위해 그들을 위한 제품을 개발하여 제공하다보면 기업의 수익성이 악화될 수 있음.	⑤ 라인가격 전략과 같이 한 라인 안에 저가(박리다매) 제품 버전과 프리미엄 제품을 병행함 (책임, 공의)

	준법경영을 통해 종업원 배려와 사회/자연 배려를 잘 할 수 있고, 사회적 책임과 경제적 책임 준수로 사회·인간에 대한 배려를 실천함	① 최저임금 준수, 정규직전환, 부정행위 중단 ① 준법을 통한 환경보호 (폐기물, 폐수, 자원절약) ② 일자리 창출, 약자 고용, 사회 공헌 ② 생산/소비 확대, 풍요배분, 고용 확대, 정직납세
공의	기업경영에서 사랑과 배려로 감싸다 보면 공의와 정의로운 경영을 하지 못할 수도 있음.	④ 최소한의 필요조건 충족시는 배려 우선, 그 이상의 충분조건에서는 공의를 강조함 (예: 약자 배려 채용제도, 필요에 의한 보상제도, 구조조정 당한 직원 우선채용제도) ⑤ 약자(하급직)에 대해서는 배려를 우선, 강자(상급직)일수록 공의를 강조함 ⑤ 회계, 감사 등의 영역에서는 공의를 우선함
	공평한 처우를 통해 약자를 배려하고, 평등을 통해 차별 금지와 포용을 실천함	① 거래처·고객에 대한 갑질을 금지해야 함 ② 채용·거래·평가 등에 있어 학연/ㄴ지연/인종/종교/이념적 차별을 가하지 않음
신뢰	신뢰의 진실, 투명, 일관됨은 배려의 포용/호혜/나눔의 밑바탕이 될 수 있음	② 약자 배려 채용/평가에서도 그 과정이 진실 되고, 투명하고 일관되면 더 효과적이 됨 ② 필요에 의한 보상제도를 실시하거나 상후 하박형 임금인상 시에도, 그 과정과 절차가 진실되고 투명하고 일관되면 공의와 충돌 하더라도 납득 가능함
안식	안식의 영혼의 풍요, 그침과 쉼, 관계의 누림은 배려의 포용, 호혜, 나눔을 진정으로 가능하게 해 줌	② 직원들에게 안식을 주는 것 자체가 배려임 ② 고객과 이해관계자들에게 영혼의 풍요, 그침과 쉼, 관계의 누림을 주는 것이 최고의 배려임

[표 9-5] 공의의 원리와 타 원리의 충돌 가능성

충돌 원리	상황	해결방안
창조	형평성 있는 성과보상을 해야 하나 혁신적인 신제품개발에 대한 적정 보상의 문제가 발생할 수 있음	③ 기업에 큰 이윤을 가져다줄 수 있는 혁신적 활동에는 차별적 성과보상 기준을 도입하여 공지하고 실행하는 것이 필요함 보상기준을 바탕으로 한 별도의 파격적 보상시스템 도입도 가능함
책임	기업경영에 있어 형평과 평등을 너무 강조하다보면, 기업자체의 시장경쟁력을 제고하거나 시장상황을 앞서가는 전략적 판단을 못할 가능성이 있음	① 기업이 법적·경제적 책임을 다하지 못하면 기업의 존재자체가 어려움 ⑥ 책임경영을 전제(우선순위)로 해서, 공의 수준을 점진적으로 개선해야 함
배려	너무 획일적인 형평과 평등의 적용으로 사회약자에 대한 배려가 소홀하게 되는 상황이 발생할 수 있음	① 공의를 적용하기 어려운 조건에 있는 사회약자에 대한 보호와 배려가 필요함 ② 기회의 평등에 결과의 평등을 적절히 함께 반영하여 적용하는 것이 필요함
신뢰	공의와 신뢰는 충돌보다는 상호 긍정적 인과관계에 있음	② 공정한 사회일수록 상호간의 신뢰수준은 높아질 것이며 신뢰수준이 높은 사회 일수록 공의에 대한 기대가 높을 것임
안식	형평만 강조하면 안식이 더 필요한 구성원들에게 그 상황에 필요한 최소한의 안식이 보장되지 않는 경우가 있음	③ 건강이나 육아 등의 이유로 안식이 더 필요한 구성원에게는 제도적 보완을 통해 필요한 안식을 보장함

제9장 JuST—ABC 실천방안
굿 비즈니스를 위한 원칙과 지침

[표 9-6] 신뢰의 원리와 타 원리의 충돌/통합 및 시너지

충돌 원리	상황	해결방안
창조	신뢰가 높으면 창조역량을 자유롭게, 마음껏 발휘할 수 있는 분위기가 됨	② 신뢰는 창조역량 발휘에도 도움이 되고, 창의적 성과를 기다려 주는 데에도 긍정적으로 작용함
책임	투명경영을 위해 경영정보 등을 종업원, 이해관계자 등에게 공개할 경우 이 정보가 오용되거나 경쟁기업이 이용 하여 경영에 어려움을 당할 수 있음	② 경영정보 및 사실을 정확히 밝히는 원칙은 유지하되, 정보의 공개 범위와 대상에 대해서는 가이드라인을 사전에 정하여 종업원, 이해관계자 등과 공유함. ① 정보 공개에 있어서 거짓, 은폐, 왜곡 등을 하지 않는다는 전제를 분명히 함
	투명한 정보를 제공하는 경우 세금, 거래관계에서 손해 볼 수 있음	① 정직한 세금 납부나 정확한 회계 정보는 기독경영의 기본이므로 설사 손해를 보더라도 투명한 경영을 준수함.
배려	매사에 투명하고 거짓 없이 밝히면 동료직원, 동종업체를 배려하지 않는다는 소리를 들을 수 있음	③ 명확한 기준과 규칙을 일관되게 지켜서 믿을 수 있는 기업이라는 점을 알게 함 ⑥ 자사의 정보 공개가 경쟁자나 당사자에게 큰 부담을 주는 경우에는 원칙을 훼손하지 않는 범위 내에서 공개 시기나 범위를 조정함.
공의	신뢰는 공의를 전제하며, 시너지관계임	② 신뢰 준수는 공의 실현을 도와줌
안식	신뢰가 높으면 갈등이 적고, 그만큼 마음에 평안, 안식을 누릴 수 있음	② 신뢰 수준이 높으면, 자율 출퇴근, 유연 근무, 관리감독에서 자유를 누리며 그만큼 안식이 가능함

[표 9-7] 안식의 원리와 타 원리의 충돌/통합 및 시너지

충돌 원리	상황	해결방안
창조	창조를 위해 쉼도 없이 열정적으로 일을 추진할 것인가 (창조) 또는 일정한 범위 내에서 여유를 줄 것인가 (안식) 갈등이 있음	② 적정한 휴식이 창의성과 생산성 향상에 도움이 됨 ⑤ 기술개발 부서 등에는 3M의 15% Rule, 구글의 20% Time 제도처럼 어느 정도의 여유와 자율성을 부여해야 함
책임	적은 인력으로 긴급한 목표달성을 위해 인력을 혹사하는 경우가 있음	① 어떤 경우에도 최소한의 휴식을 보장하고 인력들의 건강 유지를 위해 배려해야 함 ④ 긴급 상황에서는 한시적으로 구성원들의 이해를 구해야 함
배려	안식의 영혼의 풍요, 그침과 쉼, 관계의 누림은 배려의 포용, 호혜, 나눔을 진정으로 가능하게 해 줌	② 직원들에게 안식을 주는 것 자체가 배려임 ② 고객과 이해관계자들에게 영혼의 풍요, 그침과 쉼, 관계의 누림을 줄 수 있다는 것이 최고의 배려임
공의	형평만 강조하면 안식이 더 필요한 구성원들에게 그 상황에 필요한 최소한의 안식이 보장되지 않는 경우가 있음	③ 건강이나 육아 등의 이유로 안식이 더 필요한 구성원에게는 제도적 보완을 통해 필요한 안식을 보장함
신뢰	신뢰가 높으면 갈등이 적고, 그만큼 마음에 평안, 안식을 누릴 수 있음	② 신뢰 수준이 높으면, 자율 출퇴근, 유연 근무, 관리감독에서 자유를 누리며 그만큼 안식이 가능함

제9장 JuST―ABC 실천방안
굿 비즈니스를 위한 원칙과 지침

■ 굿 비즈니스를 위한 JuST ABC 핵심원리의 실천방안

이상에서 살펴본 JuST—ABC의 각 핵심원리별 실천방안들을 정리하면 [표 9-8]과 같다. 각 기업마다 상황이나 여건에 따라 이 원리들의 실천방안은 적용의 우선순위와 시간적 순서, 세부방안 등에 있어서 달라질 수 있을 것이다.

[표 9-8] JuST—ABC 6대 핵심원리의 실천방안

	6대 핵심원리	실천방안
C	창조 원리 (Creation)	• 비전과 목표, 가치를 정립하라. • 주도적이 되라. • 창의적 프로세스와 문화를 구축하라.
A	책임 원리 (Accountability)	• 관련법규를 지키고 윤리를 실천하라. • 지속적으로 고객가치를 창출하라. • 사회적 책임 의식을 공유하고 실천하라.
B	배려 원리 (Benevolence)	• 경청하고, 공감하고, 타인을 용납하라. • 서로 협력하여 더 큰 가치를 만들라. • 지속적으로 나눔의 삶을 실천하라.
J	공의 원리 (Justice)	• 공정한 평가기준/거래관계를 만들라. • 차별을 금하고 기회를 평등하게 주라. • 절차적 기준과 과정을 확립/실천하라.
T	신뢰 원리 (Trust)	• 이해관계자들에게 진심으로 대하라. • 사실과 정보를 있는 그대로 공개하라. • 가치에 대해 내적 일관성을 유지하라.
S	안식 원리 (Sabbath)	• 욕심을 버리고 마음의 평안을 얻어라. • 일을 그치고 몸과 마음의 쉼을 누려라. • 자신의 일에 의미와 자부심을 느끼라.

■ 사례연구 – 굿 비즈니스의 원리, 기업에 어떻게 적용할 것인가?

사례의 선정

기독교적 굿 비즈니스의 원리가 실제 경영의 여러 이슈에는 어떻게 적용될 수 있을까? 기업은 여러 경영 영역에서 크고 작은 많은 의사결정을 필요로 한다. 기업의 여러 기능별 주요 이슈를 담은 가상 사례를 통해 JuST—ABC 원리의 작용방식을 고민해 보자. [표 9-9]는 함께 생각해 볼 7가지 사례를 소개한다.

[표 9-9] 경영현장에서 부딪히는 문제들 – 사례연구

	경영 영역	사례	주요 이슈 (예시적 – 각자 수정 필요)
1	마케팅	판로 개척	• 새로운 판로개척을 위해 어떤 전략과 방식을 택할 것인가? 기존 경쟁자들과의 경쟁에서 지켜야 할 것은 무엇인가?
2	인사/조직	평가와 보상	• 보유자원 및 역량이 미흡한 중소기업에서 어떻게 적합한 인력을 유지하고 평가하고 보상할 것인가?
3	전략	구조 조정	• 불황을 타개하기 위한 구조 조정이 필요할 때 사업 조정과 구성원 고용 유지와의 갈등을 어떻게 해결할 것인가?
4	영업	고객 관리	• 고객을 어떻게 유지하고 관리할 것인가? 고객 및 이해 관계자들과의 관계 설정에서 지켜야 할 원칙은 무엇인가?
5	혁신	신규 사업	• 신규사업 추진 시, 새로운 기회를 어떻게 찾을 것이며 위험을 어떻게 관리할 것인가? 어떤 전략이 필요한가? 기존 사업부문과의 관계 설정은 어떻게 해야 하나?

6	홍보	홍보와 마케팅	• 치열한 광고시장에서 경쟁력을 가지려면 어떤 전략/원리가 필요한가? 여기서 생기는 갈등은 무엇인가? 해결책은?
7	국제경영	해외 진출	• 해외진출 시 미리 준비해야 할 것은 무엇인가? 현지에서 교두보를 확보하기까지 생길 수 있는 잠재적 문제들과 대응방안은 무엇인가?

(1) 사례 1 - 판로 개척

1) [문제 상황과 고민] 홈쇼핑 납품

중소제조업체 A사는 자사의 주요 판로의 하나인 TV홈쇼핑에 제품을 납품하고 있다. 즉 이 회사는 TV홈쇼핑 채널에 특정 제품을 방영해 판매를 하고 있는데, 최근 TV홈쇼핑사에게 지급하는 판매수수료가 지속적으로 상승하고 있고, TV홈쇼핑사로부터 판매 시 필요한 판촉비용을 A사가 더 많이 부담할 것을 요구받고 있다. 이로 인해 납품을 통한 마진이 점점 감소해 납품을 해도 별로 수익이 나지 않는 상황으로 가고 있다. 추가적으로 TV홈쇼핑을 통한 판매증대를 위해 새로운 제품 개발을 준비하고 있는데, 문제는 TV홈쇼핑 채널 방송시간에 대한 100% 보장이 없어 자칫 판매가 불가능하게 될 경우 엄청난 재고 부담을 통한 기업경영의 위기에 대해서도 고민하고 있다.

2) [일반적 해결방안] 거래조건 개선, 제품경쟁력 제고, 새로운 판로 개척

중소제조업체 A사가 안고 있는 당면 과제에 대한 일반적 해결 방안은 무엇인가? 첫째, 기존 거래조건의 개선이다. 업계에서 통용되는 적정 판매수수료(율)에 논의와 합의를 유도하고, 판촉비용의 부담에 대해서도 적정한 분담 가이드라인의 확립이 필요할 것이다. 둘째, 근본적인 제품경쟁력의 제고이다. 경쟁사 대비 품질 및 가격, 디자인 등에서 경쟁력 있는 제품을 생산할 수 있는 역량의 확보는 가장 핵심적인 해결방안이 될 수 있다. 셋째, 새로운 판로 개척이다. 비용 대비 효과가 큰 새로운 판매채널의 개척을 통해서 판로를 다양화함으로써 미래에 닥칠 다양한 경영상황에 유연하게 대처하고 새로운 소비자 트렌드에도 효과적으로 대응할 수 있을 것이다.

3) [JuST—ABC의 적용을 통한 해결방안]

판로 개척에서 기독교적 굿 비즈니스의 원리를 적용하기 위해서는 먼저 JuST—ABC의 통합적 적용(기본 여건 충족, 시너지 극대화, 갈등 사전 조정)이 필요하다.

중소제조업체 A사의 경우 기존의 납품관계에서 지속적으로 거래조건이 악화되고 있어 향후 기존 사업의 수익성이 점차 나빠질 것으로 예상되며 만약 여기에서 추가로 출시하는 신제품 판매가 실패할 경우 사업의 큰 위기가 찾아올 수도 있는 상황이다. 이에 대한 해결방안으로는 먼저 기존 거래조건의 개선에 대해 생각해 볼 수 있다. TV홈쇼핑사에게 업계에서 통용되는 적정 판매수수료(율)을 상기시키고 장기적 관점에서 적정 판매수수료(율)에 대한 논의와 합의를 유도할 필요가 있다. 그리고 부당한 판촉비용의 부담에 대해서도 A사의 수익구조 등을 설명하면서 적정수준 유지의 필요성을 설명하고 납득시킬 필요가 있다. 이는 실제 업계에서도 공정거래 차원에서 개선되고 있는 방향이기도 하다_{공의의 원리}. 이와 함께 보다 중장기적 관점에서는 납품관계에 있는 TV홈쇼핑사와의 관계개선에도 노력할 필요가 있다. TV홈쇼핑사의 담당자들과 정해진 원칙과 규정 내에서 최대한 솔직하게 인간적으로 소통하며, 상대방의 상황과 입장을 최대한 이해하고 공감하는 배려의 모습을 평소에 보여줌으로써 상호간의 신뢰를 쌓아갈 필요가 있다_{배려의 원리, 신뢰의 원리}.

보다 근본적인 대처방안으로는 A사의 제품경쟁력의 제고를 깊이 고민해볼 필요가 있다. 어떻게 보면 A사의 상황은 경쟁사 대비 품질 및 가격, 디자인 등에서 보다 경쟁력 있는 제품을 생산하고 있지 못하기 때문에 발생하고 있는 것일 수도 있다. 따라서 경쟁사 대비 우월하고 차별화된 제품을 생산할 수 있는 역량의 확보가 가장 중요한 해결책이 될 수 있다. 경쟁사 대비 우수한 제품을 제공할 경우 보다 유리한 거래조건을 이끌어낼 수 있을 것이며, TV홈쇼핑 방송 시간의 확보도 자연스럽게 해결할 수 있을 것이다. 따라서 제품 기획, 생산, 판매마케팅 등에서의 전반적인 역량의 제고를 위한 종합적인 전략과 실행이 필요하다_{책임}.

또한 A사의 입장에서는 TV홈쇼핑 등 기존의 판로 외에 새로운 판로 개척도 적극 고려해볼 필요가 있다. TV홈쇼핑 채널도 방송이라는 채널 특성상 어차피 납품기회는 제한되어 있으므로 자사의 제품특성 및 소비자상황에 보다 적합한 판로를 지속적으로 개척할 필요가 있다. 예를 들어 최근 인터넷이나 모바일을 통한 온라인 직접판매가 증가하고 있는데 이러한 판로들을 검토해 볼 수 있을 것이다. 물론 이런 새로운 판로도 전문적인 역량과 경험이 필요하기 때문에 초기에는 상당한 노력과 투자가 필요할 수 있다. 하지만 만약 새로운 판로를 성공적으로 개척했을 경우는 A사와 같이 특정 유통업체에 종속된 납품관계를 다양화함으로써 시장상황의 변화에 보다 유연하게 대처할 수 있을 것이며, 미래 소비자들의 구매욕구에도 보다 효과적으로 대응할 수 있게 될 것이다창조의 원리, 책임의 원리.

다음으로 판로 개척에서 기독교적 굿비즈니스 원리의 효과적 적용을 위해서는 JuST—ABC의 통합적 적용도 필요하지만 원리 간 보완적 적용시간적, 공간적, 상황적 선별 적용도 필요하다.

상황별 선별 적용과 관련해서 생각해보면, A사가 가장 우선적으로 개선할 것은 거래조건의 개선일 것이다. 왜냐하면 기업의 성장발전도 일단은 기업의 존속이 우선되어야 하기 때문이다. 이를 위해 거래기업과 평소 인간적 신뢰관계를 쌓고 보다 투명하고 공정한 거래관계가 형성될 수 있도록 노력해야 한다. 다음으로는 새로운 판로 개척이다. 제품경쟁력 제고는 상대적으로 많은 시간

305

이 필요하지만 판로 개척은 경우에 따라서는 단기간에 이루어지는 경우도 많다. 다양한 대안과 정보를 바탕으로 새로운 추가적인 판로 확보에 노력할 필요가 있다. 그리고 제품경쟁력의 제고는 나중에 하는 것이라기보다는 지금부터 지속적, 점진적으로 개선해 나가야 할 과제라 할 수 있다. 제품개발에는 복잡한 과정과 역량이 집결되기 때문에 단기간적인 성과에 집착하기보다는 중장기적 관점에서 차분하게 추진되어야 한다.

시간별 선별 적용과 관련해서는 홈쇼핑이라는 판매채널과 거래하는 기업 간의 관계에 대해 단계적으로 생각해볼 필요가 있다. 거래관계 초기에는 새롭고 창의적인 제품의 제시와 자사의 재무제표 등 기본적인 역량의 확보가 중요할 것이다창조의 원리. 거래관계가 중기로 들어서면서부터는 제품생산 및 품질유지, 그리고 적정재고 유지 등의 기본 역량과 경쟁사 대비 차별화된 경쟁역량 등이 중요하게 부각될 것이다책임의 원리. 거래관계가 장기화되면서 이제는 거래기업과의 오랜 거래경험에 기반한 믿음과 신뢰, 그리고 상호 배려 등의 거래외적인 관계도 보다 중요하게 인식될 것이다신뢰와 배려의 원리.

■ [추가적인 Tip] 안정적인 판로 확보의 비결은 무엇인가?

최근 유통구조의 혁신과 변화가 빨라지면서 중소제조사들의 판로 확보가 중요한 과제로 부각되고 있다. 그런데 유통판로의 형성은 단시간에 이루어지는 것이 아니라 장기간에 걸쳐 제조사와 유통사간의 협력과

거래관계에 기반해 형성되고 발전된다. 따라서 성장이 예상되는 유통채
널을 적극적으로 개발하고 이들과 중장기적 관점에서 동반성장하는 비
즈니스모델을 제안함으로써 경쟁사 대비 안정적인 판로를 확보하는 것
이 중요하다. 예를 들어 매출 기준으로 일정 수준 이하로는 중소제조사
에게 유리한 거래조건을 유지하고, 일정 수준 이상이 넘어갈 경우 유통
사에게 더많은 이윤을 돌려주는 방식을 생각할 수 있을 것이다.

(2) 사례 2 - 평가와 보상

1) [문제 상황과 고민] 중소기업에서 쉽지 않은 성과 중심의 평가와 보상

B사는 IT 분야의 중소기업이다. 이 회사 CEO는 직원들에게 대
기업만큼 충분한 보상을 할 수는 없지만 그들을 동기부여하고 싶
어 한다. 그리고 성과에 따라 엄격하게 평가하고 보상도 하고 싶
어 한다. 그렇지만 어떻게 접근하고 실행해야 할지를 몰라 답답
한 상황이다.

우선 직원들에게 충분한 보상을 하고 싶지만 회사가 그럴 여유
가 없다. 더 많은 임금을 받는 곳으로 이직하는 종업원을 붙잡기
위해서는 어떻게든 동기부여를 해 주어야 한다고 생각하고 있다.
또한 직원들의 역량과 성과에 대한 평가를 제대로 해 보고 싶다.
이를 위해서는 평가자와 평가 방법이 공정해야 하는데 그럴 만한
수준이 못된다. 또한 평가를 제대로 해도 직원들이 실제적으로

느낄 만큼 보상을 차별화할 여유가 없는 것도 사실이다. 아울러 성과에 따라 엄격하게 평가하여 보상할 경우 작은 규모의 회사라서 팀워크가 깨어질까 염려가 된다. 안 그래도 직원들이 떠날까 염려가 되는데 잘못하면 좋은 인재를 잃어버릴 수도 있다. 이래 저래 걱정이다.

2) [일반적 해결방안] 적합한 평가·보상 방식, 집단 보상, 명확한 보상 기준

이러한 당면 과제에 대한 일반적인 대안은 무엇인가? 첫째, 기업성장 규모에 적합한 평가와 보상 방법을 선택해야 한다. 둘째, 집단보상, 개인차별화, 복리후생(금전, 교육, 시간 등) 등을 상황에 맞게 조합하여 운영할 필요가 있다. 셋째, 어떤 평가나 보상이든지 명확한 기준을 제시하고 투명한 운영을 통해 공감대를 형성하는 것이 중요하다. 그러나 이런 노력들이 쉽지는 않다. 규모가 작거나 인사 시스템이 아직은 제대로 갖추지 못한 경우, 교과서에 말하는 평가, 보상을 실시한다고 해도 회사가 제대로 소화해서 진행하지 않으면 인건비, 복리후생에 대한 비용 증가, 우수인재 이탈, 노사 갈등 등이 생길 소지가 있기 때문이다.

3) [JuST—ABC의 적용을 통한 해결방안]

이렇게 쉽지 않은 상황 속에서 기독교적 굿비즈니스의 원리를 평가, 보상에 어떻게 적용할 수 있을까? 우선은 JuST—ABC의 통합적 적용기본여건 충족, 시너지 극대화, 갈등 사전 조정이 필요하다. 평가를 제대로 하기 위해서는 명확한 목표와 성과 기준을 공유해야 한다. 회사가 지속가능한 경영을 위해 생산성과 목표 이익이 무엇인지, 직원 각자가 마땅히 담당해야 할 역할과 책임을 제대로 인식하게 해야 한다. 하버드경영대학이 경영의 모범사례로 소개한 인도의 정보기술서비스 회사인 HCL 테크놀로지스는 모든 부서, 전 직원들이 각자의 목표와 성과기준, 달성 정도를 공유한다. 이를 통해 선의의 경쟁을 할뿐 아니라 부서들이 서로를 어떻게 도와야 할지를 스스로 결정하게 한다. 보상의 경우, 회사의 지불능력을 우선 고려해야 한다. 그렇지만 아무리 회사가 영세하고 어렵다 하더라도 근로기준법에서 정하는 임금, 복리후생 제도 등을 책임 있게 지켜야 한다책임 원리. 보상에서 최저임금을 포함하여 가족 수당 등을 충분히 배려해야 한다. 적은 금액을 갖고도 직원 개개인이 원하는 복리후생메뉴를 선택하게 하는 선택식(카페테리아식) 복리후생제도를 통해 직원을 배려하고 있다는 느낌을 줄 수도 있다배려 원리. 종업원이 노력한 만큼 보상을 하는 형평성을 지켜야 한다. 이를 위해서는 평가자가 공정하게 평가해야 하고, 평가가 절차적인 공정성을 갖도록 해야 한다. 타당한 평가항목을 설정하고 평가자가 잘못된 선입견을 갖고 평가하지 않도록 평가오류를 불러일으킬 수 있는 내용을 평가 전에 미리 교육하는 것이 필요하다. 평가자가 평가 결과를 놓고 부하직원과 솔직하게 대화를 하는 것도 평가 공정성을 높이는데 중요한 역할을 한다공의 원리. 기업 규모가 작고, 금전적 여유가 없는 회사는 충분한 보상이 쉽지 않다. 이런 경우 창의적인 다양한 보상방법을 개발할 필요가 있다. 금전적 보상이 아니어도 직원들이 보상받고 있다는 느낌을 줄 수 있는 것들이 많다. 마음을 헤아려주는 리더십, 좋은 팀워크, 일의 의미감을 높여주는 것 등이다창조 원리. 사장이 정기적으로 모든 직원들에게 회사 현황에 대해 설명하고, 직원들이 궁금한 점을 자유롭게 질문하도록 하고, 사장은 솔직하게 대답하는 것은 어떤 평가, 보상보다 회사에 대한 신뢰를 높이게 만든다. 임원이나 중간 관리자가 정보나 애로사항 등을 위, 아래로 정확히 전달하고 소통하는 것도 신뢰의 중요한 요인이 된다신뢰 원리. 회사 내에 작은 쉼터, 즐거운 일터를 만들어 주는 것, 유연한 근무 시간, 워킹 맘에 대한 시간적 배려 등은 직장 생활하면서 안식을 누리게 하는 방법이자 보상 받는 느낌을 주는 것들이다안식 원리.

평가, 보상에서 JuST—ABC 6대 원리의 적용은 상호 시너지를 만들어 낼 수 있다. 책임 있는 목표 설정, 성과기준을 제시하면 공정한 평가를 할 수 있다. 이런 것이 축적되면 회사와 직원간, 상사와 부하간에 신뢰를 쌓게 된다. 신뢰가 생기면 직원들이 자발적으로 창의적인 아이디어를 내면서 회사는 더 발전할 수 있다.

JuST—ABC의 6대 원리를 적용하다 보면, 원리들간 충돌현상이 나타나기도 한다. 공정한 평가, 성과에 따른 보상을 강조하다보면 배려의 원리가 깨어지는 상황이 발생하기도 한다. 효율성, 효과성을 따지는 책임을 너무 강조하다보면 안식할 여유가 갖지 못한다. 이를 해결하기 위해서는 회사의 성장 시기에 따른 시간적 선별 적용이 필요하다.

보상의 경우, 초창기나 규모가 작은(20~30여명 이하) 기업에서는 금전적 보상은 개인별 차별화보다는 집단보상(생산성 인센티브, 이익분배) 제도가 바람직하다. 종업원 수가 많아지고 회사가 지불능력에 부담을 없을 경우에는 성과에 따른 개인별 차별보상 도입이 필요하고(초기에는 차이를 적게, 수용 정도에 따라 점차 차이를 과감하게), 동시에 집단보상을 보완적 수단으로 사용할 수 있다(공의-평등, 배려 중심에서 공의-형평, 책임 중심으로). 때로는 기독교적 굿 비즈니스 원리의 보완적 적용도 가능하다.

회사가 생산성을 높이고 해야 할 일이 많아져 업무량 부담이 커질 때는 우선 낭비나 쓸데없는 일을 하지 않는 지를 분석해 보고 개선하는 노력을 일상적으로 해야 한다. 동시에 잠깐씩이라도 숨을 돌릴 수 있도록 회사 내 쉼터, 전체 일에 지장이 없다면 일시적인 재택근무제도를 운영하는 것은 안식을 통해 생산성을 높일 수 있는 방안이 된다(책임을 창조, 안식 원리로 보완). JuST—ABC의 원리를 상황별로 선별 적용하는 것도 필요한데, 예를 들면 벤처나 이제 막 회사를 시작한 경우는 창조 원리를 가장 비중 있게 평가하고, 회사가 오래되거나 일상적이고 반복적인 업무가 많은 경우 책임 원리를 더 강조하는 평가가 바람직하다.

(3) 사례 3 – 구조 조정

1) [문제 상황과 고민] 경영 상황이 좋지 않을 때의 구조조정 문제

C사는 요즘 고민이 많다. 경기가 좋지 않고, 이익을 내기가 어려워 인력 구조조정이 절실하다. 아무리 회사가 어려워도 함께 고생해 온 종업원을 내보내는 것이 옳지 않는 것 같고, 그렇다고 그대로 가자니 인건비를 감당하기가 너무 어렵다.

2) [일반적 해결방안] 고통을 감내하고 구조조정 실시

회사의 생존을 생각하면 최후의 수단으로 인력 구조조정을 실시할 수밖에 없다. 하지만 구조조정은 종업원 사기 저하를 가져오고 유능한 사람들이 먼저 회사를 떠날 가능성이 있다. 구성원들은 회사에 대한 배신감을 느끼고 남아 있는 종업원은 생존 증후군에 시달릴 수도 있다. 구조조정 과정에서 노출되는 갈등, 절망감, 배신감이 누적되면 구조조정 이후에 오히려 회사의 동력을 상실해서 다시 어려움이 빠질 수 있다.

3) [JuST—ABC의 적용을 통한 해결방안]

구조조정에서도 기독교적 굿 비즈니스 원리의 통합적 적용(기본 여건 충족, 시너지 극대화, 갈등 사전 조정)이 가능하다. 제일 중요한 것은 JuST—ABC의 기본은 충족시켜야 한다는 것이다.

먼저는 회사가 구조조정 이전에 효율화에 최선을 다해야 한다. 효율화는 단지 임금을 삭감하고 비용을 절감하는 수준으로는 부족하다. 제대로 된 생산성을 올리지 못하는 의사결정 구조, 팀워크를 깨뜨리는 갈등, 관행처럼 굳어진 능률적이지 못한 업무처리 방식, 말뿐인 고객만족 등이 더 큰 문제일 수 있다.

회사 업(業)의 본질이 무엇인지를 제대로 살펴서 업(業)을 제대로 드러낼 수 있는 진정한 효율성을 만들어야 한다책임. 회사가 어려울수록 경영층이 솔선수범을 먼저 해야 한다. 직원들에게 비용 절감과 인건비 동결 등을 요구하기 전에 자신들의 인건비, 복리후생, 차량유지 비용, 인센티브 등을 동결, 삭감하는 모습을 보여야 한다. 회사의 성과에 문제가 있을 때 경영진이 먼저 책임지는 것이 옳다. 노력한 만큼 대가를 받는다는 것은 반대로 그렇지 못할 때 윗사람들이 책임을 진다는 것을 포함한다공의.

회사가 심각하게 어려워 질 때 구조조정 이전에 전체 인건비를 줄이는 등 함께 고통을 감내하는 것이 한 방법이다. 당장 퇴직을 하면 오갈 데가 없는 직원도 있기 때문이다.

여행업계의 선두 주자 하나투어 사례를 참고할만하다. 하나투

제9장 JuST—ABC 실천방안
굿 비즈니스를 위한 원칙과 지침

어는 1998년 IMF 당시에 인원감축 대신, 급여유예로 위기를 극복했었고, 이를 통해 업계 1위로 성장한 계기가 되었으며, 정상궤도로 오른 후에 미지급했던 급여를 직원들에게 모두 돌려주었다. 2009년에도 세계 금융위기로 인한 경기침체와 신종플루 등으로 인한 비상경영을 진행하면서 전 직원이 고통분담을 하는 차원으로 주 4일 근무를 하는 대신 급여의 80%를 받아가는 잡쉐어링 제도를 3개월간 실시했었다. 그 후 회사가 정상화되자 3개월간 지급하지 못했던 약 21억 원에 해당하는 급여를 3년 동안 1인당 1년에 20주씩 총 60주의 자사주로 지급했다.

어려운 시기에는 전 직원이 고통을 분담하고, 이익을 낼 때는 직원들과 함께 나누는 하나투어의 나눔경영은 어떤 위기가 오더라도 극복할 수 있다는 하나투어의 가장 큰 경쟁력이 되었고, 직원들에게는 강한 동기부여가 되고 있다배려 원리.

구조조정 이외에 대안이 없는 상황이 될 때는 투명하고 솔직한 소통, 구조조정 대상 선별의 공정성을 높여야 한다. P&G는 공장을 폐쇄할 수밖에 없는 상황에서 직원들이 상황을 이해, 예측, 통제할 수 있도록 도와주고, 연민의 마음을 표현하는 과정은 구조조정의 모범적인 사례로 널리 알려져 있다. 구체적으로는 ① 사전에 공장을 폐쇄하는 날짜와 중요한 사건에 대해 알려주고, 직원들과 공장 폐쇄의 영향을 받는 지역 주민들의 입장에서 상황이 어떻게 진전되어 나갈지 충분히 설명 ② 직원들 및 지역 사회에게 공장을 폐쇄할 수밖에 없는 입장을 자세히 설명 ③ 공장 폐쇄의 영향을 받는 직원들에게 사내에서 다른 일자리를 찾도록 도움을 주거나, 재취업을 적극 지원 ④ 공장 폐쇄의 영향을 받는 직원 및 지역 사회 관료들에게 공개적으로, 그리고 개인적으로 인간적인 차원에서 걱정스러운 마음을 표현하는 과정을 통해 회사, 직원, 지역사회에 놀라운 신뢰감을 심어주었다신뢰.

구조조정에서도 기독교적 굿 비즈니스 원리를 적용하는 과정에서 원리간 충돌이 발생할 수도 있다. 예를 들면, 책임과 배려 원리간 충돌이다. 아무리 노력해도 적자가 누적된다면 지속가능한 경영을 위해 구조조정을 할 수밖에 없다. 이런 경우는 직원들과 함께 해야 한다는 배려는 지킬 수 없다.

그렇다면 어떻게 해야 할까. JuST—ABC 원리의 시간적 선별 적용을 생각해 보아야 한다. 우선은 회사와 직원들 간에 신뢰 쌓기에 힘을 쏟아야 한다. 회사의 경영 상황을 투명하게 소통하고, 진심을 담아 설명하고 이해를 구해야 한다. 그 다음에 경영진이 먼저 손해를 감수하고 책임지는 모습을 보여야 한다. 마지막으로 모든 직원들이 고통을 분담하면서 최선을 다해 구조조정을 막아보고, 그래도 안 되면 구조조정 과정을 공정하게 처리하는 것이 순서이다(신뢰—책임과 공의—배려—공의 등의 우선순위를 고려하면서 진행).

구조조정을 하면 사기저하가 있을 수밖에 없는데 이 경우는 JuST—ABC 원리의 공간적 선별 적용이 필요하다. 구조조정 후 즐거운 일터 만들기, 작지만 창의적인 직원들의 제안을 관심 있게 들어주는 등 다양한 창조적 노력을 해야 한다. 회사에 대한 배신감이 직원들 마음에 남아 있을 경우는 신뢰를 회복하고 회사가 더욱 책임지는 자세가 필요하다. 생존자 증후군이 있는 직원들을 위해 그들의 작은 관심거리에도 배려를 해 주어야 한다_{창조—신뢰, 책임—배려}.

상황별 선별 적용이 필요한 경우도 있다. 회사가 어려워진 것이 경영상 문제 때문이라면 경영진들은 그 원인을 면밀하게 분석, 해결 방안을 마련하면서도 책임을 지는 모습이 필요하다. 불황이나 경기가 나빠 회사가 어려울 경우는 혁신, 새로운 상품, 서비스 아이템을 적극적으로 발굴하는 창조적 과정이 필요하다_{책임—창조}.

■ [추가적인 Tip] 생존자증후군을 어떻게 해결할 것인가?

회사가 아무리 노력해도 구조조정 이외는 대안이 없는 경우 구조조정 이후 종업원들의 생존자증후군(survivor syndrome)을 대비해야 한다. 생존자증후군을 막으려면 구조조정 과정부터 세심한 배려와 신뢰 형성이 필요하다. 구조조정 과정에서 경영진의 진실한 의사소통의 노력이 필요하고, 공정한 구조조정 과정을 유지하고, 대상자를 면밀히 선별하며, 구조조정 대상자와 가족들에 대해서 금전적으로나 정서적으로 충분한 배려를 해야 한다. 이러한 과정에서 회사가 종업원을 소중히 여긴다는 확신을 주어야 한다. 구조조정 이후에는 남아 있는 직원들이 받은 스트레스를 해소할 수 있는 심리치료, 경영진과의 소통, 확고한 비전 제시와 솔선수범, 직원 가족들을 위로하는 등의 다양한 프로그램에 우선적으로 투자를 해 주어야 한다.

굿 비즈니스 플러스

(4) 사례 4 - 고객관리(Customer Management)

1) [문제상황과 고민] 수익과 포용사이에서 고민하는 고객관계관리

기 확보한 고객들을 관리하는 것은 중요한 과제이다. 새로운 고객 1명을 개척하는 비용은 기존고객을 유지하는 비용의 3~5배가 소요된다. 따라서 기존의 고객을 잘 관리하는 것은 비용을 줄이고 수익을 향상시키는 키(key)가 된다. 또한 기존 고객을 잘 관리하여 만족도를 높이게 되면 그들이 매출을 유지시켜 줄 뿐만 아니라, 새로운(잠재) 고객을 추천하거나 연결시켜준다(MGM: members get members). 집토끼를 잘 단속해야 산토끼도 잡을 수 있다는 비유를 굳이 들지 않더라도, 고객관리는 현대 경영에서 중요한 과제이다.

그런데 경영자의 입장에서 고객은 똑같지 않다. 매출을 많이 올려주고 수익이 많이 나는 고객이 있는가 하면, 수익에 별 도움이 되지 않는 고객이 있다. 더구나 저수익 고객들 중에는 실제로 구매는 미미하게 하면서 이것저것 요구가 많은 고객이 있다. 더 심한 경우에는 블랙컨슈머(black consumer)라고 불리는 악덕고객도 있다. 그들은 말도 안 되는 트집을 잡아 배상을 요구하고, 심하면 소송까지 불사하는 고객들이다. 또한 감정적으로 볼 때, 나를 인정해 주고 고분고분하며 예의바른 편안한 고객이 있는가 하면, 만날 때마다 불만이 많고 화를 내며 나에게 스트레스를 주는 고객들이 있다.

기업의 입장에서 고분고분하고 수익이 많이 나는 고객(거래처)을

굿 비즈니스를 위한 원칙과 지침

더 우선시하게 되고 돈 안 되는(저수익) 고객이나 불평고객(거래처)은 잘라내고 싶다. 기업으로서는 고객을 차별화해야 하는데, 그 기준을 철저히 수익위주로 할 것인가, 아니면 편한 감정이나 오랜 인간관계로 할 것인지. 모든 사람을 차별하지 않으시는 하나님의 성품을 닮아가야 하지만, 수익이라는 생존과 나의 감정이라는 인간적 한계에서 갈등하게 된다.

2) [일반적인 해결방안] 수익에 의한 효율적 관리

첫째, CRM(고객관계관리)을 도입한다. 이것은 수익기여도에 따라 고객의 등급을 나누어 차별적으로 관리하는 것이다. 예를 들어 항공사의 마일리지 프로그램과 같이 우리에게 수익을 많이 가져다주는 고객을 우대하는 것이다. 이를 통해 기업은 효율적으로 자원을 배분하여 수익목표를 달성할 수 있다책임─경제적. 그러나 이 방법은 어쨌든 고객을 차별화하기 때문에 우대 받지 못하거나 등급에서 탈락하는 고객들의 불만이 발생할 수 있다. 실제로 고객규모가 크지 않는 업종이나 B2B거래에서는 인간관계로 얽혀져 있어 냉정하게 실행하기가 쉽지 않다.

둘째, 타게팅(targeting) 전략을 구사한다. 시장을 고객 수익기여도에 따라 세분화하고 가장 우리에게 이익이 될 만한 고객집단을 타겟으로 하는 것이다. 예를 들어 1회 구매액수가 얼마 이상인 사람들만 우리의 고객으로 한정하는 것이다. 타겟 외의 고객집단은 우리의 타겟시장이 아니라고 제외하여 편안하게 경영을 할 수 있다. 또한 우리가 집중해야 할 고객층만 대하기 때문에 자원을 아끼고 효율적인 경영을 할 수 있다_{책임-경제적}. 하지만, 그 표적시장이 규모가 작을 수도 있고, 경쟁이 치열할 수도 있다. 또한 타겟고객층 외의 잠재고객을 상실할 우려도 크고, 돈 되는 시장만 쫓는 다닌다는 평판 악화도 예상된다.

3) [JuST—ABC의 적용을 통한 해결방안]

모든 고객을 차별 없이 대하고, 포용하고 배려해야 하는 것이 그리스도인의 태도이므로, 고객 한 사람 한 사람을 섬기는 자세로 기쁜 마음으로 거래한다. 수익이나 매출기여도가 낮은 고객을 야박하게 대하거나 무시하지 않고 대한다_{배려-포용}. 이렇게 하면 훗날 우리가 그들에게 배려 받을 수도 있다_{배려-호혜}. 우리에게 감사를 느끼는 그들이 사정이 나아지면 우선적 납품, 양질원료 제공, 적극적 유통 등으로 보은할 수도 있다. 결국 사람이 비즈니스를 하는 것이기 때문에 어려울 때 친구가 되어 주는 경영은 훗날 내가 어려울 때 도움을 받을 수 있기 때문이다.

소외된 시장(고객)을 배려하는 경영은 새로운 시장을 만들기도 한다_{창조-혁신}. 요즈음은 롱테일(long-tail)법칙이라고 해서 규모가 큰 대중시장 외에도 소규모의 특이한 시장에도 고객이 있다. 실제로 아마존서점이 온라인에서 롱테일시장을 개척하여 수익을 올렸다. 책 수요는 작았지만 이들도 모이니 꽤 수익을 가져다주었던 것이다.

불평고객은 가능하면 끊어버리는 것이 좋을까? 아니다. 고객의 불평과 불만을 귀중한 정보원으로 여길 필요성이 있다배려-포용. 그들의 불평 속에는 내가 미처 생각하지 못한 귀중한 개선책(아이디어)이 포함되어 있을 수 있다창조-혁신성. 그들의 불만에 대해서 진정성 있게 대처해 주면 단골이 될 가능성이 높고, 다른 고객을 끌어 올 수도 있다배려-호혜.

하지만 고객을 무조건 배려하다 보면 기업의 경쟁력이 약화되고, 수익성이 점점 악화될 수도 있다. 고객을 너무 섬기다 보면 내부 직원들이 힘들고 사기가 저하될 수 있다. 이럴 때 우리는 보완의 법칙을 생각해 볼 수 있다.

사업 초기나 단기적으로 생존을 위해서는 수익이나 매출기여도에 의한 고객차별관리가 필요하다책임. 하지만 수익이나 매출기여도가 낮은 고객, 즉 연약한 거래처를 차등 없이 대해주고 배려해 주는 것은 당장 이익이 되지 않지만, 장기적으로 더 큰 성과를 가져올 수 있다시간별 선별적용. 또한 B2C고객의 경우는 고객등급에 의한 고객관계관리가 효과적이지만, 소수인 B2B고객의 경우에는 '수익'보다는 '관계'에 입각한 관리가 더 적절할 수 있다상황별 선별적용.

타게팅에 있어서도 시간별 순차적 타게팅을 구사하는 것이 필요하다시간별 선별적용. 사업초기에는 기업의 생존이 중요하므로 수익을 확보할 수 있는 고객집단을 최우선 타겟으로 한다책임-경제적. 그리고 시간이 지나면서 어느 정도 기본수요가 확보되면 순차적으로 타게팅을 넓혀간다배려-포용.

기존의 경영논리대로 본다면 나에게 이익이 되지 않거나 불편

굿 비즈니스 플러스

한 고객은 차별대우 하거나 무시해야겠지만 굿비즈니스 원리를 따른다면 그들을 배려하고 포용하여 더 '좋은' 경영의 길로 접어들 수 있음을 생각해봐야 한다.

■ [추가적인 Tip] 고객관리하기 위해 내가 갖추어야 할 것은?

고객과의 관계에서 핵심동인은 상호호혜이다. 서로가 서로에게 유익한 존재가 되어야 한다. 먼저 고객에게 내가 줄 수 있는 무엇인가가 있어야 한다. 좋은 상품의 제공, 고마진, 각종 지원 등의 보상책이 있든지, 인간적인 매력, 인맥, 좋은 평판 등이 있든지, 아니면 고객보다 나은 전문기술이나 지식, 데이터나 자료가 있어야 한다. 내가 고객을 베풀 수 있는 무엇인가를 가지고 제시해야만 그들도 나의 고객이 되어 나의 제품이나 서비스를 흔쾌히 구매해 준다.

---

(5) 사례 5 - 신규사업

1) [문제 상황과 고민] 기업 성장에 따른 새로운 역량 확보와 성장과정에서의 갈등

E사는 센서 및 제반 측정장치를 개발하여 판매하는 중소벤처기업이며, 기술자 출신의 CEO를 중심으로 한 기술진은 나름대로 업계에서 기술력을 인정받고 있다. 그간 E사는 주로 수자원관리용 계측기기를 개발/제작하여 환경관리업체들에 납품해왔는데, 이 사업은 계절별 시장수요의 차이가 크고 또 시장규모도 상당히 한정되어 있었다. E사의 CEO는 기업의 지속 성장을 위해서는 다

른 신규사업의 추가 발굴이 필요함을 절감하고 이를 위해 노력해왔다. 마침내 이러한 노력이 결실을 맺어 E사는 자동차 부품제조회사에 계측용 부품을 신규로 납품할 수 있게 되었다.

그렇지만 그간 주로 다루어 왔던 수자원관리용 계측부품에 비해 자동차용 계측부품은 생산방식이나 물량규모도 다르고(소량주문생산 vs 양산납품생산) 현재 보유하고 있지 못한 필요한 역량을 가진 새로운 인력의 확보도 필요로 했다. CEO의 사업방식도 바뀌어야 했고, 시스템 보다는 인간관계 중심으로 유지되어 왔던 기업문화에도 변화가 필요했다. 이러한 상황에서 CEO는 하루도 빠짐없이 매일 대량의 부품을 차질 없이 납품해야 하는데서 오는 압박감과 대규모 투자에 따른 불안감으로 인해 힘들어 하고, 신규 사업을 위해 새로 영입한 대기업 출신 신규임원은 지금까지 수자원관리 계측부품 사업을 이끌어왔던 기존임원들과 갈등을 빚고 있다. 계속 신규 사업 부문에 현장작업자들을 충원하지만 다시 이탈하는 이들도 자꾸 생긴다.

신규사업은 필요한데, 새로운 변화에 구성원들이 잘 적응하지 못해서 생기는 문제는 자꾸 발생한다. 그렇지만 어떻게 이러한 새로운 도전들에 접근하고 이를 실행해야 하는지 잘 알지 못해 답답한 상황이다.

2) [일반적 해결방안] 신규사업 추진에 따른 전략 · 프로세스 · 자원/역량 · 조직/문화의 변화

이러한 당면 과제에 대해서는 우선 문제를 정확하게 파악하고 이에 대한 일반적인 대안을 고려할 수 있다. E사는 기존사업과 기술적 측면의 유사성은 높지만 사업적 측면에서는 이질성이 큰 신규사업을 성공적으로 수행하기 위해, 어떠한 사업전략과 우선 순위의 변화(Strategy), 업무 방식과 프로세스의 변화(Process), 필요한 역량 및 인력/자원의 확보(Resources), 조직구조 및 문화의 변화(Organization)가 필요한지 파악하고 이러한 문제들에 대해 현실적인 변화와 대응방안을 모색하고 적용해야 한다. 그렇지만 이러한 사업중심의 접근방법만으로는 함께 변화과정을 진행해 가면서 생기는 구성원들의 갈등과 불안감을 조정하고 극복하면서 신규 사업이 정착되는 데까지 가기에는 어려움이 있다. 구성원들의 내면을 고려하고 사람중심의 경영관점에서 진정성 있는 접근이 필요하다.

3) [JuST—ABC의 적용을 통한 해결방안]

복잡한 여러 이슈들이 얽혀있는 상황 속에서 기독교적 굿비즈니스 원리를 어떻게 신규사업 추진과정에 적용할 수 있을까? 우선은 JuST—ABC 원리의 통합적 적용(기본여건 충족, 시너지 극대화, 갈등 사전 조정)이 필요하다.

기본적으로 기업이 성장을 위해 새로운 기회를 추구하고 신규사업을 추진하는 것은 매우 중요하다창조의 원리. 물론 이러한 시도들은 기술적 불확실성, 시장의 불확실성, 투자의 불확실성을 수반하지만 장기적으로는 이러한 노력과 시도가 수익성을 추구하는 기업의 당면한 책임이기도 하다책임의 원리. 아울러 기존의 센서 및 측정장치 관련 기술은 자동차 부품 영역에도 적용함으로써 기술 역량 활용의 시너지를 극대화 할 수 있고, 창조의 원리와 책임의 원리를 함께 충족시킬 수도 있다시너지 극대화. 그렇지만 E사는 사업 확장으로 인해 생기는 다양한 문제들에 대해 사전적인 이해가 부족했고 또 사전적으로 이를 완화하기 위한 노력이 부족했다갈등 사전조정. 조직 구성원들에게 변화의 내용을 충실히 설명하고, 변화한 상황에서 기업이 구성원들에게 요구하는 사항들을 명확하게 설명하고 이들의 변화를 돕는 노력이 필요하다.

신규사업 추진에서 JuST—ABC 6대 원리의 적용은 상호 시너지를 만들어 낼 수 있다. 신규사업의 추진은 기업의 창조원리와 책임원리에도 부합한다. 그렇지만 신규사업과정에서 JuST—ABC 6대 원리를 적용하다 보면, 원리들간 충돌현상이 나타나기도 한다.

신규사업은 새로운 역량을 필요로 한다. 이를 위해 기업은 기존 인력에게 새로운 업무를 맡기기도 하고 때로는 이들이 열정을 가지고 학습하면서 새로운 업무를 잘 수행해내는 경우도 많다. 그렇지만 이것이 어려울 경우에는 새로운 인력을 외부에서 충원하게 된다. 특히 중소벤처기업의 경우, 사업규모가 커지면서 생기는 문제들을 해결하기 위해 이 분야에 경험과 역량이 풍부한 대기업 출신 인력들을 충원하기도 한다. 그렇지만 때로는 이러한 상황이 기존임원(박힌 돌)과 새로 들어온 임원(굴러온 돌) 간의 업무

영역의 중첩, 업무추진 스타일의 차이, 업무 주도권 등을 두고 갈등을 야기하기도 하고 신뢰와 배려가 깨어질 경우도 있다.

따라서 신규사업 추진 시에는 여러 새로운 업무들이 정착해가는 과정에서 단계별로 여러 원리들을 시간적으로 선별 적용할 필요가 있다. 새로운 변화가 필요할 때에는 이러한 변화의 필요성을 경영진에서 구성원들에게 미리 충실히 설명하는 것이 신뢰를 유지하고 불필요한 불안을 제거하는데 큰 도움이 된다.

이처럼 신규 사업 추진 이전이나 추진 초기에는 창조의 원리, 배려의 원리, 신뢰의 원리를 강조하고, 신규 사업 추진 이후의 안정화 단계에서는 역량을 기반으로 평가하고 책임과 공의의 원리를 더 강조해야 한다.

아울러 기존사업과 신규 사업의 특성 차이가 클 경우에는 물리적으로 이를 통합하려 하지 말고, 두 가지 사업을 별도의 사업부서로 조직화하고, 각 부서에 JuST—ABC의 6대 원리를 따로 적용할 수도 있다_{공간적 선별 적용}. 즉 신규 사업 부서에는 창조의 원리를, 기존 사업부서에는 배려의 원리를 우선적으로 적용할 수 있겠다.

신규 사업 추진은 기업경영에서 가장 큰 변화를 수반하는 활동이다. 이 과정의 효과적 관리를 위해서는 기존 경영이론에서 설명하는 여러 접근 방법이 많은 도움이 될 것이다. 그렇지만 여기에 부가하여, JuST—ABC의 원리를 상황별로 선별 적용함으로서 신사업 추진 과정의 효과적인 추진에 도움이 될 수 있다.

한편 기업가도 자신의 신념과 가치관에 맞지 않은 상황을 감수

제9장 JuST—ABC 실천방안
굿 비즈니스를 위한 원칙과 지침

하면서까지 사업규모 확대 등 외형에 치중하여 너무 무리하게 신
규 사업에 뛰어들어서도 안 된다_{책임의 원리}. 이러한 신규 사업의 무
리한 추진은 기업가가 새로운 상황에 적응해가는 데에도 어려움
을 야기할 뿐만 아니라 사업 목적을 망각한 잘못된 결과로 연결
될 수 있다_{창조의 원리}.

■ **[추가적인 Tip] 신규사업 추진시, 기존인력과 신규인력의 활용 방
식은 어떠해야 하나?**

신규사업의 추진이나 기업성장을 위해 기존의 초기 맴버들의 역량만으
로는 어렵다고 판단될 경우, 신규인력에게 새로운 미션과 업무를 부가
하는 것이 바람직하다. 초기에 함께 고생한 사람이라고 해서, 업무를
수행할 능력이 안 되는 데에도 더 커진 조직의 중요한 업무를 의리상
무작정 맡기는 것은 바람직하지 않다(공의의 원리). 물론 고생한 사람들
에게 스톡옵션 등 여러 가지 형태의 필요한 보상을 해 주는 노력은
필요하지만, 자리로 꼭 그 보상을 하려고 해서는 안 된다.

---

(6) 사례 6 - 홍보와 마케팅

1) [문제 상황과 고민] 경쟁력 있는 제품력에 비해 홍보 부족

티(tea) 생산업체 F사는 경쟁사 대비 뛰어난 제품품질을 보유하
고 있으나, 홍보마케팅 경험 부족, 마케팅 전문 인력 부재, 한정
된 재원 등으로 매출이 늘지 않고 수년간 정체되어 있다. 이 회사
는 시장에서 상대적으로 질 좋은 제품을 생산하고 있음에도 불구

하고, 취약한 영업력과 마케팅으로 활로를 찾지 못해 고심하고 있다. 현재 월간잡지에 지면광고 반쪽사이즈를 게재하고, 전시회에 연 2회 정도 참가하는 것 외에 별다른 마케팅 활동은 없어서 부족한 자금력으로 시도할 수 있는 마케팅 방안을 고민 중이다.

현재 F사는 인터넷상에 도매몰과 소매몰을 운영 중이며, 홍차 커뮤니티 사이트도 개설하고 있지만, 회사를 본격적으로 소개하는 페이지는 없고, 각 페이지 간 유기적 연동도 약해 효과적으로 웹사이트들을 운영하지 못하고 있다. SNS를 통한 다양한 마케팅이 가능하나, 당사는 현재 제한적 범위로만 운영 중에 있다. 또 당사는 현재 출시한 다양한 제품 패키지에서 브랜드의 상징성이나 통일성이 부족해 패키지를 통한 소비자의 브랜드 인지도가 낮은 편으로 이에 대한 개선도 요구되고 있다.

2) [일반적 해결방안] 제품 브랜드 컨셉 명확화, 홍보매체 확대, 체계적인 영업

이러한 당면 과제에 대한 일반적 대안은 무엇인가? 첫째, 제품 브랜드의 컨셉을 명확히 하고 이에 걸맞는 제품과 패키지를 개발할 필요가 있다. 또한 이를 통일감 있고 일관되게 커뮤니케이션해야 한다. 둘째, 브랜드 홍보를 위해서는 인쇄 광고뿐만 아니라, 홈페이지, 블로그, SNS 등으로 홍보 매체를 확대하고 웹툰 등 새로운 매체를 활용할 필요가 있다. 셋째, 고객에게 신상품을 선제안할 수 있는 체계적인 영업마케팅역량도 중요하다. 새로운 판매 채널 확보와 제휴채널 개발도 지속적으로 노력해야 한다.

3) [JuST—ABC의 적용을 통한 해결]

홍보마케팅 분야에서 기독교적 굿비즈니스 원리의 적용을 위해
서는 먼저 JuST—ABC의 통합적 적용(기본 여건 충족, 시너지 극대화, 갈
등 사전 조정)이 필요하다.

먼저 브랜드 홍보를 위해서는 인쇄 광고로 시작해서, 홈페이지,
블로그, SNS 등으로 홍보매체를 확대하고 웹툰 등을 활용할 필요
가 있다. 홈페이지는 브랜드 컨셉과 부합되는 이미지로 디자인하
고, 인터넷쇼핑몰은 환경 개선 및 편의성 증대에 주력하며, 페이
지 간 연동성을 더욱 높여야 한다. 특히 최근 효과가 높은 SNS나
블로그 같은 뉴미디어 마케팅을 보다 적극적으로 활용할 필요가
있는데, 이때는 목표 고객군에 특화된 유효한 매체로 집중하는
것이 좋다. SNS 중에서는 페이스북, 인스타그램, 피키캐스트 등을
우선 고려할 수 있으며, 이를 위해 홍보 교육용 동영상을 제작하
거나, 저비용 매체인 웹툰 마케팅을 활용할 수 있다참조.

제품 브랜드의 컨셉을 명확히 하고 이에 걸맞는 제품과 패키지
를 개발해야 한다. 이를 위해서는 국내외 차시장 트렌드 파악과
이를 활용한 신제품 개발 능력이 전제되어야 하며, 이러한 신제
품을 고객에게 선제안하는 역량을 키워야 한다. 또한, 지속적인
성장과 경쟁력 유지를 위해 새로운 판매채널 확보와 제휴채널 개
발도 필요하다. 최근 커피프랜차이즈나 베이커리매장을 통한 차
판매가 급증하고 있으며 요가나 피트니스센터 같은 곳은 홍보효
과가 클 것으로 보이므로 이러한 판매 및 제휴채널에 대한 적극

적 영업이 필요하다. 또한 납품관계에 있는 구매업체나 공급업체 등은 신의와 성실로 대하며 평소 책임감 있는 자세를 보여줌으로써 공동체의식을 강화해나가는 것도 필요한 부분이다_{책임}.

홍보마케팅에 있어 중요한 부분은 자사의 브랜드가치나 제품특성 등에 대해 진실 되고 정확하게 있는 그대로 소비자에게 알리는 것이다. 과장된 표현이나 부정확한 내용을 사용하지 않으며 자사 제품의 성능과 품질, 그리고 브랜드컨셉 등을 진실 되고 정확하게 나타내야 한다. 과장·과대 광고의 경우는 단순히 합법적인 수준에서 광고하는 정도가 아니라 소비자가 속거나 착각할 수 있는 소극적 수준의 과장·과대 광고도 하지 말아야 한다. 또한 새로 개발된 브랜드 컨셉은 향후 통일되고 일관성 있게 전달되어야 한다. 소비자들에게 진정성 있는 브랜드로 인정받기 위해서는 브랜드컨셉과 제품품질의 일관성 유지가 중요하다. 왜냐하면 소비자들은 품질과 브랜드가치 등에 있어 변하지 않고 일관되게 한 방향을 추구하는 브랜드를 선호하고 신뢰하기 때문이다_{신뢰}.

차시장의 경쟁업체에 대해 비방성 광고나 잘못된 정보를 고객에게 알리는 행위를 하지 않으며, 고객에게 차제품의 장단점이나 부작용 등도 있는 그대로 알려야 한다. 만약 차제품을 통해 사회적 약자나 환자 등을 도울 수 있는 기회가 있다면 적극적으로 참여함으로써 사회적 문제 해결에도 관심과 노력을 보일 필요가 있다_{배려}.

홍보마케팅에서 JuST—ABC 6대 원리의 적용은 상호 시너지를 만들어 낼 수 있다. 기업이 신제품 개발과 광고홍보에서 책임감 있고 창의적인 모습을 보여준다면 고객들은 그 기업에 대해 신뢰할 것이다. 또한 경쟁자나 소비자를 배려하는 모습을 보인다면 이해관계자들의 신뢰가 증가하여 보다 안정된 분위기 속에서 기업성과를 제고할 수 있을 것이다.

다음으로 홍보마케팅에서 기독교적 굿비즈니스 원리의 효과적 적용을 위해서는 보완적 적용(시간적, 공간적, 상황적 선별 적용)도 필요하다. 먼저 장단기 시기에 따른 시간적 선별 적용을 살펴보자. F사의 경우 가장 우선적으로 필요한 것은 제품 브랜드의 컨셉 재정립과 이를 통한 제품 및 패키지 디자인의 개선이다. 제품력이 전제되지 않는 홍보마케팅은 사실상 무의미하기 때문이다. 또 단기적인 브랜드 홍보를 위해 SNS나 블로그 같은 뉴미디어마케팅을 적극 활용할 필요가 있다. 이를 위해 타겟에 특화된 유효한 매체를 선택하고 이에 적합한 콘텐츠의 기획과 개발이 필요하다. 물론 자체 역량이 없을 경우 외부 전문가의 도움도 필요하다창조, 책임.

다음으로는 새로운 판매채널의 확보와 제휴채널 개발도 중요하다. 예를 들어 성장이 예상되는 유망 커피 프랜차이즈를 미리 접촉해서 양사의 공동 성장을 도모할 수 있을 것이다. 또한 판매 및 홍보의 중요 채널인 웹사이트들에 대한 개선 및 연동성 증대도 필요하다책임.

중장기적으로는 차시장의 트렌드 파악과 이를 활용한 신제품 개발이 중요하다. 이는 고객사의 신뢰를 가져오는 중요한 요인이 될 수 있다책임. 또한 확정된 브랜드 컨셉을 향후 통일되고 일관성 있게 실행함으로써 소비자들에게 진정성 있고 정직한 브랜드로 인정받아야 한다신뢰.

상황별 선별적용도 필요하다. 소상공인이나 1인 기업의 경우 비용이 적게 드는 블로그, SNS 등을 활용하되 보다 핵심타겟에 특화된 매체에 집중하는 것이 좋다. 성장이 예상되는 유통채널을 미리 접촉해보는 것도 필요하다. 중소기업의 경우 홈페이지, 블로그, SNS, 웹툰 등을 적절히 활용하고 유효타겟에 집중된 인쇄매체 등으로의 확대도 필요하다. 물량공세보다는 홍보의 질과 내용에 집중하고, 제품력에 비해 떨어지는 디자인 등 상품력 개선에도 신경을 써야 한다. 중견기업 이상의 경우는 선도적인 신제품 출시와 뉴미디어 활용으로 시장주도적인 마케팅을 전개하며, 홍보의 양과 질을 모두 높일 필요가 있다. 또한 주력 유통채널에의 투자를 통해 안정적인 영업망을 확보하는 것도 중요하다.

공간별 선별적용도 필요하다. 평소 정직하고 진실되게 홍보마케팅을 진행하는 것이 중요하지만신뢰 때로는 소비자에게 흥미와 감동을 줄 수 있는 창의적인 마케팅도 필요하다창조. 또 경쟁사 대비 확고하고 차별화된 제품력과 영업력으로 시장점유율을 높여야 하지만책임 동시에 경쟁사와 협력업체 그리고 소비자의 입장과 상황을 충분히 고려하는 태도를 보일 필요도 있다배려.

제9장 JuST—ABC 실천방안
굿 비즈니스를 위한 원칙과 지침

■ **[추가적인 Tip] 불황기에 비용이 적게 드는 효과적인 마케팅은 무엇인가?**

최근 다양한 홍보매체의 등장과 소비자들의 대중매체에 대한 부정적 인식이 증가하면서 낮은 홍보효과에 대해 걱정하는 기업들이 증가하고 있다. 그런데 최근 비용대비 가장 효과가 큰 홍보마케팅으로 다수의 전문가들이 지적하는 것이 구전마케팅(Word of Mouth, Viral Marketing)이다. 자신이 평소 신뢰하고 좋아하는 지인들이 추천하거나 선호하는 제품이나 브랜드를 소비자들은 신뢰하기 마련이다. 따라서 구전마케팅을 위한 마케팅콘텐츠의 기획과 개발, 그리고 자사의 제품과 브랜드를 신뢰하는 충성고객을 육성하는 구전마케팅 전략이 보다 중요해질 것이다. 이는 기업의 진정성 있는 태도와 노력을 고객이 알아준다는 측면에서 가치 있고 바람직한 마케팅방안으로 볼 수 있다.

(7) 사례 7 - 해외진출

1) [문제 상황과 고민] 해외진출에 따른 현지법인/지점 운영 원칙

G사는 전자제품에 들어가는 각종 부품을 생산하여 완제품 생산업체(set maker)에 공급하는 25년의 업력을 가진 중소기업이다. 그간 G사는 기술역량과 고객기반을 바탕으로 내수 및 수출을 통해 지속적으로 발전해 왔으나 7년 전부터는 협소한 국내시장 규모의 한계와 제조원가 상승에 따른 경쟁력 감소 때문에 성장이 정체되고 수익이 감소하는 상황이 되었고, 이를 극복하기 위해 해외에 직접 진출하기로 했다. 몇 년간의 조사와 검토, 현지에 먼저 진출한 고객기업의 추천 등을 바탕으로 마침내 G사는 1년 전에

동남아시아 Y국에 현지법인(공장 및 판매조직)을 설치할 수 있었고, 현재는 주로 현지진출 한국기업에 제품들을 공급하고 있다.

그런데 G사는 현지법인을 운영하는 과정에서 현지에 대한 지식·정보와 경험·역량의 부족으로 어려움을 겪고 있다. 더욱이 진출국 지방정부의 인허가와 승인·점검이 필요한 사안들도 가끔 발생하고 있는데, 지방정부 담당자는 제출된 서류의 검토를 미루면서 공공연히 뇌물을 요구하고 있다. 이러한 상황에서 G사는 뇌물을 주고라도 사업을 원활히 추진해야 할 것인가, 아니면 사업차질을 감수하고라도 이러한 요구에는 응하지 말아야 할 것인가? 현지 시장에 대한 조사가 미흡한 상태에서 해외현지 공장을 지어서 운영하고 있으나, 수요처를 어떻게 추가로 발굴해야 할 것이며, 현지에서 고용한 작업자들의 교육·관리는 어떻게 할 것인가? 현지법인장 K상무의 고민은 깊어만 간다.

2) [일반적 해결방안] 대기업 – 중소기업 해외동반 진출과 현지의 문화·관행에 맞춘 현지법인 운영

현재 G사의 당면과제는 현지법인 운영방식의 정착, 새로운 수요처의 발굴, 그리고 대관업무 수행과정에서 뇌물 요구 등 현지 관행에 따를 것인가의 문제이다. 기본적으로 중소기업의 해외진출을 위해서는 현지상황과 사업전략에 대한 철저한 준비와 함께, 기업가정신이 탁월한 현지법인장의 확보·파견이 중요하다. 아울러 중소기업이 고객인 대기업의 권유로 해외에 동반 진출한 경우에는 현지에 대한 각종 법적·제도적 지식과 정보가 많은 대기업의 도움을 받는 경우가 많다. 각종 인허가 서류 준비에 대한 자문에서부터, 현지에서 중소기업이 고용한 작업자들의 초두교육 지원 등을 대기업이 시설·시스템을 활용하여 도와주기도 한다.

해외에 진출한 중소기업의 현지화 노력과 지역사회외의 유대감형성, 네트워크 구축 등은 매우 중요하다. 그렇지만 뇌물 요구에 부응할 것인가의 문제는 그 기업과 CEO의 가치관과 사업운영 원칙에 관한 것이다. 일반적으로 이러한 뇌물 요구가 관행적으로 되어 왔던 지역에서는 해외진출 기업들이 사업의 원활한 수행과 네트워크 구축 등의 이유로 뇌물 요구에 응하는 경우가 많은 것으로 알려져 있다. 이러한 관행을 극복하고 원칙을 지키기 위해서는 탁월한 기술·사업 능력과 네트워크 등 역량이나 교섭력 (bargaining power)이 필요하다.

3) [JuST—ABC의 적용을 통한 해결방안]

이렇게 쉽지 않은 상황 속에서 기독교적 굿비즈니스 원리를 해외현지법인 운영에 어떻게 적용할 수 있을까? 우선은 해외현지법인과 관련된 복합적인 문제에도 JuST—ABC 원리의 통합적 적용 (기본여건 충족, 시너지 극대화, 갈등 사전 조정)이 필요하다. 우선 해외사업에서 뇌물은 주지 않겠다는 가치관과 원칙을 가진 기업이라면, 해외진출국 선정 과정에서부터 그 나라의 사업환경이 기업의 미션과 목표 추구에 걸림돌이 되지 않는지 잘 검토해야한다 창조의 원리, 갈등 사전 조정. 아울러 사업에서도 정직과 정의를 지킨다는 원칙을 명확히 하고 이 뇌물요구 문제에 대해 일관성 있게 대처하면서 설득 노력을 병행해야 한다_{공의의 원칙}. V국에 진출한 C사의 경우를 보면 뇌물을 주지 않고 버티면서 처음에는 사업에 차질도 있었지만, 나중에 V국 고객들에 대한 진정성과 일관성 있는 원칙·가치 중심의 기업철학, 기업의 탁월한 역량 등이 현지 사회에 알려지면서 오히려 더 현지에서 신뢰를 받게 되고 사업도 성공적으로 운영될 수 있었다_{신뢰의 원칙, 시너지 극대화}.

물론 이러한 원칙을 지키면서 사업을 수행하려면 기업의 미션과 가치/원칙을 위해 단기적인 불이익과 불편을 감수하겠다는 의지가 필요하며, 또 이런 불이익을 감수하면서도 경쟁에서 버틸 수 있는 역량을 가지고 있어야 한다_{책임의 원리, 기본여건 충족}. 이처럼 도덕적으로 올바른 기업을 유지하는 것은 의지의 문제이기도 하지만, 궁극적으로 역량의 문제이기도 하다. 진정성(authenticity)과 역량(capability), 원칙(principle)은 기업을 더욱 기업답게 하는 중요한 열쇠이다_{시너지 극대화}.

JuST—ABC의 6대 원리를 적용하다 보면, 원리들간 충돌현상이 나타나기도 한다. 특히 사업환경이 다른 해외현지에서의 사업운영에서는 아무리 잘 준비한다고 해도 생각하지 못한 어려움에 부딪히는 경우가 많다. 따라서 초창기에는 기업운영의 원칙은 유지하면서, 기업가정신과 도전정신이 탁월한 현지법인장의 역량을 통해 해외사업 초창기의 제반 문제들을 해결하려는 노력이 중요하다. 물론 후반기로 갈수록 시스템 구축 등의 제도적 노력이 더

제9장 JuST—ABC 실천방안
굿 비즈니스를 위한 원칙과 지침

중요해질 것이다. 원리적용 측면에서도 공의의 원리를 일관되게 적용하면서, 초기에는 창조와 신뢰의 원리가 우선적으로 강조되고, 점차 책임의 원리가 강화되는 것이 좋다_{시간적 선별 적용}.

아울러 장기적으로 보면 기업의 원칙과 가치를 지키는 일은 공의-창조-신뢰-책임의 원리가 일관성 있고 진정성 있게 유지되고 적용되는 과정이라고 볼 수 있다_{보완적 적용}. 현지 관리가 요구하는 뇌물을 주고 쉽게 문제를 해결하는 방식을 거부하는 기업들은, 기업의 소중한 원칙과 가치를 지키기 위해 진정성을 바탕으로 더 많은 다양한 노력을 해야 하며, 장기적으로 보면 역량을 갖춘 이러한 노력들은 보상을 받게 될 것이다.

■ **[추가적인 Tip] 해외진출 기업의 현지화가 핵심목표가 되어야 한다.**

해외진출기업의 현지화를 위해서는 법인장의 역할이 중요하다. 한국기업들 간에만 유대를 갖지 말고 처음부터 해당국가의 지역사회로 들어가서 그들의 마음을 얻고 신뢰를 구축하여야 한다. 아울러 본사 CEO는 정기적으로 현지법인을 방문하여 기업의 전략적 중요성과 의지를 확인하고, 관심과 배려를 보여주어야 한다. 해외법인 생활을 오래한 한 경영자는 현지법인이 잘될 것인지의 여부는 CEO의 현지법인 방문 빈도와 현지법인장의 헌신 정도에 달렸다고 말하기도 했다.

굿 비즈니스 원리에 의한 기업경영으로 킹덤 컴퍼니를!

JuST—ABC 핵심원리는 일반 경영자들이나 킹덤 컴퍼니를 꿈꾸는 크리스천 기존의 기업가들에 기업경영의 방향성을 제시한다. 앞으로 기업진단 도구 개발, 구체적인 실천전략과 방안 모색, 성공사례 공유 등의 추가적인 노력들이 이어지길 기대한다.

제9장 JuST—ABC 실천방안
굿 비즈니스를 위한 원칙과 지침

맺음말

먼저 묻고 싶다. 서론의 도입 부분에 언급한 김 사장의 예시에 깊이 있게 공감한 독자라면, 이 책을 읽고 나서 '그래서 어쩌라고?' 에 대한 답변이 어느 정도 이루어졌는지 묻고 싶다.

본서는 책을 읽은 독자 모두가 알듯이 기독교적으로 굿 비즈니스란 무엇인가를 조망해 보고자 하였다. 성경을 근거로 창조, 책임, 배려, 공의, 신뢰, 그리고 안식이라는 경영의 원리, 곧 'JuST−ABC'를 제시하였고, 각 원리마다 구성요소를 세세하게 정리하였다. 그에 앞서 영성이 각 원리마다 녹아있도록 언급하였다. 이러한 원리들이 기업의 일상 경영활동과 크리스천으로서의 직업관에 자연스럽게 녹아날 때 굿 비즈니스 플러스가 가능할 것이라고 조심스럽게 제시하고 있다. 결과적으로 JuST−ABC는 신실한 경영자들과 실무자들이 본인의 경영현장과 직무 환경에서 이 원리를 최대한으로 실천하고자 하는 의지가 가장 중요하다고 할 수 있다. 따라서 이 책은 JuST−ABC가 모든 기업에서 구현되기 시작할 때 비로소 가치가 있을 것이다.

앞서 말한 김 사장은 그 누구보다도 하나님을 경외했다. 그래서 공의의 하나님이 모든 거래처와 투명하게 거래하길 원하신다는 것을 알았다.

그리고 한 영혼이 천하보다 귀하다는 것을 알았기에 직원들도 함부로 대하지 않았고, 게다가 장애를 가진 이웃에게도 도움을 주고자 회사 내에 일자리를 마련해 주고 싶었다.

우리 필자들은 이러한 분들이 진정으로 성공하여(물론 신앙의 면에서는 그 자체로도 성공이고, 하나님의 큰 상급이 있으리라 생각한다. 니글의 이파리가 천국에서 거대한 나무로 그려진 것처럼!) 세상의 많은 사람들에게 보다 윤택한 삶을 제공할 수 있었으면 하는 갈망이 가득하여 집필을 시작하였다.

혹 여전히 김 사장이 어떻게 하면 잘 될 수 있을까 고민하는 독자가 있다면 9장의 실행지침을 다시 한 번 정독하고, 어떤 대안이 있는지 기독경영연구원의 활동과 함께 고민해보길 권고한다.

마지막으로, 굿 비즈니스를 갈망하는 시대에 JuST ABC는 최고는 아니더라도 충분히 훌륭한 대안원리는 될 것으로 기대한다. 이 책을 읽은 경영자와 직장인들이 각 원리들을 기업의 실정과 본인의 직무에 맞게 하나하나 적용하고 실천해 나갈 때, 이 사회 역시 아름답게 변하고, 조직도 융화되는 굿 비즈니스 플러스가 이루어질 것으로 확신한다. 물론 실천은 쉽지 않다. 하지만 후하게 주시고 꾸짖지 아니하시는 하나님께 지혜를 구하고, 기업 이해관계자들과 진정성 있게 소통하면서, 경영자 및 동료 직장인들과 고민을 공유하고 서로 도전한다면 이전에 알지 못했던 크고 비밀한 하나님의 신비를 경영 및 직업 현장에서 발견할 수 있으리라 기대한다.

맺음말

미주

및

저자소개

▌미주 ▌

1) 배종석.박철.황호찬.한정화,『기독경영 JusT ABC』, 예영, 2010

2) 다음카카오, 한국콜마,엘지유플러스 등이 수상했다 (『일 통해 자부심, 서취감…』,『행복한 일터 15곳을 찾았다』, 한겨레신문, 2016.11.15.)

3) CSR(기업의 사회적책임), CSV(공유가치창출) 등의 주창이 이러한 예이다.

4) 배종석.박철.황호찬.한정화,『기독경영 JusT ABC』, 예영, 2010

5) 배종석.박철.황호찬.한정화,『기독경영 JusT ABC』, 예영, 2010

6) 하형록,『성경대로 비즈니스하기』P31, 두란노, 2015

7) 핵심원리 도출을 위한 배경에 대해서는 배종석 외 (2010)을 참조

8) 교회용어사전 2013

9) 필립 코틀러(안진환 역), 마켓 3.0, 타임비즈, 2010.

10) Michael Novak,『Toward a Theology of the Corporation』, 1-2.

11) 같은 책, 2-3.

12) 같은 책, 1-2.

13) 김경은, "영성과 기도", CMR 13권, 55.

14) 장 칼뱅,『기독교 강요』, 1.2.1.

15) 김경은,『기독교 영성훈련, 어떻게 할 것인가?』제1회 장신신학강좌, 7-8.

16) 톰 라이트,『순전한 기독교: 이해를 추구하는 신앙』,『도시의 소크라테스』, 316.

17) 폴 스티븐스, 앨빈 웅,『일삶구원』, 23.

18) 헤르만 바빙크,『개혁파 교의학』, 1159.

19) 장하준,『경제학 강의』, 23-24.

20) 존 브룩스,『경영의 모험』, 17-95, 418.

21) 폴 스티븐스, 리처드 구슨,『기업가형 리더십』, 91-92.

22)『경영의 모험』, 412.

23) 존 캐버너,『소비사회를 사는 그리스도인』, 99-104, 117-120.

24) 같은 책, 139-150.

25) 『기업가형 리더십』, 67-72.

26) 『소비사회를 사는 그리스도인』, 144.

27) 짐 월리스(Jim Wallis), 『하나님 편에 서라』(IVP), 185

28) 같은 책, 153.

29) 팀 켈러, 『센터처지』, 386-485.

30) VanDrunen, 『Living in God's Two Kingdoms』, 27.

31) 『기업가형 리더십』, 67-78.

32) 짐 월리스, 『가치란 무엇인가』, 45.

33) 같은 책, 182.

34) 오스 기니스, 『인생』, 311.

35) 같은 책, 89.

36) 같은 책, 167-187.

37) 톰 라이트, 『마침내 드러난 하나님 나라』, 90.

38) 톰 라이트, 『이것이 복음이다』, 18-47.

39) 같은 책, 113.

40) 팀 켈러, 『일과 영성』, 28-35.

41) 에릭 메택시스 엮음, 『도시의 소크라테스』, 47-63.

42) 톰 라이트, 『이것이 복음이다』, 123.

43) 김명용 외, 『하나님의 경제 II』, 26-27.

44) 같은 책, 28-29.

45) 정의채, 『인류 공통문화 지각변동 속의 한국, 1권』, 23.

46) 리차드 마우, 『아브라함 카이퍼』, 105-112.

47) Michael Downey, 안성근 옮김, 『오늘의 기독교 영성 이해』, 30.

48) 디트리히 본 회퍼, 『신도들의 공동생활』, 35-43

49) 김경은, "기독교 영성훈련, 어떻게 할 것인가?" 제1회 장신신학 강좌, 3-4.

50) 폴 스티븐스, 리처드 구슨, 『기업가형 리더십』, 95.

51) 같은 책, 192~195

52) 『개혁과 교의학』, 1181.

53) 오스 기니스, 『인생』, 319.

54) 같은 책, 318.

55) 취업포털 「사람인에이치알이」

56) 취업포털 「알바몬」

57) 원용일, 『크리스천, 책임을 생각한다』, 2016, 두란노

58) 리차드 H. 니버, 책임적 자아(The Responsible Self), 한국장로 교출판사, 2012년 03월 20일

59) 기업의 사회적 책임 [Corporate Social Responsibility] (두산백과)

60) 준법감시 [compliance] (한경 경제용어사전, 한국경제신문/한경닷컴)

61) 마틴 비겔만, 2013.2 컴플라이언스: 윤리준법 경영의 성공전략, 연암사

62) 준법감시 [compliance] (한경 경제용어사전, 한국경제신문/한 경닷컴)

63) 국민권익위원회 2016.4. 2016년 세계 5대 컴플라이언스 트렌 드, 윤리경영 브리프스

64) 국민권익위원회 2016.4. 2016년 세계 5대 컴플라이언스 트렌 드, 윤리경영 브리프스

65) Andreas Hinterhuber and Stephan Liozu, "Is It Time to Rethink Your Pricing Strategy?" MIT Sloan Management Review, Summer 2012 Vol.53, No.4

66) Flammer, Caroline(2015), "Does corporate social responsibility lead to superior financial performance? A regression discontinuity approach," Management Science, vol.61, No.11, pp. 2549-2568.

67) 배종석.박철.황호찬.한정화, 『기독경영 JusT ABC』, 예영, 2010

68) 필립 코틀러(안진환 역), 마켓 3.0, 타임비즈, 2010.

69) 박철, 이형재 (2009), 『중소기업의 사회공헌활동과 그 성과: (주) 유진크레베스 사례를 중심으로』, 한국로고스경영학회 춘 계학술발표대회 논문집, 63-72, 경북 구미: 금오공과대학교, 2009년5월8일.

70) 마이클 E. 포터, 마크 R. 크레이머, 『이익+사회공헌 공유가치

를 창출하라』, 동아비즈니스리뷰, 86호, 2011.8월.

71) 마르크 건서(현혜진.최태경 역), 위대한 기업을 넘어 영적기업으로, 한언, 2005.

72) 피터 투파노, 『배려의 경영 배워야 진짜 기업가』, 조선비즈 2016. 3. 16.

73) 하형록, 성경대로 비즈니스하기 P31, 두란도, 2016.

74) 윤평중, 2012.1, 한국에서 공정이란 무엇인가, 사회통합위원회, 경제·인문사회연구회 엮음, 동아일보사

75) 한정화, 2013.7, 한정화 중소기업청장『中企 정책 미래像 보여줄 큰 그림 그리는 중』, 한국경제 31면

76) 안석환, 2014.7,『왜 공정한 사회는 늘 멀리 있는가? 공정거래 연구회 뉴스레터』, vol 11

77) Hirschman, Albert O., (1970). Exit, Voice and Loyalty: Responses to Decline in Firms, Organizations, and States. Cambridge, MA: Harvard Unversity Press.

78) Seiders, Kathleen and Leonard L. Berry, (1998), Service Fairness: What It Is and Why It Matters, The Academy of Management Executive, Vol. 12, No. 2, pp. 8-20.

79) 마이클 카츠 외, 『정의와 배려』, 『인간사랑』, 2007

80) LG Business Insight 2015. 1. 14

81) 보건사회연구원(2014). 복지국가, 사회신뢰의 관계 분석과 시사점

82) 직업능력개발원(2014). 한국의 직업의식 및 직업윤리

83) 2016년 에델만 신뢰도 지표 조사. https://www.edelman.kr/

84) 한국기업 신뢰도 하향 추세, 왜? PR 뉴스(2014. 2. 7) http://www.the-pr.co.kr/news/articleView.html?idxno=10287

85) 거래비용은 사람들이 제품과 서비스를 생산하고, 팔고, 유통하는 과정에서 반복적으로 들어가는 비용인데 영국의 노벨 경제학상 수상자인 로널드 코스(Ronald H. Coase)가 이 개념을 처음 사용했다.

86) 정보통신정책연구원 보도자료(2009. 3. 4). IT를 통한 사회적 자본 축적방안 연구

87) 매일경제신문(2013. 10. 25). CEO 심리학, 미덕이 아닌 최고의 능력

88) 최상섭(2007). 앞의 연구보고서

89) Rousseu. D. M. et al.(1998) NOt so diffierence after all: A cross-discipline view of trust. Academy of Management Revi ew. 23(3). 393-404.

90) Fukuyama, F. (1995). Trust: The social values and the creati on of prosperity, New York: Free Press. (Jetske Bouma, et al. Trust, Trustworthiness and Cooperation: Social Capital an d Community Resource Management에서 재인용. http://bioe con-network.org/pages/8th_2006/BoumaVanSoestBulteSocial Capital.PDF)

91) 한국경제신문(2015. 1. 23). "땅콩회항 사건, 사실은…" 회사 뒷담화 앱 '블라인드' 인기

92) 최상섭(2007). 앞의 연구보고서

93) 한국경제신문(2015. 1. 23). "땅콩회항 사건, 사실은…" 회사 뒷담화 앱 '블라인드' 인기.

94) 양심경제. 싱긋. p.108

95) 돈 착하게 벌수는 없는가. 흐름출판

96) 연합뉴스(2015. 11. 2). 韓 근로시간 OECD 2위.. 독일보다 연 간 4개월 더 일한다.

97) 동아일보(2015. 10. 20). '헬조선' 이유 있었네.. 한국인 삶의 만족도 OECD 최하위권

98) 매일경제(2016. 1. 27). 솔직히 까놓고 말해 '야근', 왜 하나요?

99) 근골격계질환: 단순 반복 작업에 따라 허리, 목, 어깨, 팔다리 에 생기는 질환

100) 삼성경제연구소 CEO Information(2012). 건강한 기업의 조 건: 근로자 정신건강

101) 행복은 '전반적으로 평가했을 때 직장생활에서 만족도가 높 고, 긍정적인 정서를 갖고 있으며, 직장생활이 가치가 있다고 느끼는 상태'를 말한다.

102) 삼성경제연구소(2013). 직장인의 행복 연구

103) 삼성경제연구소 CEO Information(2013). 힐링을 힐링하다.

104) 아브라함 헤셸(2014). 안식. 복있는 사람

105) 아브라함 헤셸. 앞의 책 p73

106) 마르바 던(2001). 안식. IVP

107) 아브라함 헤셸. 앞의 책 p147

108) 마르바 던. 앞의 책 p76

109) 연합뉴스(2015. 9. 22). 스마트톤 앱 2시간 넘게 사용… 밥먹는 시간보다 길다.

110) 삼성경제연구소(2013). 앞의 연구보고서

111) 삼성경제연구소(2013). 앞의 연구보고서

112) EBS 스페셜(2016. 6. 16 방영). 기적의 가위바위보, 한판 합시다.

113) 대한상공회의소 보도자료(2016. 3. 16). 한국기업의 조직건강도와 기업문화 보고서. 국내기업 100개사 4만 명을 대상으로 조사.

114) 스튜어트 프리드먼(2013), 『와튼스쿨 인생 특강』, 비즈니스북스. [그림 8-2]는 프리드먼의 책에서 나온 그림을 재구성한 것이다.

115) 애덤 그랜트(2013), 『기브앤테이크(Give and Take)』, 생각연구소.

116) 삼성경제연구소(2008). 근로관의 국제비교

117) 한국경제신문(2013.10.20) "한국 직장인 90% 업무 몰입 못해… 부하 잘 이끌 리더 키워야"

118) 조영복, 이나영(2015). 문제해결자신감과 일 의미감이 과업성과에 미치는 영향. 인적자원관리연구 제 22권 제 3호. pp.247-262

119) 유지수, 장재윤(2011). 직장에서 가정으로의 정서 파급: 성격요인 및 직무만족의 조절효과. 한국심리학회지: 산업과 조직. Vol. 24, No. 2, 257-280.

120) 삼성경제연구소, 『직장인의 행복 연구』

121) 『IVP성경신학사전』, p845-846.

▌저자 소개 ▌

• **박철**

서울대학교에서 경제학사, 동 대학원에서 경영학 석사와 박사 학위를 받았고, 현재 고려대학교 글로벌경영학과 교수로 재직하고 있다. 삼성물산에서 근무하였으며, 미국 Vanderbilt University, University of Hawaii, Mongolia International University 등의 방문교수로 활동하였다. 기독경영연구원 원장, 세종경영연구소 소장, 한국소비문화학회 회장을 역임하였다. 『기독경영 Just ABC』(공저), 『소규모 사회적기업과 소셜미디어 마케팅』 등의 저서를 출간하였다.

• **배종태**

서울대학교에서 산업공학으로 학사를, KAIST에서 경영과학으로 석사와 박사 학위를 받았다. 현재 KAIST 경영대학 교수로 재직하면서, 기술혁신경영과 기업가정신, 벤처경영에 대해 가르치고 연구하고 있다. Journal of Business Venturing, Research Policy 등 저널에 50여 편의 논문을 발표하였다. 현재 KAIST 혁신및기업가정신연구센터장을 맡고 있으며, 기독경영연구원 운영위원이다. 저서로는 『생산경영과 기술경영』 등이 있다.

• **류지성**

고려대학교에서 경영학을 전공하고 동대학원에서 조직행동 분야를 연구하여 박사학위를 받았다. 삼성경제연구소에서 20여년을 근무하면서 인사조직, 리더십과 조직문화를 연구하였고, 저서로는 『마음으로 리드하라』가 있다. 기독경영연구원 부원장 역임 등 기독경영과 건강한 교회 운동에도 참여하고 있고, 이와 관련한 저술로 『건강한 교회, 이렇게 세운다』(공저), 『무엇이 교회를 건강하게 하는가』(공저)가 있다.

• **정연승**

서울대학교에서 경영학으로 학사와 석사를, 연세대학교에서 마케팅으로 박사 학위를 받았다. 한국장기신용은행, 삼성경제연구소, 현대차, 이노션에 근무하였고, Journal of Marketing, 마케팅연구 등 저널에 약 40여 편의 논문을 발표하였다. 현재 단국대학교 경영학부 교수 및 취창업지원처장으로 재직 중이고, 기독경영연구원 출판팀장, 한국유통학회 부회장을 맡고 있다. 저서로는 『49가지 커뮤니케이션의 법칙』, 『49가지 마케팅의 법칙』 등이 있다.

• **송용원**

연세대학교에서 불문학, 장신대 신대원을 마치고 미국 예일대와 영국 에든버러대에서 조직신학으로 석사 및 박사 학위를 받았다. 온누리교회, 뉴저지초대교회, 새문안교회에서 대학청년사역을 했으며, 보스턴 온누리교회와 뉴욕 맨하튼 뉴프론티어교회를 개척하여 현대적 도시목회를 펼쳤다. 현재 은혜와선물교회 담임목사, 장신대 초빙교수로 섬기고 있다. 저서로는 『칼뱅과 공동선』(IVP)이 있다. 본서에서는 2장 「영성 - 그 신비로운 경영의 열쇠!」 편을 집필하였다.

저자 소개